Martin Flaig (Hrsg.)

Warum Jesus?

Antworten auf die Frage
nach der Mitte
des christlichen Glaubens

Beiträge aus dem
Albrecht-Bengel-Haus, Tübingen

[R] BROCKHAUS

TVG – Orientierung

Herausgegeben von Helmut Burkhardt,
Reinhard Frische und Gerhard Maier.

Begründet 1973 von Klaus Bockmühl (1931–1989)
unter dem Namen „Theologie und Dienst".

Die Theologische Verlagsgemeinschaft (TVG)
ist eine Arbeitsgemeinschaft der Verlage
R. Brockhaus Wuppertal und Brunnen Gießen.
Sie hat das Ziel, schriftgemäße Arbeiten zu veröffentlichen.

Bibliographische Informationen Der Deutschen Bibliothek
Die Deutschen Bibliothek verzeichnet diese Publikation in der Deutschen
Nationalbibliografie; detaillierte bibliografische Daten sind im Internet über
http://dnb.ddb.de abrufbar.

© 2003 R. Brockhaus Verlag Wuppertal
Umschlaggestaltung: Dietmar Reichert, Dormagen
Druck: Breklumer Druckerei Manfred Siegel KG
ISBN 3-417-29099-6
Bestell-Nr. 229 099

Inhaltsverzeichnis

Vorwort 5

Hartmut Schmid
„... damit die Schrift erfüllt würde" –
Die Verheißungen auf Jesus Christus im Alten Testament 7

Volker Gäckle
„Bist du es, der da kommen soll?" –
Historische und biblische Argumente
zur Frage der Messianität Jesu 33

Martin Flaig
„Mein Gott und mein Herr" –
Das Zeugnis des Johannesevangeliums
von der Gottheit Jesu.. 59

Joachim Kummer
„Wahrer Gott und wahrer Mensch" –
Die Auseinandersetzung um das Christusbekenntnis
der frühen Kirche 85

Eberhard Hahn
Wer ist Jesus Christus für uns? –
Historischer Jesus und gegenwärtiger Christus 133

Rolf Hille
Der rätselhafte Nazarener –
Spuren Jesu in den Religionen
und die Frage nach seiner Einzigartigkeit........................ 163

Anhang: Grundtexte zur Christologie 193

Vorwort

Christlicher Glaube versteht sich von Jesus Christus her. Christen sind Menschen, die an Jesus Christus glauben, sich zu ihm bekennen, mit ihm leben und zu ihm gehören. Das setzt voraus, dass Jesus nicht nur eine historische Persönlichkeit war, sondern dass von ihm gilt: *„Jesus Christus gestern und heute und derselbe auch in Ewigkeit"* (Hebr. 13,8).
Doch: „Warum Jesus?", genauer: „Warum glauben Christen ausgerechnet an Jesus Christus? Was macht ihn einzigartig? Wer ist Jesus? Was hat er mit meinem Heil zu tun?" Die Fragen nach der Person Jesu sind Gegenstand der Christologie. Sowohl im Zeugnis der Heiligen Schrift als auch in den grundlegenden Bekenntnissen der Christenheit, die als Zusammenfassung der Schrift zu verstehen sind, wird klar erkennbar: Mit Jesus Christus steht und fällt der christliche Glaube.
Gleichzeitig ist Jesus eine der umstrittensten, wenn nicht die umstrittenste Person der Weltgeschichte.
Der Streit um Jesus wird schon im Neuen Testament in der Auseinandersetzung mit seinen Gegnern erkennbar und bricht auch im Lauf der weiteren Kirchengeschichte nicht ab. Die christologischen Bekenntnisse wurden in der Zeit der Alten Kirche formuliert auf dem Hintergrund heftiger Auseinandersetzungen mit dem Judentum, heidnischen Gegnern des christlichen Glaubens, aber auch innerkirchlichen Streitigkeiten um die Person Jesu. Lange Zeit blieben sie unangefochtene Grundlage der Kirche. Auch die Reformatoren beriefen sich ausdrücklich auf diese altkirchlichen Bekenntnisse und nahmen sie auf. In der Neuzeit flammte der Streit um die Christologie jedoch neu auf. Im Zuge der Aufklärung und der weiteren Theologiegeschichte wurde die Historizität und Gültigkeit des Schriftzeugnisses und der Christusbekenntnisse in Frage gestellt. Es entstand ein breites Spektrum an Meinungen und Positionen zur Person Jesu, das bis heute z.T. verheerende Spuren hinterlassen hat – bis hinein in die Verkündigung der Kirche. Dabei steht die Einzigartigkeit Jesu und damit die Mitte des christlichen Glaubens in Frage.
Grund genug, sich im Jahr der Bibel 2003 neu auf das Christuszeugnis der Schrift zu besinnen und das Bekenntnis des christlichen Glaubens zu Jesus Christus neu durchzubuchstabieren.

Die Beiträge in diesem Buch bieten keine umfassende Christologie. Das Anliegen der Autoren ist es vielmehr, ausgehend vom Zeugnis der Schrift unterschiedliche Aspekte der Christologie herauszuarbeiten und damit zur theologischen Orientierung beizutragen.

Zunächst thematisiert Hartmut Schmid die Verheißungen auf Jesus Christus im Alten Testament und zeigt den unauflöslichen Zusammenhang von Altem und Neuem Testament im Sinne von Verheißung und Erfüllung auf.

Volker Gäckle stellt sich der schon innerhalb des Neuen Testaments diskutierten und bis heute vor allem im Dialog mit dem Judentum aktuellen Frage nach der Messianität Jesu und liefert dazu historische und biblische Argumente.

Im Anschluss daran zeigt Martin Flaig anhand des Johannesevangeliums auf, wie sich die Gottheit Jesu als zentraler Aspekt der Trinitätslehre von der Schrift her begründen lässt und welche Konsequenzen damit für den christlichen Glauben heute verbunden sind.

Den drei exegetischen Beiträgen folgen ein kirchenhistorischer und zwei systematisch-theologische Beiträge.

Joachim Kummer beschreibt den mühsamen und spannenden Weg vom biblischen Zeugnis bis zu den altkirchlichen Bekenntnissen, die bis heute Grundlage des christlichen Glaubens sind.

Angesichts der Infragestellung der Historizität des biblischen Christuszeugnisses und einer Theologie, die den historischen Jesus und den gegenwärtigen Christus voneinander trennen, geht Eberhard Hahn der Frage nach, wer Jesus Christus für uns ist.

Abschließend beleuchtet Rolf Hille die unterschiedlichen Sichtweisen der Person Jesu in anderen Religionen und nimmt angesichts der Herausforderungen durch den interreligiösen Dialog Stellung zur Frage nach der Einzigartigkeit Jesu.

Das Dozentenkollegium möchte mit diesem Buch Antworten auf die Frage nach der Mitte des christlichen Glaubens geben und dazu beitragen, das Vertrauen auf das Christuszeugnis der Heiligen Schrift zu stärken, vor allem aber auf den, von dem sie zeugt: Jesus Christus.

Für das Dozentenkollegium des Albrecht-Bengel-Hauses

Tübingen, im März 2003

Martin Flaig

„... damit die Schrift erfüllt würde" – Die Verheißungen auf Jesus Christus im Alten Testament

von Hartmut Schmid

Bei einer aufmerksamen Lektüre des Neuen Testaments kann nicht überlesen werden, dass dieses an zahlreichen Stellen einen Bezug zum Alten Testament herstellt und vor allem im Blick auf Leben und Wirken Jesu von dessen Erfüllung spricht. Einige wenige Beispiele sollen dies unterstreichen:

1. Im Matthäusevangelium wird häufig ein Ereignis aus dem Leben Jesu mit dem Satz kommentiert *„damit erfüllt würde"*. Es folgt eine entsprechende Stelle aus dem Alten Testament, die zitiert wird.[1]

2. Eine der bekanntesten Stellen dürfte der Hinweis auf die „Bibelstunde" sein, die Jesus den Emmausjüngern hielt. In erster Linie hatte Jesus seinen Tod am Kreuz zu erklären. Wie er dies tat, erfahren wir mit den zusammenfassenden Worten: *„Und er fing an bei Mose und allen Propheten und legte ihnen aus, was in der ganzen Schrift von ihm gesagt war"* (Lk 24,27).

3. Der erste und der vierte Evangelist stellen mit dem ersten Satz ihres Evangeliums Jesus in eine ganz enge Beziehung zum Alten Testament. Matthäus schreibt: *„Dies ist das Buch der Geschichte Jesu Christi, des Sohnes Davids, des Sohnes Abrahams"* (Mt 1,1). Damit wird zum einen ein historischer Bezug hergestellt. Jesus steht in der Geschlechterfolge von Abraham und David, wie es der anschließende Stammbaum aufzeigt (Mt 1,2-16). Damit wird aber auch die Verheißungslinie aufgenommen. Was Gott Abraham und David verheißen hat, wird jetzt erfüllt. Johannes geht im ersten Vers seines Evangeliums gegenüber Matthäus noch weiter zurück. Mit dem Satz: *„Im Anfang war das Wort, und das Wort war bei Gott, und Gott war das Wort"* (Joh 1,1) hebt Johannes anders als Matthäus nicht Jesu irdische, sondern seine göttliche Abkunft hervor. Mit den ersten Worten *„Im Anfang"* bezieht er sich bewusst auf 1Mo 1,1.

---

[1] Vgl. Mt 1,22; 2,15.23; 4,14; 8,17; 12,17; 13,35; 21,4. Mit ähnlichen oder anderen Redewendungen wird noch wesentlich häufiger auf das Alte Testament verwiesen.

4. Auch Paulus bezieht sich an entscheidenden Stellen in seinen Briefen auf das Alte Testament und sieht im Kommen Jesu dessen Erfüllung. Exemplarisch soll hier nur 1Kor 15,3f genannt werden: *„Dass Christus gestorben ist für unsere Sünden nach der Schrift; und dass er begraben worden ist; und dass er auferstanden ist am dritten Tage nach der Schrift."*
Die Liste der Bezüge ließe sich ohne Mühe fortsetzen. Jesus Christus wird im Neuen Testament als *die* Erfüllung alttestamentlicher Verheißungen gesehen.
Im Folgenden sollen einige dieser Verheißungen näher betrachtet werden. Dabei stellt sich die Frage, wie diese Verheißungen ihre Erfüllung in Jesus Christus fanden bzw. noch finden werden.

1. Die Verheißung eines göttlichen Gesandten[2]

In der Überschrift wurde mit der Formulierung „göttlicher Gesandter" bewusst ein neutraler Begriff gewählt, da im Alten Testament verschiedene Personen verheißen sind, die man nicht vorschnell nur einem Titel zuordnen sollte.[3] Drei dieser zunächst zu unterscheidenden verheißenen Personen sollen kurz vorgestellt werden.

1.1. Der Messias

Die messianischen Verheißungen beziehen sich auf den „neuen, letzten, abschließenden und endgültigen, idealen Davididen"[4]. Diesem Themenkomplex sind eindeutig die meisten Stellen, die in unse-

---

[2] Der Verfasser hat dieses Thema bereits ausführlich behandelt: H. Schmid, Zur Hoffnung berufen. Die Verheißungen des Alten Testaments, in: R. Hille (Hrsg.), Worauf können wir hoffen?, Wuppertal 1999, 19-42.
Dieser erste Punkt stellt eine kurze Zusammenfassung dieses Artikels dar.

[3] In einer terminologischen Vereinfachung wird die Thematik gerne insgesamt unter dem Thema „Messias" bzw. „messianische Verheißungen" besprochen. Vom Neuen Testament her ist dies in einer weitergehenden Definition des „Messias" bzw. der „messianischen Verheißungen" mit folgender Begründung durchaus möglich: Alle Verheißungen, die in der Person Jesus erfüllt sind, werden als messianisch definiert. Dies ist möglich, weil Jesus den Titel „Christus" bzw. „Messias" erhielt. Vom Alten Testament her wollen wir jedoch zunächst bei der engeren Definition von „Messias" als endgültigem Heilskönig Israels bleiben und die verheißenen Personen unterscheiden.

[4] H.D. Preuß, Theologie des Alten Testaments, Bd. 2, Stuttgart 1991, 37.

rem Zusammenhang zu berücksichtigen sind, zuzuordnen.[5] Dies macht auch die Bedeutung der messianischen Erwartung verständlich.[6]

1.1.1. Die Voraussetzungen der Messiasverheißungen

Die Messiasverheißungen gründen in der Verheißung an David, die Gott durch den Propheten Nathan David gegeben hatte (2Sam 7,12-16). Davids Königtum soll für immer Bestand haben. Verwirklicht wird diese Verheißung durch Davids Nachkommen.[7]

Trotz dieser Verheißung lief mit dem Königtum Davids bei weitem nicht alles glatt. Es waren nicht nur die Könige des nördlichen Königreichs Israel, deren religiöse Beurteilung im Alten Testament ohne Ausnahme negativ ausfällt. Auch bei David und seinen Nachfolgern im Südreich Juda gab es immer wieder berechtigten Grund zur Kritik. Letztlich führte Sünde und Ungehorsam auch der Könige aus dem Geschlecht Davids dazu, dass das Königtum Davids im Jahre 586 v.Chr. ein Ende fand.

Damit ergibt sich jedoch eine Spannung. Einerseits ist David die Verheißung eines beständigen Königtums gegeben, andererseits ist das Ende des davidischen Königtums in der Zeit des Alten Testaments eine geschichtliche Tatsache. Beide Linien treffen gerade bei den Schriftpropheten[8] aufeinander, die den staatlichen Niedergang Israels und Judas und damit das Ende der Königreiche, auch des Hauses David, erlebt haben. Diese Propheten hatten mit klaren und scharfen Worten das Ende des Königtums als Gericht Gottes über die Untreue Israels und seiner Könige angekündigt. Aber die gleichen Propheten haben nun die an David ergangenen Verheißungen nicht in Frage gestellt oder gar aufgelöst, im Gegenteil. Gerade bei diesen Propheten finden sich die messianischen Verheißungen eines zukünf-

---

[5] Vgl. Am 9,11; Hos 3,4f; Jes 7,14-16; 9,1-6; 11; Mi 5,1-5; Jer 23,5f; 30,9; 33,17; Hes 34,23f; 37,24f.

[6] Das hebräische Wort „Messias", griechisch „Christus", bedeutet „Gesalbter" und ist abgeleitet von der Salbung der Könige (1Sam 10,1; 16,13; 1Kön 1,39; 2Kön 11,39). Im Alten Testament wird der Titel vor allem für David verwendet. In den messianischen Verheißungen der Propheten wird der Begriff im Unterschied zu den messianischen Psalmen nicht verwendet. Er hat sich erst in nachalttestamentlicher Zeit als Titel für den endzeitlichen Friedenskönig aus dem Hause David herausgebildet.

[7] Für einen Herrscher aus Juda ohne die Präzisierung auf David liegen schon frühere Verheißungen vor (vgl. 1Mo 49,10; 4Mo 24,17-19).

[8] Amos, Hosea, Jesaja, Micha, Jeremia, Hesekiel.

tigen Königs über Israel aus dem Geschlecht Davids. In der Zeit der größten Krise und Infragestellung von Davids Königreich und den früheren Verheißungen an David, ergeht durch die Propheten die Erneuerung und Vertiefung der Verheißungen.

1.1.2. Der Inhalt der Messiasverheißungen

Die Messiasverheißungen sind bei den einzelnen Propheten sehr unterschiedlich formuliert. Und doch zeigen sich deutlich folgende übereinstimmende Linien:
1. Der künftige König ist ein Nachkomme Davids.
2. Er ist der König über ganz Israel. Die Zeit der Trennung Israels in die Königreiche Israel und Juda, wie sie für lange Zeit im Alten Testament gegeben war, wird nicht mehr sein.
3. Durch diesen König bekommt Israel Frieden. Seine Herrschaft ist durch Recht und Gerechtigkeit gekennzeichnet. Das Geschick Israels ist aufs Engste mit diesem König verbunden. In den meisten Messiasverheißungen ist dieser Bezug direkt hergestellt.
In einzelnen messianischen Texten finden sich noch andere thematische Bezüge. Auf einzelne Aspekte werden wir noch eingehen.

1.1.3. Die Messiaserwartung zur Zeit Jesu[9]

Die eben skizzierten Grundlinien führten im Judentum zu einer entsprechenden und durchaus verständlichen Messiaserwartung. Erwartet wurde ein Nachkomme Davids, der als König auftritt, Israel von seinen politischen Feinden befreit und damit Israel den lang ersehnten Frieden bringt. Diese Erwartung war zur Zeit Jesu äußerst lebendig und der Maßstab dieser Erwartung wurde auch an Jesus angelegt. Es darf nicht übersehen werden, dass auch die Geburtsankündigungen Jesu diese Erwartungen unterstrichen.[10] Aber gerade diese Erwartung eines Königs, der sich in Jerusalem auf den Thron setzt, das Königreich David wieder aufrichtet, die Feinde Israels besiegt und Israel Frieden und Gerechtigkeit bringt, wurde von Jesus in dieser Weise bei seinem ersten Kommen nicht erfüllt. Es ist deshalb überhaupt nicht

---

[9] Siehe dazu den ausführlichen Beitrag in diesem Buch von Volker Gäckle.

[10] Lk 1,32f: *„Der wird groß sein und Sohn des Höchsten genannt werden; und Gott der Herr wird ihm den Thron seines Vaters David geben, und er wird König sein über das Haus Jakob in Ewigkeit, und sein Reich wird kein Ende haben."*
Lk 2,11: *„ ... denn euch ist heute der Heiland geboren, welcher ist Christus, der Herr, in der Stadt Davids."*

überraschend, dass es über die Frage, ob Jesus der verheißene Messias sei, zur kritischen Auseinandersetzung mit Jesus[11] und dann auch zur Ablehnung von Jesu Anspruch kam, weil Jesus die genannten Kennzeichen eines politischen Handelns als König nicht erfüllte.

1.2. Der Menschensohn

Bei diesem Titel ist nur eine Stelle zu besprechen. In Dan 7,13f lesen wir: *„Ich sah in diesem Gesicht in der Nacht, und siehe, es kam einer mit den Wolken des Himmels wie eines Menschen Sohn und gelangte zu dem, der uralt war, und wurde vor ihn gebracht. Der gab ihm Macht, Ehre und Reich, dass ihm alle Völker und Leute aus so vielen verschiedenen Sprachen dienen sollten. Seine Macht ist ewig und vergeht nicht, und sein Reich hat kein Ende."*

Auch in diesem Wort geht es eindeutig um Herrschaft. Und doch sind die Unterschiede zu den Messiasverheißungen nicht zu übersehen. Folgende Kennzeichen des Menschensohnes sind genannt:

1. Der Menschensohn kommt vom Himmel her, ist also eine göttliche Gestalt. Eine direkte Beziehung zu einer irdischen Abkunft, etwa zum Hause David, wird nicht hergestellt.

2. Dem Menschensohn wird die Herrschaft über *„alle Völker"*, also über die gesamte Erde übergeben. Eine Begrenzung auf Israel ist nicht zu erkennen.

3. Obwohl der Menschensohn göttlichen Ursprungs ist, erscheint er in der äußeren Gestalt eines Menschen.

1.3. Der Gottesknecht

Der von Jesaja in vier Liedern vorgestellte Gottesknecht[12] wirft unter exegetischen Gesichtspunkten die meisten Fragen auf. Wer ist dieser Knecht: eine individuelle oder eine kollektive Größe (Israel); eine zeitgeschichtliche oder eine zukünftige Person; steht das prophetische oder das priesterliche oder das königliche Amt im Mittelpunkt? Diese Fragen werden in der alttestamentlichen Wissenschaft heftig diskutiert. Wir können auf sie im Rahmen dieser Darstellung nicht ausführ-

---

[11] Kein geringerer als der Vorläufer von Jesus, Johannes der Täufer, stellt Jesus die Frage: *„Bist du es, der da kommen soll, oder sollen wir auf einen andern warten?"* (Mt 11,3).

[12] Vgl. Jes 42,1-9; 49,1-6; 50,4-11; 52,13-53,12.

lich eingehen. In einer Zusammenfassung wollen wir die u.E. zutreffende Deutung kurz darstellen:

1. Mit dem Gottesknecht ist in diesen Liedern eine Einzelperson, kein Kollektiv gemeint, da dieser Knecht gerade auch für Israel tätig wird.
2. Eine zeitgeschichtliche Person ist nicht mit Sicherheit greifbar. So weisen diese Texte über sich und ihre Zeit hinaus und werden zur Verheißung, obwohl sie unter formalen Gesichtspunkten nicht als Verheißungen formuliert sind im Gegensatz zu den Messiasverheißungen, die an den meisten Stellen auf eine zukünftige Zeit verweisen, die jedoch unbestimmt bleibt.
3. Das Wirken dieses Knechts gilt nicht nur Israel, sondern auch den Völkern. So lesen wir in Jes 49,6: *„Es ist zu wenig, dass du mein Knecht bist, die Stämme Jakobs aufzurichten und die Zerstreuten Israels wiederzubringen, sondern ich habe dich auch zum Licht der Heiden gemacht, dass du seist mein Heil bis an die Enden der Erde."*
4. Welches Amt steht beim Gottesknecht im Vordergrund? Dies ist schwer zu entscheiden und kann nicht einseitig festgelegt werden. Der Knecht hat zunächst einen Verkündigungsauftrag (Jes 49,1f; 50,4f). Sodann wird dieser Knecht ins Leiden, ja in den Tod geführt. Sein Leiden und Sterben hat stellvertretende und sühnende Bedeutung und zwar für die Vielen, also für Israel und die Heiden. Gott aber lässt seinen Knecht nicht im Tod, sondern gibt ihm neues Leben und überträgt ihm die Herrschaft über die Vielen (Jes 52,13-53,12). Das prophetische (Verkündigung) und priesterliche Amt (Sühne) ist aus diesen Liedern eindeutig zu entnehmen. Mit Aussagen über die Herrschaft und damit das königliche Amt halten sich diese Abschnitte eher zurück. Und doch fehlen sie nicht ganz. Auf die Herrschaft dieses Knechts deutet der Rahmen des vierten Liedes hin.[13] Freilich macht der Zusammenhang gerade dieses Liedes deutlich, dass für den Knecht vor der Herrschaft das Leiden und Sterben kommt. Aber noch ein Hinweis kann diesen Liedern entnommen werden. Die Wendung *„mein Knecht"* (Jes 42,1; 52,13; 53,11) begegnet im Alten Testament in Bezug auf einen Knecht Gottes rund fünfzigmal, davon entfallen

---

[13] Jes 52,13: *„Siehe, meinem Knecht wird's gelingen, er wird erhöht und sehr hoch erhaben sein"*; bzw. Jes 53,12: *„Darum will ich ihm die Vielen zur Beute geben, und er soll die Starken zum Raube haben."*

die meisten Stellen auf David (rund zwanzigmal[14]). Sollte darin ein indirekter Hinweis auf einen Nachkommen Davids liegen? Jedenfalls geht es in den Gottesknechtsliedern nicht um ein Entweder-Oder zwischen prophetischer, priesterlicher oder königlicher Funktion, sondern die verschiedenen Perspektiven sind miteinander verbunden. Allerdings stellt sich die Frage nach der richtigen Zuordnung und Abfolge der Ausübung der verschiedenen Ämter.

In diesen Liedern verbinden sich wie sonst an keiner Stelle verschiedene Aspekte: die Israel- und die Völkerlinie, sowie das Nebeneinander von prophetischem, priesterlichem und königlichem Amt.

1.4. Zusammenfassung

Das Alte Testament bietet eine Fülle von Verheißungen. Dabei begegnen nicht nur verschiedene Titel, sondern auch unterschiedliche Aufgaben. Unter zwei Gesichtspunkten können diese Stellen zusammengefasst werden:

1. Es begegnet die Israel- und die Weltperspektive. Die Israelperspektive ist in den messianischen Verheißungen der Propheten vorherrschend, die Weltperspektive beim Menschensohn. Eine deutliche Verknüpfung findet sich in den Gottesknechtsliedern und in einigen messianischen Psalmen, auf die unten noch einzugehen ist.

2. Vorherrschend ist die Beschreibung des königlichen Amtes. Dem verheißenen Messias, Menschensohn und Gottesknecht wird die Herrschaft über die Erde übertragen, um mit Recht und Gerechtigkeit zu regieren und den Frieden in erster Linie für Israel, aber auch für die ganze Erde herzustellen. Mit deutlich weniger biblischen Befunden findet sich der Hinweis auf das prophetische und königliche Amt.

In der weiteren Darstellung ist zu zeigen, wie die einzelnen Aspekte in einem inneren Zusammenhang zueinander stehen. Diese bekommen jedoch erst in der Erfüllung in Jesus Christus ihre letzte Klarheit.

2. Der Messias Israels als Herr der Welt

Wir haben oben als ein entscheidendes inhaltliches Kriterium zwei Perspektiven festgestellt: die Israel- und die Weltperspektive. Es stellt sich die Frage, wie es zum Nebeneinander dieser beiden Perspektiven,

---

[14] Vgl. 2Sam 3,18; 7,5; 1Kö 11,13.32-38; 2Kö 19,23; 20,6; Ps 89,4.21; Jes 37,35; Jer 33,21f; 33,26; Hes 34,23f; 37,24.

aber auch zu deren Verbindung kommt. Die Antwort ist darin zu suchen, dass der eine Gott, wie er im Alten Testament bezeugt wird, zum einen der Schöpfer und Herr der ganzen Welt ist, zum andern der Gott Israels. Er hat sich *ein* Volk erwählt, dem er sich als dessen Gott Jahwe offenbart hat und das im Alten Bund als einziges Volk in einem exklusiven Verhältnis zu diesem Gott steht. Der Zusammenhang dieser beiden Aspekte soll im Folgenden entfaltet werden.

2.1. Israels Gott ist Schöpfer und Herr der Welt

2.1.1. Gott, der Schöpfer und Herr der Welt

Die Weltperspektive zeigt sich zunächst am Bekenntnis zu Gott als dem Schöpfer. Es ist das übereinstimmende Zeugnis des Alten Testaments, dass Israels Gott Jahwe das ganze Universum erschaffen hat. Mit diesem Zeugnis beginnt das Alte Testament (1Mo 1-2). Der Schöpfungsglaube ist somit gleichsam das Tor zur ganzen Bibel.

Hinzu kommt ein weiterer wichtiger Punkt. Das Alte Testament bezeugt Jahwe als den einzigen wahren Gott. Man bezeichnet diese Glaubensform als Monotheismus.[15] Nun steht außer Frage, dass im Alten Testament immer wieder auch andere Götter genannt werden. Die Hinkehr zu anderen Göttern und deren Verehrung war Israel jedoch strengstens untersagt (2Mo 20,2f). Götzendienst wird als schwerste Sünde bewertet. Andere Völker dagegen hatten ihre Götter. Dies ist auch in der Konzentration der Offenbarung Jahwes auf Israel begründet. Wo immer Israel und damit indirekt auch Jahwe auf andere Völker und deren Götter traf, wurde Jahwe als der einzige und wahre Gott bekannt.

Die Verbindung beider Bekenntnisse, das Bekenntnis zu Gott als dem Schöpfer und das Bekenntnis zu Gott als einzigem Gott, hat zur Folge, dass dieser Gott auch der einzige Herr über alle und alles ist (vgl. Ps 47; 97-99; 113).

Man kann das Bekenntnis zu Gott, wie es dem Alten Testament zu entnehmen ist, folgendermaßen zusammenfassen: Der eine Gott, der eine Schöpfer, der eine Herr.

---

[15] Vgl. zu diesem Thema die ausführliche Darstellung: H. Schmid, Gott, Götter und Götzen im Alten Testament, in: T. Messner (Hrsg.), Wie viel Macht haben die Mächte?, Wuppertal 2001, 21-40.

Neben dieser umfassenden Perspektive ist die Israelperspektive, die es nun zu bedenken gilt, erstaunlich.

2.1.2. Jahwe, der Gott Israels

Folgen wir der Darstellung in den ersten Kapiteln der Bibel (1Mo 1-11), so beginnt diese mit der universalen Dimension der Schöpfung und damit mit dem Zeugnis von Gottes universaler Herrschaft. Auch die anschließenden Berichte haben noch die Menschheit als Gesamtheit im Blick. Aber dann verengt sich die Perspektive und ein Mann und seine Nachkommen treten in den Mittelpunkt des Interesses: Abraham und seine Söhne, aus denen Israel wurde (1Mo 12ff).[16]

Hier vollzieht sich heilsgeschichtlich ein ungeheurer Schritt. Der Schöpfer und Herr von Himmel und Erde wendet sich einem einzelnen Menschen und dessen Nachkommen, einem kleinen und oft politisch bedeutungslosen Volk zu (vgl. 5Mo 7,7f) und schreibt mit ihm seine Geschichte. Warum Gott so und nicht anders gehandelt hat, können wir letztlich nicht ergründen und erklären. Wir können aber durch das Zeugnis der Heiligen Schrift Gottes Weg mit-gehen und seinem Handeln nach-denken.

Kehren wir auf diesem Weg noch einmal zurück zu den ersten Kapiteln der Bibel. Gott hat den Menschen als letztes und höchstes Geschöpf erschaffen. Die Bestimmung „Bild Gottes" zu sein, ist eine große Würdigung. Gott setzt den Menschen über seine gute Schöpfung, übergibt sie ihm zur Verwaltung (1Mo 1,26-28). Aber dann kommt in dieses gute Bild ein Riss. Die Menschen sind mit ihrer Rolle nicht zufrieden. Angestachelt durch den Versucher wollen sie mehr, nicht nur Mitarbeiter Gottes, sondern Gott selbst sein (1Mo 3,1-6). Damit beginnt eine Geschichte der Entfremdung zwischen Gott und Mensch, die damit endet, dass der Mensch aus der Gottesnähe und damit der direkten Gottesbeziehung weichen muss. Er wird aus dem Paradies verwiesen. Der Zugang zu Gott ist versperrt (1Mo 3,24). Die weitere Schilderung in der Bibel (1Mo 4-11) setzt diese Entfremdungsgeschichte zwischen Gott und Mensch fort. Alle Erzählungen der biblischen Urgeschichte nach 1Mo 3 sind Sündengeschichten: Kain tötet Abel (1Mo 4); die Menschheit insgesamt ist böse und Gott lässt daraufhin die Sintflut kommen (1Mo 6-8); als

---

[16] Die Hinführung auf Abraham ist schon in 1Mo 1-11 in den Geschlechts- und Stammesregistern zu beobachten.

Zeichen menschlicher Größe versucht die Menschheit einen Turm zu bauen, der an den Himmel reicht (1Mo 11,1-9). Wie reagiert Gott auf menschliche Sünde und Bosheit? Zwei Linien sind zu beobachten: Zum einen das Gericht über Sünde und Sünder. Zum andern zieht Gott nie einen grundsätzlichen Schlussstrich. Trotz der Sünde erhält Gott seine Schöpfung und die Menschheit. Er gibt über der durch die Sünde geprägten Welt sogar eine Bestandssicherung aus: *„Ich will hinfort nicht mehr die Erde verfluchen um der Menschen willen ... Solange die Erde steht, soll nicht aufhören Saat und Ernte, Frost und Hitze, Sommer und Winter, Tag und Nacht"* (1Mo 8,21f).

Mit der Berufung Abrahams und der Erwählung Israels geht Gott einen großen Schritt weiter. Über die in 1Mo 8,21f zugesagte Erhaltung der Welt hinaus, wendet sich Gott einem Einzelnen und dem daraus entstehenden Volk zu und beruft sie in die Gemeinschaft mit ihm. Das Entscheidende zwischen Gott und Israel ist die Erwählung und der Bund: Ich bin dein Gott und du bist mein Volk. Gott offenbart sich Israel und zeigt diesem Volk wer er ist, was er tut und was er will.

2.1.3. Der Zusammenhang von Israel- und Weltperspektive

Es ist deutlich geworden, dass die Israel- und die Weltperspektive nicht unvermittelt nebeneinander stehen. In einem heilsgeschichtlichen Verständnis gibt es einen inneren Zusammenhang, der an vielen Stellen zum Ausdruck kommt. Zwei Bibeltexte sollen zu diesem Zusammenhang kurz bedacht werden.

1. Bei der Berufung Abrahams (1Mo 12,1-3) stoßen wir auf eine doppelte Verheißung: Gott will ihm ein Land zeigen und ihn zum großen Volk machen. Das ist die Israelperspektive. Aber im selben Zusammenhang lesen wir: *„ ...und in dir sollen gesegnet werden alle Geschlechter auf Erden. "*[17] Das ist die Weltperspektive.[18] Schon in

---

[17] Die exakte Übersetzung ist umstritten. Entweder übersetzt man wie Luther passiv *„in dir sollen gesegnet werden"* oder reflexiv *„in dir sollen sich segnen"*. Siehe dazu ausführlich C. Westermann, Genesis, 2. Teilband Genesis 12-36, BK I/2, Neukirchen-Vluyn 1981, 175f. Die Tatsache der über Israel hinausgehenden Verheißung bleibt von der Übersetzung unberührt.

[18] Der Bezug auf Abraham wird im Neuen Testament an zentraler Stelle aufgenommen. In Mt 1,1 – nicht nur der Anfang des Matthäusevangeliums, sondern des Neuen Testaments überhaupt – wird Abraham genannt und Jesus in Zusammenhang mit Abraham gebracht (s.u. bei 2.3.).

der Berufung Abrahams hat Gott nicht nur dessen Nachkommen, sondern alle Völker im Blick.

2. Innerhalb einer Rede Gottes an Israel lesen wir an einer mit 1Mo 12,1-3 vergleichbar zentralen Stelle: *„Werdet ihr nun meiner Stimme gehorchen und meinen Bund halten, so sollt ihr mein Eigentum sein vor allen Völkern; denn die ganze Erde ist mein"* (2Mo 19,5).[19] Gott gehört zwar die ganze Erde (Weltperspektive), und dennoch hat er allein Israel erwählt[20] und dieses Volk ist sein Eigentum (Israelperspektive).

2.2. Die Einsetzung des Gesandten Gottes zum Messias Israels und Herrn der Welt

Wir haben bisher als Begründung für die doppelte Perspektive ausschließlich das Bekenntnis zu Gott einerseits als Schöpfer und Herr der Welt, andererseits als Gott Israels betrachtet. Dies ist auch die Grundlage für das Verständnis der zwei Perspektiven im Blick auf den verheißenen Gesandten Gottes. Was für Gott gilt, gilt auch für seinen Gesandten. Wenn und weil Gott der Schöpfer und Herr der Welt und der Gott Israels ist, ist sein Gesandter der Messias Israels und der Herr der Welt.

Aber warum bedarf es überhaupt eines besonderen Gesandten, eines Messias, Menschensohns und Gottesknechts? Die Antwort kann hier zunächst nur vorläufig unter dem ersten Aspekt der Herrschaftsfrage gegeben werden.

Gott hat dem Menschen als seinem Ebenbild die Verwaltung seiner Schöpfung übertragen. Der Mensch wurde aber dieser Aufgabe nicht gerecht, weil er sich in sündhaftem Verhalten gegen Gott auflehnte.

In der Berufung Israels hat Gott sich ein neues Gegenüber gesucht. Israel wurde erwählt um für Gott *„ein heiliges Volk"* (2Mo 19,6; vgl. 3Mo 19,2) zu sein. Aber auch Israel konnte diesem Anspruch nicht gerecht werden. Vor allem die Propheten haben immer wieder Israels

---

Paulus stellt in Gal 3,8f einen Zusammenhang zwischen dem Glauben an Jesus Christus und der Segensverheißung von 1Mo 12,3 her.

[19] Dieses Wort steht in der ersten Rede Gottes, die an Israel ergeht, nachdem Israel am Sinai angekommen ist, noch vor dem Dekalog, dem Bundesschluss und den anderen Geboten. Das Wort ist für das Verständnis Israels von grundlegender Bedeutung.

[20] Jacob stellt zur Stelle fest: „Denn auserwählen aus allem kann nur, wem alles zur Wahl steht, um wie viel mehr, wem alles gehört". *„Israel gehört IHM allein, aber IHM gehört nicht Israel allein."* B. Jacob, Das Buch Exodus, Stuttgart 1997, 537f.

Abfall und Untreue aufgedeckt. Dasselbe Urteil gilt auch für die Könige (s.o. 1.1.1.). Die Herrscher Israels, die Israel eigentlich im Auftrag Gottes regieren sollten, haben immer wieder versagt. In den messianischen Verheißungen wird ein Herrscher angekündigt, der Gottes Willen ausführt, der *„Recht und Gerechtigkeit"* aufrichtet (vgl. Jes 9,6; Jer 23,5f). Es geht nicht nur um äußerliche königliche Macht, sondern um eine Herrschaft nach Gottes Willen zum Wohl der Menschen.

Eine solche Herrschaft hat aber nicht nur Israel, sondern die ganze Welt nötig. In Dan 7 beschreibt Daniel die politischen Weltreiche als Tiere. In den Bildern von den vier Tierreichen kommt mit einer Ausnahme[21] auch die Härte und Brutalität dieser Reiche zum Ausdruck. Das Gegenbild ist der Menschensohn. Er kommt von Gott, er trägt ein menschliches Antlitz, seine Macht ist unbegrenzt, er regiert nach Gottes Willen.

Es geht in diesem Zusammenhang um den Aspekt der Herrschaft. Der verheißene Gesandte Gottes übernimmt im Auftrag Gottes die Herrschaft. Wir stoßen wieder auf die beiden Perspektiven: Herrschaft über Israel als Israels König und Herrschaft über die Welt als von Gott eingesetzter Herr der Welt. Er wird seine Herrschaft nach Gottes Willen zum Wohle Israels und der ganzen Menschheit ausüben.

Es gibt messianische Texte, die das Wirken des Messias nicht auf Israel beschränken. Der Aspekt der Herrschaft des Messias über Israel und darüber hinausgehend über die Völker kommt in einigen messianischen Psalmen zum Ausdruck. Ps 2 beschreibt den Aufruhr der Völker *„wider den HERRN und seinen Gesalbten*[22]*"* (V. 2). Gottes Antwort darauf lautet: *„Ich aber habe meinen König eingesetzt auf meinem heiligen Berg Zion. Kundtun will ich den Ratschluss des HERRN. Er hat zu mir gesagt: Du bist mein Sohn, heute habe ich dich gezeugt. Bitte mich, so will ich dir Völker zum Erbe geben und der Welt Enden zum Eigentum"* (V. 6-8). Der von Gott auf dem Zion eingesetzte König bekommt die Völker zum Eigentum. Dies wird in

---

[21] Dem ersten Tier wurde ein menschliches Herz gegeben (Dan 7,4). Daran wird deutlich, dass nicht alle menschlichen Herrschaften nur böse und schlecht sind, wie es auch unter Israels Königen solche gab, die positiv gewürdigt werden. Aber es ist auch geschichtlich unabweisbar, dass durch menschliche Herrschaft nie dauerhaft Frieden und Gerechtigkeit verwirklicht werden konnte.

[22] Hier steht das hebräische Wort *„Messias"*.

Ps 2 unter dem Aspekt der Herrschaft dargestellt. Der Gesalbte Gottes herrscht im Auftrag Gottes.[23]

Eine Verbindung von Israel- und Weltperspektive unter dem Messias findet sich auch in dem messianischen Text Jes 11. In diesem Kapitel bündeln sich wie in kaum einem anderen Text eine Fülle von Themen und Aspekten. Hier können nur ein paar Aussagen, die für unseren Zusammenhang wichtig sind, aufgenommen werden. Der hier Verheißene[24] kommt aus dem *„Stamm Isais"* (V. 1), ist also ein neuer Davidide. Zunächst wird die Art seiner Herrschaft beschrieben. Bevollmächtigt durch den *„Geist des HERRN"* (V. 2) wird er in Gerechtigkeit herrschen und richten, was vor allem den Armen und Elenden zugute kommt (V. 3-5). Seine Herrschaft bringt einen umfassenden Frieden bis hinein in die Tierwelt (V. 6-8). Dieser Verheißene wird als *„Zeichen für die Völker"* dastehen und die Völker werden nach ihm fragen (V. 10).[25] Hier geht es nicht um eine machtvolle Unterwerfung der Völker, auch nicht um die Sendung zu den Völkern, sondern die Völker werden aufmerksam auf *„das Reis aus der Wurzel Isais"* und fragen nach ihm. Gleichzeitig wird *„zu der Zeit"* Israel gesammelt werden (V. 11-13).

Auf die wiederum anderen Aspekte in der Verbindung von Israel- und Weltperspektive in den Gottesknechtsliedern wurde oben schon hingewiesen.

2.3. Die Aufnahme im Neuen Testament

Wie werden diese alttestamentlichen Verheißungen im Neuen Testament auf Jesus Christus bezogen?

Fragen wir zunächst nach der Israel- und Weltperspektive. Jesus ist nach seiner irdisch-menschlichen Herkunft aus dem Geschlecht Davids, in Bethlehem, dem Heimatort Davids, geboren.[26] Mehrmals wird Jesus mit dem Titel *„Sohn Davids"* angeredet (Mt 9,27; 15,22; 20,30). Ganz bewusst im Zusammenhang mit der Messiaserwartung

---

[23] Vgl. außer Ps 2 auch Ps 72; 110.
[24] Der Titel „Messias" fällt hier wie in allen messianischen Verheißungen bei den Propheten nicht.
[25] Vgl. Jes 2,3; Mi 4,2; an diesen Stellen ohne direkte Verbindung mit dem Messias.
[26] Lk 2,4: *„Da machte sich auf auch Josef aus Galiläa, aus der Stadt Nazareth, in das jüdische Land zur Stadt Davids, die da heißt Bethlehem, weil er aus dem Hause und Geschlechte Davids war"*. Röm 1,3: *„...der geboren ist aus dem Geschlecht Davids nach dem Fleisch"*.

dürfte der Titel beim Einzug in Jerusalem verwendet sein.[27] In Übereinstimmung mit der Israelperspektive konzentriert sich Jesus in seinem irdischen Wirken auf Israel.[28] Aber die Weltperspektive ist keinesfalls vergessen. Beeindruckend zeigt dies die Gesamtkomposition des Matthäusevangeliums. Gerade Matthäus, der bei der Darstellung von Jesu irdischem Wirken die Konzentration auf Israel hervorhebt, betont am Anfang und am Ende seines Evangeliums die Weltperspektive. In Mt 1,1 setzt Matthäus Jesus in Beziehung zu Abraham, durch den alle Geschlechter gesegnet werden. Dann berichtet er von den heidnischen Ausländern, die den neugeborenen Jesus besuchen (Mt 2,1-12). Sein Evangelium schließt mit dem Missionsbefehl: *„Darum gehet hin und machet zu Jüngern alle Völker"* (Mt 28,19).

Nun gilt es jedoch die Perspektive der Herrschaft grundsätzlich zu bedenken. Die alttestamentlichen Messias- und Menschensohnverheißungen sind ganz stark mit diesem Aspekt verbunden. Auch die Erwartungen der jüdischen Zeitgenossen Jesu dürften sich gerade auf diesen Aspekt konzentriert haben. Aber genau hier ist bei Jesu erstem Kommen in gewisser Hinsicht Fehlanzeige. Jesus wandte seine göttliche Macht gegenüber Krankheit und Tod, dämonischen Mächten und Naturgewalten an.[29] Er vergab Sünde. Aber er übte keine politische Macht und Gewalt aus. Und doch nimmt der auferstandene Jesus für sich in Anspruch: *„Mir ist gegeben alle Gewalt im Himmel und auf Erden"* (Mt 28,18). Paulus bezeugt, dass Gott Jesus erhöht hat und ihm den höchsten Namen gab (Phil 2,9). Die Gemeinde Jesu bekennt Jesus als den Herrn. Diese Herrschaft ist eine im Evangelium bezeugte und von der Gemeinde geglaubte, aber noch nicht geschaute Herrschaft und deshalb auch immer Grund zu Anfechtungen. Erst am Ende der Zeit wird die Herrschaft Jesu vor aller Welt sichtbar werden. Aber warum dieser Aufschub, warum diese Spannung zu den alttestamentlichen Verheißungen und den entsprechenden Erwartungen? Diese Frage soll in den beiden nächsten Punkten bedacht werden.

---

[27] Mt 21,9: *„Hosianna dem Sohn Davids! Gelobt sei, der da kommt in dem Namen des Herrn! Hosianna in der Höhe!"*

[28] Nach Mt 10,5f sandte Jesus die Jünger nur *„zu den verlorenen Schafen aus dem Hause Israel."* Er verbot ihnen ausdrücklich zu den Heiden und zu den Samaritern zu gehen. Zu der Frau in der Gegend von Tyrus und Sidon sagte Jesus: *„Ich bin nur gesandt zu den verlorenen Schafen des Hauses Israel"* (Mt 15,24).

[29] Vgl. die Antwort, die Jesus dem angefochtenen Johannes dem Täufer zukommen ließ (Mt 11,5).

3. Zum Herrn der Welt durch das stellvertretende Leiden für die Welt

3.1. Das Problem der Sünde

Auf das Thema Sünde sind wir immer wieder gestoßen, ohne bisher dessen Bedeutung zusammenhängend bedacht zu haben. In der biblischen Urgeschichte (1Mo 1-11) ist die Sünde ein wesentliches Kennzeichen für das Verhalten der Menschen. Die Ausbreitung der Menschheit ist begleitet von der Ausbreitung der Sünde. Von den herausragenden Gestalten des Alten Testaments wird berichtet, dass sie schuldig geworden sind. Dies gilt für Abraham, Mose, David oder Propheten wie Jesaja, Jeremia und Elia. Auch Israel wurde immer wieder abtrünnig, wurde seinem Gott untreu und brach den mit ihm geschlossenen Bund.

Sünde hat zerstörende Macht. Das Verhältnis zwischen Gott und den Menschen ist durch sie gestört, ebenso wie das Verhältnis der Menschen untereinander. Das Ziel Gottes ist eine Welt, die geprägt ist von Frieden und Gerechtigkeit, eine Welt ohne Leid und Tod. Diese Welt kann nur eine Welt ohne die zerstörerische Macht der Sünde sein. Aber wie kann dies erreicht werden?

3.2. Unmögliche Möglichkeiten zur Überwindung der Sünde

Drei mögliche Reaktionen auf die Sünde begegnen uns im Alten Testament. Um es gleich vorauszuschicken: Keine dieser Möglichkeiten löst das eigentliche Problem und ist deshalb auch nicht die letzte Antwort Gottes.

Die erste Möglichkeit: Die Vernichtung. Gott vernichtet den Sünder, der seine gute Schöpfung zerstört. Dass Gott diese Möglichkeit hat und auch umfassend anwenden könnte, zeigt die Sintflut.[30] Und doch vernichtet Gott nicht alle Lebewesen. Vier Menschenpaare und von jedem Tier ein bzw. sieben Paare werden durch die Arche gerettet. Am Ende der Sintflut macht Gott selbst deutlich, dass er diesen Weg nicht mehr gehen möchte, obwohl sich der Mensch nicht grundlegend

---

[30] 1Mo 6,7: Gott sprach: „*Ich will die Menschen, die ich geschaffen habe, vertilgen von der Erde ... denn es reut mich, dass ich sie gemacht habe.*"

verändert hat und das menschliche Herz nach wie vor böse ist. Gott möchte seine Schöpfung trotz der Bosheit der Menschen erhalten (1Mo 8,21f).
Die zweite Möglichkeit: Die Sündlosigkeit der Menschen. Gott hat Israel erwählt und errettet und mit ihm einen Bund geschlossen. Israels Anteil an diesem Bund ist die Verpflichtung auf den Gehorsam.[31] Ein ganz entscheidender Aspekt im Bund Gottes mit Israel ist Israels Heiligkeit. Israel soll Gott entsprechen. *"Ihr sollt heilig sein, denn ich bin heilig, der HERR, euer Gott"* (3Mo 19,2). Wir wissen, dass Israel diese Verpflichtung auf den Gehorsam nicht dauerhaft einhalten konnte. Schon wenige Tage nach dem Bundesschluss (2Mo 24) kam es zum Bundesbruch durch die Errichtung des goldenen Kalbs (2Mo 32). Die Rechtfertigung aus Werken erweist sich schon im Alten Testament als unmögliche Möglichkeit.
Die dritte Möglichkeit: Die Sühne durch Tieropfer. Da Gott um die Sündhaftigkeit der Menschen wusste, hat er im Gesetz die (vorläufige[32]) Möglichkeit zur Vergebung durch stellvertretende Tieropfer eröffnet (3Mo 1-7; 16). Ein Tier stirbt für die Sünde des Opfernden. Nun zeigt sich allerdings schon innerhalb des Alten Testaments an mehreren Stellen, dass ein Tier kein entsprechender Ersatz für den Menschen ist. Besonders deutlich ist Mi 6,6-8: *"Womit soll ich mich dem HERRN nahen, mich beugen vor dem hohen Gott? Soll ich mich ihm mit Brandopfern nahen und mit einjährigen Kälbern? Wird wohl der HERR Gefallen haben an viel tausend Widdern, an unzähligen Strömen von Öl? Soll ich meinen Erstgeborenen für meine Übertretung geben, meines Leibes Frucht für meine Sünde? Es ist dir gesagt, Mensch, was gut ist und was der HERR von dir fordert, nämlich Gottes Wort halten und Liebe üben und demütig sein vor deinem Gott."* Hier werden alle alttestamentlichen Opfermöglichkeiten durchgespielt. Die Tieropfer werden ins unermessliche gesteigert und diese Möglichkeit in der Frageform verneint. Wenn aber die quantitativ höchste Möglichkeit von Tieropfern nicht ausreicht, dann bleibt nur ein angemessenes Opfer: der Erstgeborene. Mensch für Mensch, das entspräche der Regel *"Auge um Auge, Zahn um Zahn"*

---

[31] 2Mo 19,5.8: *"Werdet ihr nun meiner Stimme gehorchen und meinen Bund halten ...und alles Volk antwortete einmütig und sprach: Alles, was der HERR geredet hat, wollen wir tun"* (vgl. 2Mo 24,3).
[32] Vgl. Hebr 9,13f; 10,4.

(2Mo 21,24), eine ganz gerechte Lösung. Der Erstgeborene steht nach alttestamentlichem Verständnis für den Vater, er vertritt ihn. Aber auch diese Lösung wird verworfen, da Menschenopfer in Israel nicht erlaubt waren. Was bleibt, ist die Verpflichtung auf den Gehorsam (Mi 6,8). Wir haben jedoch gesehen, dass der Mensch gerade daran scheitert.[33]

Das Alte Testament ringt um die Frage, wie das Problem der Sünde gelöst werden kann. Mehrere Lösungsmöglichkeiten werden aufgezeigt, die jedoch nur als vorläufig bewertet werden können. Bleibt diese entscheidende Frage ohne Lösung? Eine letzte Antwort kündigt das Alte Testament an.

3.3. Die Überwindung der Sünde durch stellvertretende Übernahme der Sünde

Der Text mit den klarsten Aussagen im Alten Testament zur Lösung der Schuldfrage durch Stellvertretung und zwar nicht durch ein Opfertier, sondern durch eine von Gott damit beauftragte Person, ist Jes 53. Bevor wir auf diesen Text eingehen, sind noch einige andere Stellen zu besprechen.

In der Auslegung ganz umstritten ist 1Mo 3,15: *„Und ich will Feindschaft setzen zwischen dir und dem Weibe und zwischen deinem Nachkommen und ihrem Nachkommen; der soll dir den Kopf zertreten, und du wirst ihn in die Ferse stechen."* Viele Jahrhunderte lang wurde diese Stelle als erster Hinweis auf die künftige Erlösung und den künftigen Erlöser (Protevangelium[34]) und damit auch als erster Hinweis auf den Messias verstanden. In der modernen Auslegung wird diese Deutung weitgehend abgelehnt. Manche Ausleger deuten diese Stelle ausschließlich auf die Feindschaft zwischen der Schlange

---

[33] Eine weitere Stelle für die ungelöste Frage der Erlösung ist Ps 49,8f: *„Kann doch keiner einen andern auslösen oder für ihn an Gott ein Sühnegeld geben – denn es kostet zuviel, ihr Leben auszulösen; er muss davon abstehen ewiglich".* Die Möglichkeit von Tieropfer wird gar nicht erwogen. Und das einzig adäquate Opfer – Mensch für Mensch – scheidet aus. Damit ist aber letztlich keine Sühnemöglichkeit gegeben.

[34] Protevangelium ist die Kurzform für Proto-Evangelium und meint die erste Verheißung des Evangeliums.

als Tier und den Menschen.³⁵ Andere wollen hier zwar kein Protevangelium erkennen, sehen aber in der Schlange nicht lediglich ein Tier, sondern auch die Repräsentanz des Bösen. Für sie weist diese Stelle auf den ständigen Kampf des Menschen gegen das Böse hin.³⁶ U.E. greifen diese Erklärungen zu kurz. Es ist nicht einsichtig, dass die Feindschaft zwischen Mensch und Tier verbunden mit einem Fluch sich nur auf die Schlange als Tier beziehen soll. Hinter der Schlange verbirgt sich in 1Mo 3 mehr. Sie ist der Versucher zur Sünde. Deshalb geht es in der Tat um die Auseinandersetzung mit dem Bösen. Diese Auseinandersetzung wird als Kampf geschildert, in dem jede Seite den anderen tödlich treffen möchte. Nun aber zur entscheidenden Frage: Kann man diese Stelle als Protevangelium bezeichnen? Man wird zugestehen müssen, dass die Konturen dieses Wortes als Protevangelium noch sehr unscharf und noch nicht eindeutig sind. Es ist oft bei Verheißungen zu beobachten, dass sie ihre Präzisierung erst mit der Erfüllung oder auf dem Weg dorthin erhalten. Einige Stellen im Neuen Testament deuten darauf hin, dass 1Mo 3,15 als Verheißung auf die Erlösung und somit als „Protevangelium" verstanden wurde.³⁷ Von einer messianischen Verheißung im engeren Sinne sollte man jedoch nicht sprechen, da entscheidende Kriterien des Messias (z.B. die Abstammung von David oder die Königsherrschaft) hier fehlen (s.o. 1.1.). Ein erster vager Hinweis auf den Erlöser in der Wendung „*deinem Nachkommen*" oder anders übersetzt „*deinem Samen*" ist jedoch nicht abzuweisen.

Eine eindeutig messianische Stelle ist Jes 11,9: „*Man wird nirgends Sünde tun noch freveln auf meinem ganzen heiligen Berge; denn das Land wird voll Erkenntnis des HERRN sein, wie Wasser das Meer bedeckt.*" Aus diesem Text geht hervor, dass es im Reich des Messias keine Sünde geben wird. Gottesreich und Sünde gehen nicht zusam-

---

[35] C. Westermann, Genesis, 1. Teilband Genesis 1-11, BK I/1, Neukirchen-Vluyn ²1976, 353-355; H. Seebass, Genesis I Urgeschichte (1,1-11,26), Neukirchen-Vluyn 1996; J.A. Soggin, Das Buch Genesis, Darmstadt 1997, 89f.

[36] So G.v. Rad, Das erste Buch Mose. Genesis Kapitel 1-12,9, ATD 2, Göttingen ⁵1958.

[37] Vgl. Röm 16,20: „*Der Gott des Friedens aber wird den Satan unter eure Füße treten in Kürze. Die Gnade unseres Herrn Jesus Christus sei mit euch!*"; ebenso 1Joh 3,8: „*Wer Sünde tut, der ist vom Teufel; denn der Teufel sündigt von Anfang an. Dazu ist erschienen der Sohn Gottes, dass er die Werke des Teufels zerstöre.*" Vgl. C.F. Keil, Genesis und Exodus, Giessen ⁴1983, 72-75; H. Bräumer, Das erste Buch Mose Kapitel 1-11, Wuppertal 1983, 94.

men. Allerdings führt Jes 11 nicht aus, wie es zu dieser Sündlosigkeit kommen wird.
Jer 30,21 führt an dieser Stelle weiter: *„Und ihr Fürst soll aus ihrer Mitte kommen und ihr Herrscher von ihnen ausgehen; und er soll zu mir nahen, denn wer dürfte sonst sein Leben wagen und mir nahen? spricht der HERR."* Zunächst kündigt dieses Wort einen künftigen *„Herrscher"* über Israel an, der *„aus ihrer Mitte"*, also aus Israel selbst kommen wird. Es handelt sich somit um eine messianische Verheißung. Die Fremdherrschaft über Israel hat damit ein Ende. Aber mit dem königlichen Aspekt erschöpft sich dieses Wort nicht. Von diesem Herrscher sagt Gott (wörtlich übersetzt): *„und ich lasse ihn herzutreten und er wird mir nahen."* Das Wort *„herzutreten lassen"* wird im Alten Testament vorrangig für den priesterlichen Dienst verwendet.[38] *„Nahen"* durfte sich Gott im Alten Bund in besonderer Weise Mose, der in einer ganz einzigartigen Weise als Mittler zwischen Gott und dem Volk Israel Gott nahen durfte (2Mo 20,21; 24,2). Gott zu nahen ist jedoch riskant und nur möglich unter Einsatz des Lebens.[39] In diesem Sinn dürfte der dritte Teil des Verses zu verstehen sein (wörtlich übersetzt): *„...denn wer sonst wollte sein Herz als Pfand geben, um mir zu nahen?"* Der hier verheißene priesterliche Herrscher riskiert sein Leben, wenn er Gott als künftiger König naht. Damit geht aber der Einsatz dieses einen und einzigen Herrschers über den Dienst Moses und aller Priester hinaus. Er gibt sein Herz – gemeint ist nichts anderes als sein Leben – für sein Volk, um es in ein neues Verhältnis zu Gott zurückzubringen.[40]

---

[38] Vgl. 2Mo 28,1; 29,4.8; 40,12.14; 3Mo 8.6.13.24; 4Mo 16,5.9. Dasselbe gilt für das Wort *„nahen"*, das in 2Mo 19,22; Hes 44,13 für den priesterlichen Dienst verwendet wird.

[39] Vgl. 2Mo 33,20; Ri 6,23f; 13,22; Jes 6,5.

[40] Bei Jeremia wird dieser doppelte Aspekt (König und Priester) noch an einer anderen Stelle deutlich. Nach Jer 33,19-22 wird der Bund mit David und der Bund mit den Leviten, den Priestern, erneuert.
Hinzuweisen ist auch auf Sach 3,1- 4,14. Dort geht es um den Hohepriester Josua und um Serubbabel, ein Nachkomme Davids, der eine Gruppe von Rückkehrern aus dem babylonischen Exil anführte. Beide, Serubbabel und der Priester werden betont nebeneinander gestellt. In Sach 6,9-15 ist vom Hohepriester Josua und vom *„Spross"* die Rede. *„Spross"* begegnet öfter als Titel für den zukünftigen König (Messias) aus dem Hause Davids. Der Hohepriester Josua und der kommende Spross haben eine zentrale Aufgabe bei der Wegnahme der Schuld Israels. In Sach 3,8f heißt es: *„Höre nun Jeschua, du Hohepriester ... ich will meinen Knecht, den Spross, kommen lassen ... und will die Sünde des Landes wegnehmen an einem*

Abschließend ist auf Jes 52,13-53,12 einzugehen.[41] Einer gibt sein Leben für die Sünde und das Leben Vieler. Es ist Gott selbst, der diesen stellvertretenden Dienst seines Knechtes wollte: *„Aber der HERR warf unser aller Sünde auf ihn"* (V. 6). Deutlicher als in Jer 30,21 kostet dieser Dienst den Knecht sein Leben: *„Denn er ist aus dem Lande der Lebendigen weggerissen, da er für die Missetat seines Volks geplagt war"* (V. 8). Aber Gott lässt seinen Knecht nicht im Tod. Er erweckt ihn zu neuem Leben. Er hat ja den Tod ohne eigene Schuld auf sich genommen (*„wiewohl er niemand Unrecht getan hat und kein Betrug in seinem Munde gewesen ist"* V. 9). Entscheidend ist, dass sich auch an dieser Stelle das priesterliche Amt mit dem königlichen Amt verbindet (s.o. 1.3.). Der, der die Sünde der ganzen Welt trägt, dem übergibt Gott die Herrschaft über alle. Der, der sich unter alle stellt, den erhebt Gott über alle Könige. Das königliche Amt kommt in Jes 52,13-53,12 sehr zurückhaltend zur Sprache, weil das stellvertretende Sterben für die Sünde so sehr im Mittelpunkt steht, und doch kann es auch nicht übersehen werden.

3.4. Die Erfüllung in Jesus Christus

Das Neue Testament bezeugt einhellig und an vielen Stellen, dass Jesus für die Sünden nicht nur Israels, sondern der ganzen Welt gestorben ist. Die alttestamentlichen Stellen, die auf das stellvertretende Tragen der Sünden und den damit verbundenen Tod hinweisen, sind damit erfüllt.

Wie verhält es sich aber mit der Frage nach der Herrschaft über Israel und die ganze Welt? Ist Jesus, der am Kreuz für die Sünden starb, auch der verheißene Messias Israels und Herr aller Völker? Und wenn ja, warum ist diese Herrschaft noch nicht sichtbar? Die Antwort darauf soll im folgenden Punkt versucht werden.

---

einzigen Tag." Bei Sacharja spielt das priesterliche Amt der Sündenvergebung neben dem königlichen Amt der Leitung des Volkes eine entscheidende Rolle.

[41] Siehe dazu ausführlich: R. Albrecht, Sühne in Jesaja 53, in: V. Gäckle (Hrsg.), Warum das Kreuz?, Wuppertal ²2001, 35-51.

4. Die Verkündigung vom leidenden Knecht als Herrn der Welt

Die bisherige Darstellung führt zu einem doppelten Zwischenergebnis:

1. Die Frage der Herrschaft: Der Verheißene Gottes ist der Messias Israels und der Herr der Welt. Von den Verheißungen des Alten Testaments her ist zu erwarten, dass er die sichtbare Herrschaft über die ganze Welt übernimmt und alle Feinde Gottes überwindet. Das übereinstimmende Zeugnis des Neuen Testaments sieht in Jesus die Erfüllung dieser Verheißungen. Allerdings hat Jesus die Macht über die ganze Erde noch nicht sichtbar vor allen Völkern angetreten.

2. Das Problem der Sünde: Mit der Lösung der Herrschaftsfrage ist das größte Problem der Menschheit nach biblischer Auffassung nicht gelöst: Wie kommt es zur Überwindung der Sünde? Die Sünde der ganzen Welt kann nur einer tragen, der wiederum von Gott damit beauftragt ist. Nach dem Zeugnis des Neuen Testaments hat Jesus mit seinem Tod am Kreuz die Sünde der Welt getragen.

Damit treffen sich in Jesus beide Linien. Der, der die Sünde der Welt trägt, wird von Gott zum Herrscher über die Welt bestellt. Aber wie kommt es zu dieser Herrschaft, wenn diese Herrschaft wohl von den Glaubenden bezeugt, aber vor der Welt noch nicht sichtbar ist?

Die Antwort lautet: in einem ersten Schritt durch die Verkündigung des Evangeliums in aller Welt (Zeit der Kirche und der Mission), in einem zweiten Schritt bei der Wiederkunft Jesu Christi.

Nun stellt sich die Frage: Gibt es auch für die Zeit der Mission Hinweise im Alten Testament?

4.1. Der Auftrag Israels im Alten Bund

Israel hat im Alten Bund keinen direkten Auftrag zur Mission erhalten. Gleichwohl hatte Israel eine große Bestimmung. Nach 2Mo 19,5 ist Israel berufen *„ein Königreich von Priestern"* zu sein. Wenn aber ganz Israel Priestervolk ist, dann stellt sich die Frage: Für wen? Verschiedene Ausleger haben darauf hingewiesen, dass dies nur die anderen Völker sein können,[42] da 2Mo 19,5 auch ganz bewusst eine

---

[42] C.F. Keil, Genesis und Exodus, Giessen [4]1983, 496: „Das Object des Königtums und Priestertums Israels sind die Völker der Erde"; vgl. B. Jacob, Das Buch Exodus, Stuttgart 1997, 538.

Verhältnisbestimmung Israels zu diesen Völkern enthält: *„ ...so sollt ihr mein Eigentum sein vor allen Völkern; denn die ganze Erde ist mein."* Worin bestand aber diese priesterliche Aufgabe? Ein Priester darf Gott nahen und hat somit einen Mittlerdienst zwischen Gott und den Menschen.[43] Was heißt das für Israel? Gott hat in der Zeit des Alten Bundes Israel erwählt und errettet. Er hat sich nur diesem Volk offenbart und ihm in der Tora seinen Willen kundgetan.[44] Und deshalb konnte nur dieses Volk dem wahren Gott nahen. Durch seine Existenz und das, was Gott an diesem Volk getan hat, war Israel ein Zeugnis seines Gottes für die umliegenden Völker.

Israel war nicht gesandt zu den anderen Völkern, aber Angehörige anderer Völker konnten zu Israel kommen, um dessen Gott anzubeten (vgl. 1Kö 8,41-43). Für die letzte Zeit ist die Verheißung der Völkerwallfahrt zum Zion gegeben. Völker werden sich am Wort vom Zion orientieren, da von ihm die Weisung zum Frieden ausgeht (Jes 2,1-4; Mi 4,1-3).[45]

Auf ganz andere Weise wurde Israel zu einem Zeugnis unter den Völkern durch seine wiederholte Zerstreuung. Auf diesem Weg wurde Israels Gott und Glaube unter vielen Völkern bekannt. Allerdings kam es nicht zur bewussten Mission von jüdischer Seite her.

4.2. Der Auftrag des Gottesknechts

Wir haben unter 1.3. festgestellt, dass der Gottesknecht auch einen prophetischen Auftrag hat. Bei diesem Auftrag stoßen wir auf die Sendung zu den Völkern. Im ersten Gottesknechtslied ist in wenigen Versen (Jes 42,1-4) dreimal davon die Rede, dass der Knecht das *„Recht"* aktiv hinausträgt zu den Völkern: *„Er wird das Recht unter die Heiden bringen"* (V. 1); *„In Treue trägt er das Recht hinaus"* (V. 3); *„...bis er auf Erden das Recht aufrichte; und die Inseln warten auf seine Weisung"* (V. 4).

Was aber ist mit *„Recht"* in diesem Zusammenhang gemeint?[46] Die Antwort ergibt sich zunächst aus Jes 42,1-9. V. 1 hat eine Parallele in

---

[43] Keil, a.a.O., 496.
[44] Paulus listet in Röm 9,4f auf, was Israel alles gegeben ist.
[45] Auf die Parallele zu diesen Stellen (Jes 11,10) in Zusammenhang mit dem Messias haben wir oben schon hingewiesen.
[46] Die Kommentare geben sehr unterschiedliche Antworten. Vgl. K. Elliger, Deuterojesaja 1. Teilband Jesaja 40,1-45,7, Neukirchen-Vluyn ²1989, 205-207; W. Grimm / K. Dittert, Deuterojesaja. Deutung – Wirkung – Gegenwart, Stuttgart 1990, 135f.

V. 6: *"Ich, der HERR ... mache dich zum Bund für das Volk, zum Licht der Heiden."* Ähnlich lesen wir in Jes 49,6, dem zweiten Gottesknechtslied: *"... ich habe dich auch zum Licht der Heiden gemacht, dass du seist mein Heil bis an die Enden der Erde."* Auch in diesem Lied hat der Knecht einen Verkündigungsauftrag: *"Hört mir zu, ihr Inseln, und ihr Völker in der Ferne, merket auf!"* (Jes 49,1; vgl. Jes 50,4f). Recht, Licht, Heil sind in diesem Zusammenhang als synonym gebrauchte Begriffe zu verstehen. Was ist damit gemeint? Zunächst geht es ganz grundsätzlich um eine gute Botschaft. Im Zusammenhang von Jes 40-55 ist daran zu denken, dass auch den Heiden der eine wahre Gott verkündigt wird und sie damit vom letztlich sinnlosen Götzendienst befreit werden (Jes 45,22-24). Für Israel (und die Welt) ist aber auch daran zu denken, dass es endlich einen Herrscher gibt, der mit Recht und Gerechtigkeit regiert.[47] Damit aber nicht genug. Lesen wir die vier Gottesknechtslieder in einem Zusammenhang, so wird der Knecht letztlich zum Licht für Israel und die Völker durch sein stellvertretendes Leiden, wie es im vierten Gottesknechtslied beschrieben wird (Jes 52,13-53,12). Interessanterweise ist gerade diese Botschaft schon nach Jesajas Wort auch Inhalt der Verkündigung – und des Zweifels: *"Aber wer glaubt dem, was uns verkündet wurde, und wem ist der Arm des HERRN offenbart?"* (Jes 53,1).

Zugegebenermaßen ist diese Botschaft einer weltweiten Heilsverkündigung durch den Knecht, bei der sein eigenes Werk letztlich der entscheidende Inhalt ist, ein sehr zartes Pflänzchen innerhalb des Alten Testaments. Und doch dürfte gerade diese Linie Jesus und sein Handeln entscheidend geprägt haben.

4.3. Die Erfüllung in Jesus Christus und sein Auftrag an die Gemeinde

Wir haben oben festgestellt: Jesus wird von der Gemeinde als der Herr bekannt und gleichzeitig hat er seine Herrschaft über die ganze Erde noch nicht sichtbar angetreten. Warum nicht? Es ist Zeit der Gemeinde, es ist Missionszeit. Das Evangelium von Jesus Christus, von seinem sühnenden Sterben für die ganze Welt, soll allen Men-

---

[47] Vgl. Grimm / Dittert, ebd.

schen verkündigt und alle sollen zum Glauben an Jesus Christus eingeladen werden.
In Mt 28,18-20 gibt Jesus den Auftrag an seine Jünger, alle Völker zur Jüngerschaft einzuladen. Aber gerade diese Stelle zeigt noch einen interessanten Zusammenhang. Bevor Jesus den Auftrag zur Weltmission gibt, weist er darauf hin, dass ihm alle Macht und Herrschaft gegeben ist. Das heißt: Die Macht und Herrschaft Jesu zeigt sich in der Zeit der Kirche in der Vollmacht, Menschen zu Jüngern zu berufen. Dies ist die Aufgabe, für die der Kirche die Verheißung und die Vollmacht Jesu gegeben ist. Jesu Herrschaft zeigt sich noch nicht in sichtbarer politischer Macht, sondern indem er als Herr erkannt wird von denen, die an ihn glauben.
Allerdings wird dieser Auftrag nicht von Jesus selbst ausgeführt. Er gab ihn an seine Jünger weiter.[48] Damit ergibt sich ein deutlicher Unterschied zwischen der Beauftragung Israels und der Gemeinde. Die Gemeinde Jesu ist zur aktiven Mission berufen. Petrus überträgt die Aussagen über Israel in 2Mo 19,5f auf die Gemeinde und fügt hinzu: *„...dass ihr verkündigen sollt die Wohltaten dessen, der euch berufen hat von der Finsternis zu seinem wunderbaren Licht"* (1Petr 2,9). Der Auftrag der weltweiten Mission, das Hingehen zu den „Heiden" war für die ersten Christen, die Juden waren, kein leichter Schritt (vgl. Apg 10-15). Und doch wurde dieser Auftrag erstaunlich schnell und konsequent übernommen, wie die Ausbreitung der ersten Christenheit zeigt.
Dass die Verkündigung des Evangeliums an alle Völker von Gott her gesehen das entscheidende Ereignis dieser Zeitepoche ist, unterstreicht auch Jesu Wort in Mt 24,14: *„Und es wird gepredigt werden dies Evangelium vom Reich in der ganzen Welt zum Zeugnis für alle Völker, und dann wird das Ende kommen."*
Man muss ehrlicherweise zugestehen, dass diese Epoche im Heilsplan Gottes vom Alten Testament her am wenigsten deutlich zu erkennen ist. Dies gilt auch für ihre zeitliche Länge.

4.4. Die Vollendung

Nach dem Zeugnis des Neuen Testaments wird Jesus Christus in Macht und Herrlichkeit wiederkommen und die Herrschaft sichtbar

---

[48] Diese handeln jedoch ganz in der Vollmacht Jesu: *„Wer euch hört, der hört mich, und wer euch verachtet, der verachtet mich"* (Lk 10,16).

über die ganze Erde antreten.[49] Dass sich auch dieses Geschehen in der Erfüllung ausdifferenziert und einen größeren Zeitraum ausfüllt, steht außer Frage. Auch hier gilt: Erst mit der Erfüllung wird eine letzte Klarheit über den Ablauf im Einzelnen gegeben.[50] Die Ereignisse von der Wiederkunft Jesu bis zur endgültigen Vollendung des neuen Himmels und der neuen Erde sind in der Bibel nur mit groben Linien skizziert (Offb 19,11-22,21).

Mit der sichtbaren Herrschaft Jesu wird auch in einer letzten Weise 2Mo 19,5f in Erfüllung gehen. Diejenigen, die an ihn glauben aus Israel und den Heiden werden zusammen mit ihm über die Welt herrschen (Offb 1,6; 5,10; 20,4).[51]

5. Zusammenfassung

1. Jesus und die Apostel erheben den Anspruch, dass in Jesus Christus die verschiedenen alttestamentlichen Verheißungslinien eines göttlichen Gesandten zusammenlaufen. Jesus ist der verheißene Messias, Menschensohn und Gottesknecht.

2. Damit verbinden sich in Jesus Christus auch die verschiedenen Perspektiven, die mit den Verheißungen verbunden sind.

Dies ist zum einen die Israel- und die Völkerperspektive. Jesus ist der endzeitliche Heilskönig Israels aus dem Hause David. Jesus ist aber auch der vom Himmel kommende göttliche Menschensohn. Mit der Israel- und der Völkerperspektive verbindet sich in Jesus die irdisch-menschliche Linie mit der himmlisch-göttlichen. Jesus ist wahrer Mensch und wahrer Gott.

Zum andern verbindet sich in Jesus das prophetische, priesterliche und königliche Amt. Er gab sein Leben als stellvertretendes Opfer für die Sünden der ganzen Welt. Dieses Opfer zur Versöhnung der Menschen mit Gott wird im Auftrag Jesu allen Völkern verkündigt. Dazu gab Jesus seinen Jüngern und seiner Gemeinde die Vollmacht. Derjenige, der sein Leben für die Welt gab, wird von Gott mit der Herrschaft über die Welt beauftragt. Diese Herrschaft Jesu ist noch ver-

---

[49] Vgl. Mt 24,29f; 1Kor 15,20-28; Phil 2,9-11; Offb 19,11-16.
[50] Deshalb sollte man gegenüber allzu konkreten Festlegungen der Abläufe der noch ausstehenden Verheißungen äußerst zurückhaltend sein.
[51] Vgl. Keil, a.a.O., 496.

borgen und nur im Glauben zugänglich. Sie wird erst mit der Wiederkunft Jesu vor aller Welt offenbar.

3. Wie sich die verschiedenen Verheißungen in einem inneren Zusammenhang im Einzelnen erfüllen, wird erst mit der Erfüllung klar.[52] Damit lässt sich eine wichtige Frage beantworten. Konnten die Zeitgenossen Jesu anhand des Alten Testaments Jesus zweifellos als die Erfüllung der alttestamentlichen Verheißungen erkennen? Die Antwort muss lauten: Nein! Wer vom Alten Testament her ganz bestimmte Vorstellungen vom Auftreten des Messias hatte, konnte an Jesus irre werden. Dies gilt vor allem von der Erwartung eines in erster Linie politischen Messias, der dem Volk Israel Befreiung und Frieden bringt. Dies gilt nicht nur für einen großen Teil des jüdischen Volkes zur Zeit Jesu. Dies gilt bis heute. Wer an Gottes Handeln ganz bestimmte Erwartungen richtet, die er in der Verkündigung von Jesus nicht beantwortet sieht, wird sich mit dem Glauben an Jesus sehr schwer tun. Dies bedeutet umgekehrt: Wer in Jesus die Erfüllung der alttestamentlichen Verheißungen erkennen wollte und will, muss sich dem Anspruch und Zeugnis Jesu und seiner Deutung des Alten Testaments stellen und sie übernehmen. Jesu Anspruch fordert den Glauben, dass sich eben auf diese Weise das Alte Testament erfüllt. Das Vertrauen in Jesu Wort betrifft vor allem die Weise, wie die Lösung der Schuld- und Machtfrage in Erfüllung alttestamentlicher Verheißungen zu sehen ist. Jesu erstes Kommen diente der Lösung der Schuldfrage durch seinen Tod am Kreuz. Erst mit seinem zweiten Kommen wird seine Herrschaft vor aller Welt offenbar. Dann werden alle Zungen seine Herrschaft bekennen.

---

[52] Wir haben oben darauf hingewiesen, dass vor allem die lange Zeitspanne der Gemeinde Jesu mit dem Auftrag zur Mission aus dem Alten Testament nicht so präzise zu entnehmen ist.

„Bist du es, der da kommen soll?" –
Historische und biblische Argumente zur Frage der Messianität Jesu
von Volker Gäckle

Wer ohne jegliche Vorkenntnisse über die Forschungsgeschichte der vergangenen 300 Jahre das Neue Testament gelesen hat, dem dürfte die Frage, ob Jesus der Messias ist, merkwürdig vorkommen. Schließlich ist in fast allen Schriften des Neuen Testaments die Verkündigung und Proklamation der Messianität und Gottessohnschaft Jesu ein zentraler Inhalt, wenn nicht gar das Hauptthema. Dass nach dem Zeugnis des Neuen Testaments Jesus der von den Propheten verheißene und von Gott bestätigte Messias Israels war, lässt sich nicht bestreiten. Ob ein Mensch diesem Zeugnis glauben schenkt, ist eine zweite Frage, die freilich auf einer anderen Ebene liegt, als jene, auf der sich die historische Forschung bewegt. Die Frage, um die es im Rahmen dieses Beitrags geht, ist, ob das einstimmige Zeugnis des Neuen Testaments auch dem Selbstanspruch Jesu gerecht wird, oder sich von diesem fundamental unterscheidet. Um die historischen Zweifel vieler Ausleger und Theologen am messianischen Anspruch Jesu verstehen zu können, müssen wir uns auf den langen Weg zurück in die Auslegungsgeschichte des Neuen Testaments begeben.

1. Betrug – Messiasgeheimnis – Kerygma

Ausgangspunkt des historischen Zweifels an der Messianität Jesu waren die Schriften des Hamburger Professors für orientalische Sprachen Hermann Samuel Reimarus (1694-1768). Persönlich ein frommer Mann, der intensiv am kirchlichen Leben seiner Stadt teilnahm, war er gleichzeitig ein glühender Verfechter des aufgeklärten Vernunftglaubens. In mehr als 20jähriger Arbeit verfasste er die „Apologie oder Schutzschrift für die vernünftigen Verehrer Gottes". Mit seinen Ausführungen wollte Reimarus einen Beitrag zum richtigen Verständnis der heiligen Schrift und zur Reinigung der Kirche leisten. Gleichzeitig waren die Ergebnisse seiner wissenschaftlichen Studien so revolutionär, dass er selbst vor einer Veröffentlichung zurückschreckte und sie nur einem kleinen Kreis enger Vertrauter zugänglich machte. Erst durch die Kinder von H.S. Reimarus bekam kein Geringerer als Gotthold Ephraim Lessing (1729-1781) Kenntnis von der Schrift. Er veröffentlichte nach Reimarus' Tod aus seinem Werk sieben „Fragmente eines Ungenannten". Ausgangspunkt von Reimarus' Kritik war die von ihm wahrgenommene Diskrepanz zwischen Jesu politisch-messianischer Botschaft des kommenden Gottesreichs, innerhalb der er sich lediglich als irdisch-politischer Messias verstand, und der Verkündigung des gekreuzigten und auferstandenen Erlöser-Christus durch die Apostel: „... allein ich finde große Ursache, dasjenige, was die Apostel in ihren eigenen Schriften vorbringen, von dem, was Jesus in seinem Leben würklich selbst ausgesprochen und gelehrt hat, gänzlich abzusondern."[1] Die Diskrepanz erklärte Reimarus durch seine „objektive Betrugstheorie", wonach die Jünger den Leichnam Jesu gestohlen und nach fünfzig Tagen, als die Leiche unidentifizierbar verwest war, seine Auferstehung verkündet hätten.

Während die Betrugstheorie mittlerweile längst zu den belächelten Stilblüten der neutestamentlichen Forschungsgeschichte gezählt wird, hat sich Reimarus' Unterscheidung zwischen der Botschaft Jesu und der Verkündigung der Apostel und der Urgemeinde als bahnbrechend erwiesen. Theologisches Gewicht hat diese an sich logische und im ersten Moment banal erscheinende Unterscheidung dadurch gewonnen, dass seit Reimarus die These einer tiefgreifenden Veränderung und Umgestaltung der Verkündigung, des Wirkens und Willens Jesu durch die Jünger und Apostel an Gewicht und Zustimmung gewonnen hat. Welche Form und Absicht und welchen Umfang diese Umgestaltung hatte, darüber entspann sich ein neuer Streit, der die neutestamentliche Forschung bis heute in Atem hält.

Im 19. Jahrhundert stellte sich die liberale „Leben-Jesu-Forschung" die Aufgabe, das ursprüngliche Bild von Jesu Leben und Botschaft, das die Jünger, die Apostel und die Urgemeinde angeblich durch eigene Glaubensvorstellungen übermalt hatten, im Stile von Restauratoren wieder freizulegen. Sie war von dem grenzenlosen Optimismus beseelt, mit Hilfe der historischen Kritik hinter das kirchliche Dogma zur wahren, ursprünglichen Person Jesu vorzudringen, indem sie Schicht für Schicht von den legendenhaften Zügen der Jesusdarstellung der Evangelien wieder abtrug. Freilich führten diese Versuche

---

[1] Von dem Zwecke Jesu und seiner Jünger, § 3, zitiert nach M. Baumotte (Hrsg.), Die Frage nach dem historischen Jesus. Texte aus drei Jahrhunderten, Gütersloh 1984, 13.

niemals zu einem wirklichen Konsens der Forschung. Es war Albert Schweitzer vorbehalten, das Scheitern dieses Unternehmens zu proklamieren, in dem er in seinem berühmten Werk „Die Geschichte der Leben-Jesu-Forschung"[2] nachwies, dass die jeweils „freigelegten" liberalen Jesus-Bilder stets die Persönlichkeitsmerkmale hatten, die der jeweiligen Epoche bzw. den einzelnen Forschern als höchstes ethisches Ideal vor Augen standen. Sie waren samt und sonders weniger Ergebnisse seriöser Forschung als vielmehr Projektionen eigener Wünsche.

Ein wesentliches Fundament der „Leben-Jesu-Forschung" war die in der Mitte des 19. Jahrhunderts entwickelte und bis heute von der Mehrzahl der Exegeten vertretene „Zwei-Quellen-Theorie", nach der – verkürzt skizziert – am Beginn des schriftlichen Überlieferungsprozesses das Markusevangelium und eine unbekannte, weil verlorengegangene Quelle „Q" standen. Diese beiden Dokumente gelten als die Vorlagen für die beiden anderen synoptischen Evangelien von Matthäus und Lukas. In der Konsequenz bedeutete das, dass man nur im Markusevangelium – aber hier auch wirklich – mit historischen Informationen über das Leben und Wirken Jesu rechnen konnte. Folglich orientierten sich alle Leben-Jesu-Entwürfe an diesem vermeintlich frühesten und deshalb zuverlässigsten Evangelium und kamen im Blick auf die Frage des messianischen Anspruchs Jesu in der Regel zu entsprechend positiven Ergebnissen.

Es war der Breslauer Neutestamentler William Wrede (1859-1906), der mit seinem Werk über „Das Messiasgeheimnis in den Evangelien" (1901) auch diesen Stützpfeiler des kritischen Optimismus zertrümmerte, indem er den kritischen Zweifel an der Historizität der Evangelien radikalisierte, wenn auch in einer sehr vorsichtigen und zurückhaltenden Art und Weise.[3] Nachdem den Auslegern schon lange aufgefallen war, dass Jesus in den synoptischen Evangelien an keiner

---

[2] Die erste Auflage erschien 1906 und trug den Titel „Von Reimarus zu Wrede. Eine Geschichte der Leben-Jesu-Forschung". Erst ab der zweiten Auflage von 1913 trug das Werk den genannten Titel.

[3] Wrede wollte mit seiner Untersuchung gegenüber dem damaligen *common sense* eines messianischen Selbstanspruchs Jesu „nur ein Fragezeichen ... machen" (W. Wrede, Das Messiasgeheimnis in den Evangelien, Göttingen ³1963, 222; vgl. auch 239, wo er selbst die Zurückhaltung vor einem abschließenden Urteil in dieser Frage anmahnt).

Stelle explizit sich selbst als den Messias bezeichnete,[4] unternahm Wrede in seinem Werk den Nachweis, dass auch im Markusevangelium die versteckten, geheimnisvollen Hinweise auf die Messianität Jesu nicht auf diesen selbst, sondern lediglich auf die Urgemeinde bzw. den Evangelisten und ihre schöpferische Kreativität zurückgingen. Die Schweigegebote Jesu gegenüber seinen Jüngern, über seine Messianität zu reden bzw. vollbrachte Heilungen zu verkünden, sowie der Unglaube und das Unverständnis der Jünger seien lediglich eine apologetische Konstruktion gewesen, die keinerlei historische Anknüpfungspunkte beim historischen Jesus selbst gehabt hätten. Dieser habe sich und sein Wirken vielmehr völlig unmessianisch verstanden.[5]

Wredes Kritik fand in der damaligen neutestamentlichen Wissenschaft zunächst keine Anerkennung.[6] Den wissenschaftlichen Durchbruch erlebte Wredes Zweifel am messianischen Selbstverständnis Jesu erst in Folge seiner „Dogmatisierung" durch Rudolf Bultmann (1884-1976) und seine Schüler.[7]

Bultmann lieferte jedoch gleichzeitig die theologische Antwort auf die von Wrede markierte Infragestellung der Messianität Jesu und letztlich der Wahrheit des christlichen Bekenntnisses. Er erklärte die Nachfrage nach dem historischen Jesus für den christlichen Glauben als irrelevant. Über den historischen Jesus selbst könne man durch die historisch-kritische Forschung sowieso keine Erkenntnisse mehr ge-

---

[4] Die beiden Belege Mt 23,10 und Mk 9,41 werden von der Forschung nach wie vor als redaktionelle Eingriffe bewertet. Auch wenn wir dieses Urteil so nicht mitsprechen können, liegt natürlich auch hier keine ausdrücklich Selbstidentifikation Jesu als Messias vor.

[5] Interessanterweise wurde im Jahre 2001 von H. Rollmann und W. Zager in der Zeitschrift für neuere Theologiegeschichte (Jg. 8/2001, 274-322) ein Brief von William Wrede an Adolf von Harnack, datiert auf den 2. Januar 1905, also über drei Jahre nach Erscheinen seines „Messiasgeheimnisses", veröffentlicht. Darin bringt Wrede gewisse Zweifel an seinen eigenen Ergebnissen hinsichtlich der Ablehnung eines messianischen Selbstverständnisses bei Jesus zum Ausdruck: „Ich bin geneigter als früher zu glauben, daß Jesus selbst sich als zum Messias auserschen betrachtet hat. Damit war gewiß notwendig gegeben, daß die, die ihn als solchen verehrten, ein Moment in ihre Religion aufnahmen, was nicht zu seiner Religion gehörte, res[pektive] dort eine ganz andere Bedeutung hatte." Zitiert im Vorwort bei M. Hengel/A.M. Schwemer, Der messianische Anspruch Jesu und die Anfänge der Christologie (WUNT 138), Tübingen 2001, IX.

[6] M. Hengel hat einige Reaktionen auf Wredes Werk in seinem lesenswerten Beitrag zusammengestellt (Jesus der Messias Israels, in: a.a.O., 1-80, bes. 20-34).

[7] Vgl. hierzu die Anmerkungen 17f.

winnen, abgesehen vom „Dass" seines Gekommenseins.[8] Für den christlichen Glauben sei vielmehr entscheidend, was Gott in Kreuz und Auferstehung Christi (die freilich für Bultmann kein historisches Ereignis war) getan habe.[9] Von diesem Handeln Gottes berichtet aber das urchristliche Kerygma (Verkündigung), wie wir es im Neuen Testament überliefert haben. Bultmanns in gleicher Weise geniale wie fatale Lösung bestand darin, dass er sozusagen einen Zwischenboden für die Frage nach Jesus geschaffen hatte. Fragte die verunsicherte Gemeinde nach Jesus, konnte man sie auf das christliche Kerygma verweisen, an das es zu glauben gelte ohne dabei nach historischen Sicherheiten zu fragen. Der Glaube vollziehe sich schließlich als eine Art „Sprung" (Kierkegaard) im immer neuen Wagnis des Vertrauens auf das „Wort".[10] Unterhalb dieses Zwischenbodens namens „Kerygma" hatte auch die kritische Wissenschaft zumindest vorläufig einen sturmfreien Raum gewonnen.[11] Dass ihr die historische Gestalt Jesu

---

[8] Klassisch dargelegt in dem Vortrag „Das Verhältnis der urchristlichen Christusbotschaft zum historischen Jesus", in: ders., Exegetica, hrsg. von E. Dinkler, Tübingen 1967, 445-469.

[9] Ein eindrückliches Erlebnis hatte ich in diesem Zusammenhang persönlich während eines einjährigen Studienaufenthalts in Marburg, wo Rudolf Bultmann seit 1921 gelebt und gelehrt hatte. In der dortigen „Alten Universität", einem neogotischen Bau des 19. Jahrhunderts, gibt es bis heute einen Seminarraum, in dem in großen altdeutschen Lettern der Satz „Christus ist auferstanden" an der Wand geschrieben steht. Meine erfreute Überraschung über diesen ermutigenden Satz an den Wänden eines Lehrgebäudes, in dem mir nicht selten ganz andere Töne und Inhalte zu Ohren kamen, verflog sehr rasch in dem Moment, als man mir erklärte, dass ursprünglich der Satz „Jesus ist auferstanden" dort stand. Im Zuge des Bultmann'schen Entmythologisierungsprogramms entschloss man sich dieses Diktum zu korrigieren, da der Name „Jesus" zur Bezeichnung der historischen Gestalt Jesu verwendet wurde. Von dieser wusste man ja aber historisch so gut wie nichts (bzw. wollte nichts von ihr wissen), aber immerhin soviel, dass sie auf gar keinen Fall auferstanden war. Auferstanden war nur der sog. „Christus des Glaubens", wie ihn das urchristliche Kerygma verkündigte.

[10] Dass dadurch der christliche Glaube letztlich zu einer Religion der Selbsterlösung korrumpiert wird, hat bereits Adolf Schlatter angemahnt: „Eine Christologie, bei der wir Jesu Gottheit durch unseren Glauben beilegen, oder eine Rechtfertigungslehre, bei der wir in der Schöpfermacht unseres Glaubens uns für gerechtfertigt erklären, sind Superstitionen (=*abergläubische Illusionen,* VG)" (Das christliche Dogma, Stuttgart ³1977, 122).

[11] In diesem exegetischen „Freiraum" konnte Bultmann die historische Gestalt Jesu und seine Verkündigung aus seiner „Theologie des Neuen Testaments" verbannen. Der historisch für Bultmann kaum fassbare Jesus, den er in den Umrissen eines alttestamentlichen Propheten oder jüdischen Rabbi – jedenfalls nicht als Messias – verstehen wollte, gehörte für ihn nicht zum Inhalt, sondern lediglich zu den Voraussetzungen einer Theologie des Neuen Testaments, deren eigentlicher Gegenstand nur

förmlich zwischen den Fingern zerrann, hatte nun keine Auswirkungen mehr auf kirchliche Verkündigung und Gemeinde.
Die Forschung merkte jedoch schon sehr bald, dass sich die Fragen nach dem historischen Fundament der neutestamentlichen Christologie nicht einfach verbieten lassen, und begann deshalb die Frage nach dem historischen Jesus neu aufzurollen.[12] So gab z.B. Gerhard Ebeling zu Bedenken, dass die Christologie „erledigt" wäre, wenn man erweisen könnte, dass sie „keinen Anhalt habe am historischen Jesus".[13] Als Instrument dieser neuen Nachfrage diente das sogenannte „doppelte Unableitbarkeitskriterium" oder auch „Differenzkriterium". Demnach könne man dort mit hoher Wahrscheinlichkeit von einem echten Jesuswort ausgehen, wo sich weder eine Ableitung aus dem Judentum noch aus dem Urchristentum nahe legt. Auf diese Weise erhoffte man sich ein gewisses kritisch gesichertes Minimum an echter Jesustradition aus den Evangelientexten herauszudestillieren. Allerdings gelang es der neutestamentlichen Wissenschaft auch über diesen Weg nicht zu einem historisch plausiblen Bild der Verkündigung Jesu zu kommen, geschweige denn zu einem Konsens in der Forschung über echte und unechte Jesusworte und den Umfang derselben. Der mit Hilfe des Differenzkriteriums ermittelte „historische Jesus" musste geradezu zwangsläufig in einem Gegensatz sowohl zu seiner jüdischen Umwelt als auch zu seiner christlichen Wirkungsgeschichte stehen. Man begriff mehr und mehr, dass auch dieses Bild historisch alles andere als plausibel ist. War es nicht viel logischer, anzunehmen, dass Jesus eine große Schnittmenge alttestamentlich-jüdischer Überzeugungen teilte und auch ein Großteil der frühchristlichen Verkündigung auf entsprechenden Jesusworten gründete?
Auch wenn die Probleme dieser „neuen Frage nach dem historischen Jesus", die nach dem Zweiten Weltkrieg einsetzte, gesehen und diskutiert werden, so ist dennoch die gegenwärtige Situation nach wie vor von einem großen Optimismus geprägt, dem „historischen Jesus" ein klares Profil geben zu können. Vor allem in der anglo-amerikanischen Forschung wird seit den 80er Jahren die sog. „dritte Frage" nach dem

---

das Kerygma von Kreuz und Auferstehung Christi ist (R. Bultmann, Theologie des Neuen Testaments, Tübingen ⁹1984, 1f).

[12] Es war Ernst Käsemann, der es 1953 mit seinem Vortrag „Das Problem des historischen Jesus" als erster Bultmann-Schüler wieder wagte, die Frage nach dem historischen Jesus zu stellen. Vgl. ZThK 51 (1954), 125-153.

[13] G. Ebeling, Die Frage nach dem historischen Jesus und das Problem der Christologie, in: Die Frage nach dem historischen Jesus, ZThK 56 (1959) Beiheft 1, 14f.

historischen Jesus gestellt.[14] Die Ergebnisse dieser Bemühungen hat der Tübinger Neutestamentler Otto Betz in seiner Rezension der kritischen „Bibelausgabe" des amerikanischen „Jesus-Seminars"[15] treffend charakterisiert: „Der historische Jesus der ‚Five Gospels' ist [...] der Anwalt der Armen und Diskriminierten, der Schrecken für die Scheinfrommen und die Reichen: das Erbe der ‚Theologie der Befreiung' wird durch ihn mitverwaltet. [...] Der ‚rote Jesus' dieses Buches (vgl. Anm. 15, VG), respektlos und rebellisch gegenüber Frommen und Reichen, dem einfachen Volk verbunden, dessen vulgäre Sprache er übernahm, ist eher selbst ein vorbildlicher ‚Fellow', eine Art von geistlichem enfant terrible und troublemaker [...]. In summa: Der ‚historische' Jesus der ‚Fünf Evangelien' ist [...] vor allem ein Held unserer Zeit."[16] Die Frage drängt sich geradezu auf, inwieweit die hier gewonnenen Jesusbilder „nicht auch in hohem Maße eine Wiederspiegelung dessen sind, was ‚der Herren eigner Geist' sich vorzustellen vermag oder für akzeptabel hält. Die Überzeugung, daß der ‚wirkliche' Jesus nicht von einem Ende der Welt, einem letzten Gericht oder gar von seiner Wiederkunft gesprochen habe, daß er das Gottesreich nicht als eine bald anbrechende, sondern als eine gegenwärtig verborgene Wirklichkeit verkündigt habe, daß er nicht die Bibel zitiert und seinen Freunden zwar Weisheitsworte, aber keine wirkliche ‚Lehre' aufgab – das alles fügt sich eher in den Kontext einer nachchristlich-

---

[14] Man spricht in der Epochenaufteilung der „Frage nach dem historischen Jesus" vom „Third quest" in Abgrenzung zur „Neuen Frage nach dem historischen Jesus", die im Anschluss an E. Käsemann und andere nach dem Zweiten Weltkrieg gestellt wurde, und der alten Frage der liberalen Leben-Jesu-Forschung des 19. Jahrhunderts. Eine einprägsame Gliederung bietet Stanley Porter (The Criteria for Authenticity in Historical-Jesus Research. Previous Discussion and New Proposals [JSNT.S 191], Sheffield 2000, 60-62), der die vier Phasen der „old quest", „no quest" (gemeint ist damit die Ablehnung der Frage in der Bultmann'schen Kerygmatheologie), „new quest" und „third quest" unterscheidet (Criteria, 60-62).

[15] Bei diesem Unternehmen stimmten am Ende über 200 zum Teil renommierte Exegeten über die Echtheit oder Unechtheit von Jesusworten ab. Die Ergebnisse wurden in einer entsprechenden Ausgabe der Evangelien (R.W. Funk [Hrsg.], The Five Gospels. The Search for the Authentic Words of Jesus, New York etc., 1993) mit unterschiedlichen Farbschattierungen wiedergegeben: Schwarz gedruckte Passagen markieren mit Sicherheit unechte Jesusworte, grau gedruckte Worte markieren solche Gemeindebildungen, die Jesu Verkündigung nahe stehen, lila steht für eine gewisse Wahrscheinlichkeit der Echtheit und rote Passagen weisen auf Worte, die auf Jesus selbst zurück gehen.

[16] O. Betz, Rezension in ThLZ 119 (1994), 989ff.

aufgeklärten, postmodern-toleranten Gesellschaft als in das Palästina der Zeitenwende."[17]

Blickt man noch einmal zurück, so wird deutlich, welche verhängnisvollen Folgen die an sich sachgemäße und historisch korrekte Unterscheidung zwischen der Botschaft Jesu und der Verkündigung der Jünger, Apostel und Urgemeinde hatte, die H.S. Reimarus 200 Jahre vor Bultmann in das methodische Grundhandwerkszeug der neutestamentlichen Forschung einführte.

Will man sich bei der Nachfrage nach den Grundlagen des christlichen Glaubens nicht auf das nach wie vor beliebte, aber nicht tragfähige Fundament des Bultmann'schen Kerygmaglaubens einlassen, so bleibt kein anderer Weg, als sich wieder auf den mühsamen Weg der historischen Nachfrage zu machen. Für den geübten Bibelleser scheint dieser Weg nicht schwierig zu sein, gibt Jesus zwar nicht explizit, aber doch unüberhörbar in allen Evangelien und an zahlreichen Stellen zu erkennen, dass er eine messianische Würde beansprucht und seine Identität keine andere als die des menschgewordenen Gottessohnes ist. Die Probleme fangen dann an, wenn eben diese Belege mittels historisch-kritischer „Beweisführung" für ungültig und damit für die Sachfrage als irrelevant bewertet werden. Der einzige Weg, der dann noch ein Gespräch ermöglicht, ist der Weg der historischen Nachfrage.[18] Dieser Weg soll in diesem Artikel einmal nachgezeichnet werden.

---

[17] J. Frey, Der historische Jesus und der Christus der Evangelien, in: J. Schröter und R. Brucker (Hrsg.), Der historische Jesus. Tendenzen und Perspektiven der gegenwärtigen Forschung, Berlin/New York 2002, 288.

[18] Einen anderen Weg hat bereits 1892 der Hallenser Bibeltheologe Martin Kähler (1835-1912) in seinem berühmten und vielbeachteten Vortrag „Der sogenannte historische Jesus und der geschichtliche, biblische Christus" eingeschlagen. Kähler erkannte sehr scharf, dass der historische Skeptizismus, wie er z.B. in der liberalen „Leben-Jesu-Forschung" zum Ausdruck kommt, eine Bedrohung für den Glauben darstellt. Denn wie soll ein Christ noch glauben können, wenn ihm die Wissenschaft alle paar Jahre einen neuen historisch-kritisch ermittelten Jesus präsentiert, an den er nun endgültig zu glauben habe. Kähler selbst wollte diesem Glauben nun ein „sturmfreies Gebiet" einrichten, indem er die historische Frage als methodisch unsachgemäß und theologisch illegitim ablehnte. Die Natur der Quellen, d.h. der Evangelien erlaube keine Rekonstruktion des Lebens Jesu, weil die Evangelien nicht die Intention einer Biographie verfolgten. Sie wollten nicht historisch protokollieren, sondern zum Glauben rufen, nicht die Entwicklung Jesu schildern, sondern immer nur den ganzen Jesus. Ihr Gegenstand sei nicht der historische Jesus, sondern der erhöhte Christus.
Mit diesem Ansatz läutete der vom Pietismus geprägte Kähler in der Tat die Totenglocken für die Leben-Jesu-Forschung. Gleichzeitig legte er mit seiner problematischen Antithese zwischen dem historischen Jesus, der für den Glauben irrelevant ist,

Dieses Unterfangen darf nun umgekehrt nicht so missverstanden werden, dass unser Glauben sich allein auf historische Fakten beziehen könnte, deren Historizität sich auf dem Wege der historischen Forschung niemals mit dieser letzter Gewissheit, die der Glaube sucht und braucht, beweisen lässt. Historische Urteile sind und bleiben immer nur Wahrscheinlichkeitsurteile, die nur eine vorläufige Gültigkeit haben. Tragfähig für den christlichen Glauben können sie nicht sein. Vielmehr lebt dieser von der lebendigen Anrede des Auferstandenen im Wort der Heiligen Schrift und in der Wirklichkeit der Kraft des Heiligen Geistes. Allerdings kann der Glaube umgekehrt nicht auf die Historizität des Geglaubten verzichten, wenn er sich nicht auf ein Luftgebilde beziehen will, denn *„wenn Christus nicht auferstanden ist, so ist unser Glaube nichtig"* (1Kor 15,17). Zusammenfassend formuliert lebt der Glaube zwar nicht von historischen Beweisen, er kann aber gleichzeitig auch nicht auf die historische Wahrheit des Geglaubten verzichten, wenn er nicht zur Mythologie werden will.[19]

---

und dem erhöhten Christus des Glaubens den Grundstein für die nicht minder problematische Kerygmatheologie Rudolf Bultmanns (s.o.). So sehr wir Kählers Anliegen respektieren, können wir seiner Unterscheidung nicht folgen. Der christliche Glaube darf sich nicht aus der historischen Nachfrage verabschieden, denn er beruht auf einem Handeln Gottes in, mit und durch Menschen in Raum und Zeit. Die Heilsgeschichte Gottes vollzieht sich nicht in einer „Überwirklichkeit", die der historischen Nachfrage unzugänglich wäre, sondern in demselben Raum-Zeit-Kontinuum, in dem auch wir stehen, leben und glauben. Gott schließt Menschen in sein Handeln ein, die wie z.B. Pontius Pilatus auch durch andere Geschichtsschreiber als historische Persönlichkeiten belegt sind. Hinzukommt, dass die Evangelien sehr wohl ein historisches Anliegen und sogar ein biographisches Interesse haben und durchaus auch mit historischem und biographischem Interesse gelesen werden wollen (vgl. Lk 1,1-4). Freilich erschöpft sich darin nicht die Hauptintention der Evangelien. Die Evangelisten wollen das „Evangelium" darlegen (Mk 1,1) und zum Glauben daran einladen (Mk 1,14f; vgl. Joh 20,30f). Während man in der Bultmannschule häufig einen Gegensatz zwischen diesem Verkündigungsinteresse und dem historischen Interesse behauptet hat, breitet sich heute mehr und mehr die Einsicht aus, dass sich beides nicht widersprechen muss, sondern dass auch hinter dem nüchternsten und knappsten Geschichtsbericht immer auch ein – manchmal dem Autor selbst nicht bewusstes – Verkündigungsinteresse steht.

[19] Der Mythos zeichnet sich gerade dadurch aus, dass das von ihm erzählte sich in einer überzeitlichen Wirklichkeit ereignet, die der historischen Nachfrage entzogen ist.

2. Wurde Jesus an Ostern adoptiert?

Es gehört zur Bringschuld jeder Leugnung eines messianischen Selbstanspruchs Jesu, eine alternative Erklärung für die Entstehung der urchristlichen Christologie anzubieten. Wie konnte es geschehen, dass das Urchristentum in so großer Einmütigkeit Jesus als den Christus verkündigte,[20] wenn Jesus selbst keinerlei messianische Ambitionen hatte?[21]

Die einzige Antwort Bultmanns[22] und seiner Schüler[23] auf diese Frage ist bis heute der Verweis auf die Ostererscheinungen (die gemäß der

---

[20] Der Hinweis, dass schon in den Briefen des Apostels Paulus der Christus-Titel ein Teil des Personennamens „Jesus Christus" geworden ist, kann nicht überdecken, dass sich Paulus über die alttestamentlich-jüdischen Hintergründe des Titels völlig im Klaren war. Dies wird schon in Röm 1,3f deutlich, wo der Hinweis auf die Herkunft Jesu *„aus dem Samen Davids nach dem Fleisch"*, der in einem Atemzug mit der Bestimmung zum Sohn Gottes in Kraft erwähnt wird, nur Sinn macht, wenn damit auf die messianischen Verheißungen angespielt wird (vgl. 2Sam 7; Ps 2,7 und Ps 89 wo der Messias-Titel und der „Sohn Gottes"-Titel austauschbar sind). Dass Paulus sehr wohl um den titularen Gebrauch des Titels wusste, wird z.B. in Röm 9,5 deutlich, wo Paulus unter die Vorzüge der Zugehörigkeit zum Gottesvolk Israel u.a. auch den Adel rechnet, dass aus ihnen (sc. den Israeliten) *„(der) Christus dem Fleische nach"* stammt. Der Grund warum Paulus auf den titularen Gebrauch von Χριστός weitgehend verzichtete, liegt in der sprachlichen Unübersetzbarkeit des Begriffs begründet. In der hellenistischen Welt war die griechische Übersetzung des hebräischen *ham-masiah* (der Gesalbte) unverständlich. Sie bedeutete für griechische Ohren soviel wie „der Beschmierte". Das Neutrum χριστόν bedeutete „Schmiersalbe" und νεόχριστος soviel wie „frisch gestrichen". Deshalb gebrauchte Paulus zur Bezeichnung der göttlichen Würde neben dem „Sohn Gottes"-Titel v.a. den κύριος-Titel. Was es für einen Anspruch bedeutete, wenn Paulus Jesus als den „Herrn" proklamierte, musste man weder Griechen noch Römern erst erklären (vgl. Hengel, Jesus der Messias Israels, in: a.a.O., 1-8).

[21] Schon Heinrich Julius Holtzmann (1832-1910), einer der bedeutendsten Neutestamentler am Ende des 19. und Beginn des 20. Jahrhunderts, richtete diese Frage an William Wrede: „Nur beiläufig will ich hier übrigens bemerken, daß mir, wenn Jesus vor seinem Tode seinen Jüngern weder als Messias gegolten, noch Hoffnungen auf glänzende Resultate erweckt hat, die Entstehung des Glaubens an seine Auferstehung, die so rasche Überwindung der Furcht, die Sammlung der Jünger nach der Flucht um so rätselhafter werden." (GGA 1901, 952, Anm. 72; zitiert bei Hengel, a.a.O., 20).

[22] R. Bultmann, Das Verhältnis der urchristlichen Christusbotschaft zum historischen Jesus, in: ders., Exegetica, hrsg. von E. Dinkler, Tübingen 1967, 445-469, bes. 444f; ders., Theologie des Neuen Testaments, 27f.33f.45f; ders., Geschichte der synoptischen Tradition, Göttingen [10]1995, 277.

[23] Vgl. in Auswahl: H. Braun, Jesus – der Mann aus Nazareth und seine Zeit, Stuttgart 1984, 121ff; G. Conzelmann, Grundriß der Theologie des Neuen Testaments, Tü-

Bultmann'schen „Dogmatik" freilich nicht im Sinne einer leiblichen Auferstehung Jesu „missverstanden" werden dürfen). Erst im Zuge dieser Ostererscheinungen sei Jesus zum von Gott bestätigten „Messias" erhoben worden. In der Konsequenz läuft diese Antwort auf den sog. Adoptianismus hinaus, wonach Christus erst nach Tod und Auferstehung gemäß dem Bekenntnis seiner Anhänger das geworden ist, was er vorher nach seinen Selbstaussagen nicht sein wollte: der Messias.

Wie unhaltbar dieser Gedanke jedoch ist, wird klar, wenn man sich zum einen die Belege, zum zweiten die religionsgeschichtlichen Voraussetzungen und zum dritten die Konsequenzen vor Augen stellt.

So ist erstens weder aus den immer wieder angeführten Belegen aus Röm 1,3f noch aus Apg 2,36 eine adoptianische Theologie herauszulesen.[24] In Röm 1,4 wird weder behauptet, dass Jesus vor der Auferstehung keinen messianischen Anspruch gehabt habe, noch dass er durch die Auferstehung zum Messias eingesetzt worden wäre.[25] Es wird lediglich gesagt, dass seine messianische Identität erst durch die Auferstehung von den Toten sichtbar geworden ist. Gleichermaßen ist Apg 2,36 im Sinne eines Offenbarwerdens eines vorher noch verborgenen Tatbestandes zu verstehen, nicht im Sinne der Zubilligung einer göttlichen Würde, die vorher nicht bestand.

Das entscheidende Dilemma der Adoptionstheorie zur Erklärung der neutestamentlichen Christologie ist aber der von der Bultmannschule vorausgesetzte religionsgeschichtliche Hintergrund. Demnach müsste im Alten Testament oder Frühjudentum die Auferstehung, Totenerweckung oder Wiederbelebung eines Menschen allgemein als Beweis für

---

bingen⁶1997, 86f; J. Becker, Jesus von Nazaret, Berlin 1996, 249.444f; G. Strecker, Theologie des Neuen Testaments, Berlin 1996, 287-292.

[24] Bultmann, Theologie, 28f.

[25] Eine adoptianische Christologie wäre für Paulus schon von seiner Präexistenz- und Sendungschristologie her absurd. Wer Christus als den vor der Zeit existierenden Schöpfungsmittler verkündet (1Kor 8,6; Kol 1,15ff; vgl. auch Phil 2,6ff) und seine göttliche Sendung lehrt (Röm 8,3f; Gal 4,4), kann nicht erst im Auferstandenen den Messias sehen. Hinzu kommen die (wenn auch in der Forschung nicht unumstrittenen) Jesustraditionen, die Paulus in seinen Briefen wiedergibt (vgl. hierzu David Wenham, Paulus. Jünger Jesu oder Begründer des Christentums?, Paderborn 1999). Wenn Jesus vor Tod und Auferstehung lediglich ein herausragender Mensch war, ist nicht einzusehen, warum beispielsweise seine von Paulus zitierten Einsetzungsworte im Rahmen des letzten Mahles (vgl. 1Kor 11,23ff) plötzlich göttliche Dignität und Autorität haben sollen. Dagegen ist das Zitieren dieser Worte für Paulus v.a. deshalb nicht nur gerechtfertigt, sondern auch geboten, weil Jesus in ihnen seinen Jüngern in messianischer Vollmacht das endzeitliche Heil zuspricht.

seine Messianität angesehen worden sein. Nur dann wäre die plötzliche, rasche und widerspruchslose „Messianisierung" des Jesus von Nazareth erklärbar. Das Problem ist nur, dass nirgendwo in der alttestamentlich-jüdischen Tradition die Auferstehung als Erweis für den Messias gilt.[26] Dass Jesus auferstanden ist, bedeutete demnach noch lange nicht, dass er damit automatisch auch der Messias sein müsse. Auch seine Himmelfahrt kann diesen Gedanken nicht nahe legen.

Die in der Tat schlagartige Verknüpfung der beiden Bekenntnisse „Jesus ist auferstanden" und „Jesus ist der Messias" ist nur erklärbar, wenn Jesus schon vor Ostern einen messianischen Anspruch erhoben hatte. Nur so ist die augenblickliche Gewissheit der Jünger erklärbar, dass die Erscheinung des Auferstandenen gleichzeitig eine göttliche Bestätigung seiner Messianität ist. Nur so ist auch die mit der Auferstehung einsetzende Neuinterpretation des Kreuzes erklärbar, die der Kern der neutestamentlichen Heilsbotschaft ist: *„Christus ist für uns(ere Sünden) gestorben!"*[27] Die bloße Wiederbelebung eines Gekreuzigten rechtfertigt noch lange nicht die Interpretation seines Todes als einer sühnenden Stellvertretung.[28] Dieses Verständnis ist aber schon von Jes 53 her unausweichlich, wenn es sich um den Messias handelt.

Umgekehrt zwingt die Adoptionstheorie zu einer weiteren fragwürdigen Konsequenz. Wenn die Jünger durch die Ostererscheinungen ganz plötzlich und völlig unmotiviert zu der Einsicht gelangten, dass der Jesus, dem sie drei Jahre lang nachfolgten und der in dieser Zeit alle messianischen Ansinnen weit von sich wies, ja ihnen sogar verbot, entsprechende Gedanken überhaupt auszusprechen, nun doch gegen alle vorösterlichen Selbstbezeugungen der Messias sei, wäre doch

---

[26] Es gibt im Alten Testament und Frühjudentum zwar Berichte von einzelnen Totenauferweckungen (1Kön 17,19-22; 2Kön 4,32-35; vgl. auch die rabbinischen Belege bei Bill I, 557.560 zu Mt 10,8), doch hier kann keine Rede davon sein, dass an die Erweckten auch nur entfernt messianische Hoffnungen herangetragen worden wären. Auch das Martyrium konnte einen Menschen allenfalls zum „leidenden Gerechten" und damit zum Erben der himmlischen Welt werden lassen, aber keinesfalls zum Messias. Dies wird nicht zuletzt an Johannes dem Täufer deutlich. Auch er wurde als Märtyrer hingerichtet. Auch er hatte einen nachhaltigen Eindruck bei seinen Jüngern hinterlassen, so dass sogar Gerüchte über seine Auferstehung die Runde machten (vgl. Mk 8,28), aber nirgendwo wird von diesen Voraussetzungen her seine Messianität behauptet.

[27] Vgl. z.B. 1Kor 15,3; 2Kor 5,14f.21; Röm 5,6.8 u.ö.

[28] Siehe zu diesem Thema auch die erste Veröffentlichung in dieser Reihe: V. Gäckle (Hrsg.), Warum das Kreuz?, Wuppertal ²2001.

Bist du es, der da kommen soll?

auch damals das Problem der Authentizität im Raume gestanden. Welcher Jesus hat nun Recht? Der vorösterliche oder der nachösterliche? Und wenn die Jünger und Apostel nun die vorösterliche Überlieferung ihres Meisters in ein neues messianisches Licht tauchten, wäre auch damals die Frage nach Echtheit und Fälschung im Raum gestanden, zumal sich nicht nur die Jünger an den vorösterlichen Jesus erinnerten, sondern auch Tausende von Menschen, denen er begegnet war. Martin Hengel fragt zurecht: „Warum wird nirgendwo in den neutestamentlichen Texten ein Protest gegen diese ‚messianische' Verfälschung Jesu, seiner Botschaft und seines Wollens sichtbar? Hätte es im Urchristentum nicht Gruppen geben müssen, die den wahren Jesus gegen solche Verfremdung verteidigten, zumal durch solchen Protest das tödliche Ärgernis des gekreuzigten Messias beseitigt worden wäre? ... Aber ein solcher Protest im Urchristentum für die angeblich wahre, unmessianische Intention Jesu läßt sich nirgendwo auch nur andeutungsweise belegen."[29]

Lassen sich über den Erweis der Unwahrscheinlichkeit der Adoptionstheorie hinaus auch positive historische Belege für den messianischen Selbstanspruch Jesu finden? Dieser Frage soll im folgenden Abschnitt nachgespürt werden.

3. Der Prozess, der Titel und das Kreuz

Allen Evangelien gemeinsam ist das Charakteristikum, dass sich gegen Ende die Ereignisse und Auseinandersetzungen um die Person Jesu dramatisch zuspitzen. Diese Zuspitzung findet einen geographischen Ausdruck bei den Synoptikern in der Schilderung des letzten Weges hinauf nach Jerusalem;[30] sie findet einen zeitlichen Ausdruck

---

[29] Hengel, Jesus der Messias Israels, a.a.O., 16f.
[30] Der geographische Wendepunkt des Weges Jesu ist Caesarea Philippi, der Ort des Petrusbekenntnisses (Mt 16,13ff par). Nach allem was wir wissen war dies der nördlichste bzw. einer der nördlichsten Orte, an denen sich Jesus mit seinen Jüngern aufgehalten hat. Nach diesem Ereignis, das in der Enthüllung seiner Messianität im Jüngerkreis gipfelt, führt der Weg Jesu nach der synoptischen Darstellung konsequent nach Süden und endet in Jerusalem, dem wohl südlichsten Punkt der öffentlichen Wirksamkeit Jesu. Insbesondere Lukas widmet sich in großer Ausführlichkeit in einem eigenen „Reisebericht" diesem letzten Weg hinauf nach Jerusalem (vgl. dazu A.D. Baum, Lukas als Historiker der letzten Jesusreise, Wuppertal 1993). Die Darstellung des Weges Jesu im Johannesevangelium ist wesentlich komplexer, da Johannes sein Evangelium nicht in erster Linie geographisch gegliedert hat (wie die Synoptiker), sondern chronologisch. Nur von ihm wissen wir, dass Jesus mindestens

in der Hinführung der Erzählung auf das Passafest; schließlich findet sie auch noch einen theologischen Ausdruck in den zunehmend hitziger werdenden Diskussionen um die Frage nach der Identität, konkret der Messianität Jesu. Der Weg Jesu gipfelt schließlich in seiner Verhaftung, Verurteilung und Hinrichtung am Kreuz auf dem Hügel Golgatha vor den Toren Jerusalems.

Will man diese ganze Darstellung als ein Sammelsurium legendenhafter Erzählungen abtun, die von den Evangelisten in apologetischer Absicht geschrieben (bzw. redigiert) worden sind, um Jesus der Nachwelt unter allen Umständen in einem messianischen Licht zu präsentieren, so muss man zumindest eine plausible Erklärung für seinen Tod geben. Denn dass Jesus von den Römern hingerichtet wurde, wird nun wirklich von niemandem bezweifelt.

Was aber war der Grund für Jesu Hinrichtung? Auch wenn man in Rechnung stellt, dass die römische Besatzungsmacht in Judäa nicht zimperlich mit potentiellen Unruhestiftern umzugehen pflegte, so musste sie sich doch an die allgemeinen römischen Rechtsgrundsätze halten. Diese wurden auch in Judäa garantiert und die Juden hatten das Recht der Beschwerde beim Kaiser, d.h. ein Einspruchs- und Anzeigerecht beim römischen Kaiser gegenüber dem jeweiligen Statthalter, falls diesem eine Rechtsbeugung nachgewiesen werden konnte.[31] Es musste auch für den in den biblischen wie außerbiblischen Quellen durchweg skrupellos geschilderten Präfekten Pontius Pilatus schon ein triftiger Grund vorliegen, um über einen Menschen die Todesstrafe zu verhängen. Im Falle Jesu wurde – wie alle vier Evangelisten einmütig bezeugen – die *causa poenae* (der Verurteilungsgrund) von Pontius Pilatus auf eine Holztafel geschrieben und am Kreuz Jesu angebracht (der sog. „Titel" vom lat. *titulus*),[32] damit jedermann den Grund für die vollstreckte Strafe lesen konnte.[33]

Demnach wurde Jesus als „König der Juden" hingerichtet. Diese Angabe ist in mehrfacher Hinsicht interessant. Der Anspruch „König der

---

zwei, wahrscheinlich knapp drei Jahre öffentlich aufgetreten ist. Nur von ihm erfahren wir, dass Jesus in dieser Zeit öfters in Jerusalem war und dort Kontakte hatte oder knüpfte, die viele zunächst spontan erscheinende Begegnungen in der synoptischen Darstellung erklären und in einem neuen Licht erscheinen lassen.

[31] Dieses Recht dürfte z.B. hinter dem hohepriesterlichen Wink in Joh 19,12 stehen. Falls Pilatus nicht gefügsam wäre im Blick auf die erwünschte Verurteilung Jesu, so würde ihm von jüdischer Seite eine Anzeige in Rom drohen.

[32] Vgl. Mt 27,37; Mk 15,26; Lk 23,38; Joh 19,19-22.

[33] Vgl. Joh 19,20.

Juden" zu sein, war zunächst einmal politisch höchst brisant, ja geradezu selbstmörderisch. In römischer Zeit war es allein der römischen Besatzungsmacht vorbehalten „Könige der Juden" wie z.B. Herodes den Großen (37-4 v.Chr.) oder später Herodes Agrippa I. einzusetzen. Jede Selbstproklamation als „König der Juden" musste von den Römern als politischer Umsturzversuch gewertet und entsprechend bestraft werden. Insofern entsprechen sich Verurteilungsgrund und Strafe völlig.[34] Hätten die urchristliche Gemeinde oder die Evangelisten selbst diesen Verurteilungsgrund erfunden, so hätten sie nicht nur Jesus, sondern auch sich selbst in höchstem Maße diskreditiert. Sie hätten damit gleichsam bestätigt, dass Jesus ein politischer Aufrührer und Unruhestifter war, der nach römischem Recht seine gerechte Strafe empfangen hat.

Interessanterweise taucht die Rede vom „König der Juden" im Passionsbericht bei Markus zwar an mehreren Stellen auf (Mk 15,2.9.12.18.26), sie durchzieht sozusagen den ganzen Bericht, aber sie begegnet ausschließlich im Munde von Heiden. Nirgendwo begegnet der Titel im Munde der Anhänger Jesu oder in der Erzählung des Evangelisten.[35]

Neben der politischen Verdächtigkeit des Titels spielt auch die Tatsache, dass der Titel „König der Juden" für die Juden selbst gar kein im engeren Sinne messianischer Titel war, eine entscheidende Rolle. Die davidische Messiasverheißung richtet sich nicht auf einen „König der Juden", sondern auf den „König Israels". Aus diesem Grund ist der Protest der jüdischen Obrigkeit gegen den Kreuzestitel sehr gemäßigt (Joh 19,21f).[36] Er war nicht wirklich religiös belastet. Dies kommt auch im Spott der Hohenpriester und Schriftgelehrten unter dem Kreuz zum Ausdruck. Mit der Aufforderung der jüdischen Kreuzigungszeugen *„Ist er der Christus, König von Israel, so steige er vom Kreuz!"* (Mk 15,32 par) ist der korrekte messianische Titel ausgesprochen. Der Messias ist als Nachkomme Davids „König von Israel",

---

[34] Ähnlich wurde auch mit allen anderen Führern jüdischer Aufstandsbewegungen in römischer Zeit verfahren (vgl. dazu M. Hengel, Die Zeloten, AGSU I, Leiden ²1976, 296-307).
[35] Vgl. J. Frey, Der historische Jesus, 304.
[36] Wenn die Hohepriester Anstoß an der Aufschrift nahmen, so hing dies mit dem diffamierenden Unterton zusammen: „Der *titulus* [...] erscheint somit als eine ganz aus römischer Perspektive formulierte, zynisch-antijüdische Aussage, eine Diffamierung des jüdischen Volkes durch die römische Besatzungsmacht" (J. Frey, Der historische Jesus, 305).

nicht „König der Juden". Dies ist ein weiterer Grund, warum der Kreuzestitel unmöglich fingiert sein kann. Er ist als Hinweis auf die Messianität Jesu untauglich, rückt Jesus (und mit ihm die ersten Christen) aber in ein verdächtiges Zwielicht. Das alles spricht dafür, dass Pilatus hier tatsächlich den historischen Anklagepunkt, der ihm von den Hohepriestern und dem Hohen Rat genannt wurde, als Kreuzestitel niedergeschrieben hat.[37]

Wenn die jüdische Obrigkeit den Prozess Jesu zu dem von ihr gewünschten Ziel führen wollte, dann musste sie einen Weg finden, um Jesus einerseits vor Pilatus politisch verdächtig erscheinen zu lassen, aber gleichzeitig die messianischen Stimmungen und Hoffnungen im eigenen Volk dadurch nicht anzuheizen. Die Anklage, messianische Ambitionen im politischen Sinne zu hegen, erfüllte beide Kriterien: Sie brandmarkt Jesus vor Pilatus und der römischen Gerichtsbarkeit als rebellischen Messiasprätendeten (d.h. Anspruchsteller auf die messianische Würde) und gleichzeitig vor dem jüdischen Volk als falschen Messias und Volksverführer, der nicht von Gott legitimiert ist. Um aber zu dieser Anklage zu gelangen, musste die Messiasfrage im jüdischen Prozess vor dem Hohen Rat im Zentrum gestanden haben. Man kann einen Menschen nur dann als falschen Messias verklagen, wenn er überhaupt messianische Ansprüche äußert. Hätte Jesus das nicht getan, wäre der Prozess spätestens vor Pilatus in sich zusammengebrochen, indem Jesus alle Vorwürfe abgestritten hätte. Der synoptische Bericht vom jüdischen Prozess[38] bestätigt das in aller wünschenswerter Deutlichkeit.

Die zunächst für den heutigen Leser verwirrende Diskussion um Abbruch und Aufbau des Tempels ist alles andere als ein Nebenthema im Verhältnis zur zentralen Frage der Messianität. Vielmehr galt der Neubau des Tempels seit der Nathanverheißung an David[39] als eine

---

[37] Vgl. zum Ganzen: Hengel, Jesus der Messias Israels, in: a.a.O., 50ff.
[38] Vgl. Mt 27,57-68; Mk 14,53-65; Lk 22,63-71. Johannes spart den Bericht vom jüdischen Prozess Jesu aus, weil er den grundsätzlichen Todesbeschluss der Hohepriester und des Hohen Rates schon an früherer Stelle berichtet (vgl. Joh 11,46-53). Bei Johannes ist das „Schicksal" Jesu bereits seit seinem Auftritt beim Laubhüttenfest im Spätsommer/Herbst vor seinem Todespassa besiegelt (vgl. Joh 7,11f.19f.25.30. 32f.44-53a).
[39] Vgl. 2Sam 7,12f: *„Wenn nun deine Zeit um ist und du dich zu deinen Vätern schlafen legst, will ich dir einen Nachkommen erwecken, der von deinem Leibe kommen wird; dem will ich sein Königtum bestätigen. Der soll meinem Namen ein Haus bauen, und ich will seinen Königsthron bestätigen ewiglich. Ich will sein Vater sein, und er soll mein Sohn sein."*

messianische Aufgabe.[40] In der Konsequenz bedeutete dies, dass, wer die Hand an den Tempel legte, damit ein messianisches Zeichen setzte.[41] Insofern stand mit dem Tempelthema auch die Messiasfrage im Raum. Nachdem die Anklage mit Hilfe dubioser und widersprüchlicher Zeugenverhöre offensichtlich nicht recht vorankam, ging der Hohepriester zum Frontalangriff über, indem er Jesus direkt auf seine messianische Identität hin befragt: *„Bist du der Christus, der Sohn des Gelobten?"* (Mk 14,61). Jesu Antwort ist in mehrfacher Hinsicht bemerkenswert. Zum einen antwortet Jesus nicht in einer Wiederholung der Frageinhalte im Sinne von „Ja, ich bin der Messias, der Sohn Gottes!", sondern lediglich durch die Bestätigung der an ihn vom Hohepriester herangetragenen Titel. Er gebraucht dazu freilich mit den Worten *„Ich bin (es)"* eine Formulierung, die im Griechischen an die Selbstbezeichnung Gottes in 2Mo 3,14 erinnert (*„Ich bin, der ich bin"*), von der auch der Gottesnahme „Jahwe", bzw. das sog. Tetragramm JHWH abgeleitet wird. Wenn diese Interpretation der Antwort Jesu zutrifft, dann gibt Jesus hier einen indirekten Hinweis auf seine Wesensidentität mit Gott, seinem Vater. Es schließt sich mit Verweis auf Dan 7,13 ein Gerichtswort gegen die Hohenpriester und die gesamte Gerichtsversammlung des Rates an, die wieder indirekt auf die Identität Jesu mit dem „Menschensohn" aus Dan 7 zielt. Wenn Jesus auch hier weder den Messiastitel noch den Gottessohntitel ausdrücklich für sich in Anspruch genommen hat, so war seine Antwort dennoch klar und für den Hohenpriester und den Rat ein hinreichender Grund, ihn wegen Gotteslästerung schuldig zu sprechen und ihn we-

---

[40] Vgl. O. Betz, Die Frage nach dem messianischen Bewußtsein Jesu, in: ders., Jesus der Messias Israels. Aufsätze zur biblischen Theologie, WUNT 42, Tübingen 1987, 140-168, bes. 154-157.

[41] Das könnte auch für Herodes den Großen und sein großes Renovierungs- und Neubauprojekt gegolten haben. Die Bauwut dieses Despoten erscheint von 2Sam 7 her in einem neuen Licht. Möglicherweise wollte sich Herodes, der nur Halbjude war und deshalb bei den Juden stets um seine Akzeptanz ringen musste, durch dieses und andere Projekte selbst als Messias andienen, ohne dies klugerweise jemals explizit zu äußern. Wenn dem so wäre, dann würde sich auch den in der Regel als legendarisch bewerteten Bericht vom Kindermord in Bethlehem erklären (Mt 2,16). Diese Gräueltat würde als eine Art Vorbeugungsmaßnahme erscheinen, um einen missliebigen potentiellen Konkurrenten um die messianische Würde aus dem Weg zu räumen (vgl. Mt 2,1-8).

gen politischer Umsturzabsichten der römischen Gerichtsbarkeit zu übergeben.[42]

Versucht man die historisch unbestrittene Tatsache der Hinrichtung Jesu an einem römischen Kreuz ohne den messianischen Anspruch Jesu zu erklären, bleibt die ganze Passionsgeschichte im Dunkeln. Dagegen erschließt sich umgekehrt von der Verurteilung und Hinrichtung Jesu als jüdischer Messiasprätendent auch der Zugang zu allen anderen Hinweisen auf die Messianität Jesu in der Passionsgeschichte,[43] wie im übrigen Überlieferungsstoff der Evangelien.[44]

4. Warum deutet Jesus seine Messianität nur an?

Nach dem bisher Gesagten steht natürlich noch eine Antwort aus: Wenn Jesus – wofür alle historische Wahrscheinlichkeit spricht – tatsächlich den Anspruch erhob, der verheißene Messias Israels zu sein, warum hat er sich dann nie explizit dazu bekannt? Der Satz „Ich bin der Christus" fällt in keinem der vier Evangelien. Jesus deutet seine Messianität entweder nur an (z.B. Mt 11,2-6; Lk 7,18-23; Mk 12,35-37par),[45] bringt sie durch Zeichenhandlungen zum Ausdruck (Mk

---

[42] Im Hintergrund des juristischen Prozederes steht der Umstand, dass in römischer Zeit das Recht zur Verhängung der Todesstrafe (das sog. *ius gladii*) ausschließlich der römischen Gerichtsbarkeit oblag (vgl. dazu J. Blinzler, Der Prozeß Jesu, Regensburg 1960, 163-174). Wollte der Hohe Rat Jesu Tod, dann musste er den umständlichen und für Juden demütigenden Weg einer Anklage vor Pilatus gehen.

[43] Dazu gehört v.a. der triumphale Einzug in Jerusalem (Mt 21,1-11; Mk 11,1-11; Lk 19,29-40; Joh 12,12-19). Wenn Jesus seine messianischen Ansprüche nicht erst vor dem Hohepriester offenbarte, sondern schon während seiner gesamten öffentlichen Wirksamkeit andeutete, dann wird der Einzug im Sinne einer messianischen Zeichenhandlung gemäß Sach 9,9 mehr als plausibel. Verständlich wird dann auch die Tempelreinigung als ein zeichenhafter Gerichts- und Reinigungsakt des Ortes der verheißenen Gegenwart Gottes (Mt 21,12f; Mk 11,15-17; Lk 19,45f; vgl. dazu J. Ådna, Jesu Stellung zum Tempel. Die Tempelaktion und das Tempelwort als Ausdruck seiner messianischen Sendung, WUNT II/119, 2000).

[44] Zu denken ist hier beispielsweise an die Charakterisierung der öffentlichen Wirksamkeit Jesu als hochzeitliche Festzeit, die ihre Begründung in der Gegenwart des messianischen Bräutigams hat (Mt 9,14-17; Mk 2,18-20; Lk 5,33-35), oder die besondere Vollmacht im Umgang mit Satan und Dämonen (Mt 12,28f; Mk 3,27; Lk 11,22) und die Überbietung der Weisheit Salomos und des Propheten Jonas *("Siehe hier ist mehr ...";* vgl. Mt 12,39-42; Lk 11,29-32). Nicht zuletzt muss auch noch die sog. Täuferfrage erwähnt werden (Mt 11,2-6; Lk 7,18-23).

[45] Die Antwort Jesu mit dem Verweis auf sein heilendes und befreiendes Handeln erscheint seit der Kenntnis eines Qumrantextes aus Höhle 4 (4Q 521) in neuem Licht.

11,1-10par; 11,15-17par) oder lässt sich von anderen als Christus identifizieren, so z.B. von Nathanael am Beginn seines öffentlichen Wirkens (Joh 1,49), von Petrus beim entscheidenden Bekenntnis in Caesarea Philippi (Mt 16,16; Mk 8,29; Lk 9,20), von Martha nach dem Tode des Lazarus (Joh 11,27), vom blinden Bartimäus in Jericho durch die Chiffre „Sohn Davids" (Mk 10,47; vgl. Mt 20,30f; Lk 18,38f) oder vom Hohepriester in Jerusalem (Mt 26,63; Mk 14,61; Lk 22,67). Jesus weist den Titel nie zurück, ja bestätigt ihn oft mehr oder weniger ausdrücklich, nimmt ihn selbst aber nie explizit für sich in Anspruch. Wie lässt sich dieser Befund nach dem Gesagten erklären?

Als Antwort kommen vor allem zwei Gründe in Betracht, ein zeitgeschichtlicher und ein theologischer:

Schon ein oberflächliches Studium der neutestamentlichen Zeitgeschichte enthüllt, wie brisant und aufgeladen die politische Situation in Judäa und Galiläa schon Jahrzehnte vor dem Jüdischen Krieg (66-73 n.Chr.) war. Im Grunde gaben sich schon bald nach dem Tode Herodes des Großen (4 v.Chr.) ein aufständischer Volksführer nach dem anderen das Schwert in die Hand.[46] Ein Anführer eines jüdischen Aufstands hatte überhaupt keine andere Wahl, als seine militärisch-politischen Ambitionen mit religiösen und das hieß konkret mit messianischen Ansprüchen zu verknüpfen. Denn die politische Macht in Israel konnte und durfte nur ein von Gott selbst legitimierter Herrscher innehaben. Umgekehrt reagierte die römische Besatzungsmacht prinzipiell rasch, entschieden und kompromisslos auf entsprechende Messiasanwärter, v.a. weil sie den leicht entzündbaren religiösen Fanatismus des jüdischen Volkes fürchtete.[47] Wenn Jesus also auch nur eini-

---

In diesem erst 1992 vollständig veröffentlichten Fragment aus Qumran finden sich erstaunliche Parallelen zu den von Jesus aufgezählten Wunderzeichen in Mt 11,5f. Das heißt, dass wohl schon in Qumran die von Jesus angeführten Zeichen als messianische Zeichenhandlungen verstanden wurden. Von daher ergibt sich das Recht, die verschlüsselt erscheinende Antwort Jesu als einen indirekten aber nichtsdestotrotz deutlichen Hinweis auf seinen messianischen Selbstanspruch zu verstehen.

[46] Von einigen dieser Aufstandsbewegungen finden sich auch Spuren und Notizen im Neuen Testament; vgl. Apg 5,36f; 21,38; evtl. sogar Mt 11,12. Vgl. dazu die ausführliche Studie von M. Hengel, Die Zeloten, AGSU I, Leiden ²1976; ders., Judaica und Hellenistica. Kleine Schriften I, WUNT 90, 1996, 314-343, bes. 332ff.

[47] Die Furcht vor messianischen Unruhen und Aufständen war auch innerhalb der besonnenen jüdischen Kreise lebendig. V.a. die jüdische Führungsschicht um die Hohenpriester und der Jerusalemer Priesteradel der Sadduzäer waren sich der Gefährlichkeit der Situation sehr bewusst, wie die im Johannesevangelium erhaltene Diskussion in Joh 11,47-50 zeigt.

ge Monate geschweige denn Jahre seine göttliche Sendung an Israel (Mt 15,24) und seinen *„Dienst an der Beschneidung"* (Röm 15,8) erfüllen wollte, musste er unter allen Umständen seinen messianischen Anspruch verhüllen, um nicht ins Zwielicht der zeitgenössischen politisch-messianischen Aufstandsbewegungen zu geraten. Bis in die Wahl seiner Reiserouten hinein ist diese Vorsicht gegenüber dem ständig drohenden politischen Missverständnis seines Wirkens bei Jesus zu spüren.

Der eigentliche Grund für die Zurückhaltung gegenüber einer direkten Proklamation seiner Messianität ist aber ein theologischer, der in den Evangelien gleichwohl nur ansatzweise greifbar wird und im letzten eine Vermutung bleibt: Zeigen nicht die Berichte von Jesu Taufe (Mt 3,16f; Mk 1,11; Lk 3,22), Verklärung (Mt 17,5; Mk 9,7; Lk 9,35) und Tod (Mt 27,51-54; Mk 15,38f; Lk 23,44-47), dass die einzig legitime Proklamation des Messias von Gott selber ausgehen muss? Diese Vermutung wird gestützt durch die umgekehrte Beobachtung, dass die Selbstproklamation als Messias in der Endzeitrede Jesu gerade ein Kennzeichen der falschen Messiase ist (Mt 24,5.23f; Mk 13,6.21f; Lk 21,8). Als gehorsamer Sohn Gottes verzichtet Jesus auf die Selbstproklamation seiner Messianität und beschränkt sich darauf, die aus seinen Worten und Taten gewonnene Erkenntnis anderer zu bestätigen, bzw. Gott selbst die Proklamation seiner Identität und Würde zu überlassen.

5. Jesus und die Messiasverheißungen des Alten Testaments

Vergleicht man die neutestamentliche Verkündigung Jesu als Messias mit den entsprechenden alttestamentlichen Verheißungen, so steht man auf den ersten Blick vor einem eigenartigen Befund. Alle neutestamentlichen Autoren sehen in Jesus den im Alten Testament verheißenen Messias.[48] Allerdings wird diese Identifikation weder von Jesus noch von den neutestamentlichen Autoren so zum Ausdruck gebracht, dass man anhand von Jesu Wirken und Verkündigung die alttestamentlichen Messiasverheißungen[49] Stück für Stück als erfüllt ver-

---

[48] Vgl. z.B. Mt 1,21-23; Mk 1,1f; 8,27ff; 12,35ff; 14,16f; Lk 1,35; 2,6; Joh 1,1-18; Röm 1,3f; 9,5; 15,8.12; 1Kor 15,3f; 2Kor 1,22; Hebr 1,5ff, 5,5; 7,14 u.v.a.m.

[49] Vgl. v.a. 2Sam 7,12-14; Ps 2,6f; 89,27f; Ps 110,1-3; Jes 9,1-6; 11,1-10; Jer 23,5f; 30,8f; 33,14ff; Hes 17,22-24; 34,23f; 37,15-28; Mi 5,1-5; Sach 9,9f.

stehen könnte. Die eigentlichen messianischen Verheißungen eines nationalen, endzeitlichen Heilskönigs Israels, die auch im Frühjudentum immer wieder bedacht wurden, spielen merkwürdigerweise im Neuen Testament keine zentrale Rolle. Die Art und Weise, wie Jesus als Messias auftrat und verstanden werden wollte, ist deshalb nicht direkt nur aus diesen Belegen ableitbar.

Das ist auch der entscheidende Grund, warum sich am Wirken Jesu so viele Auseinandersetzungen entzündeten. Jesus entsprach nicht einfach den zahlreichen und untereinander auch sehr verschiedenen Erwartungen, die seine Zeitgenossen gegenüber dem von Gott gesandten Messias hatten. Immer wieder ist in den Streitgesprächen bei den Gegnern Jesu dieses Prüfen seiner Person an den eigenen theologischen Messiaserwartungen spürbar. Dass viele Zeitgenossen das Reden und Handeln Jesu nicht oder nur teilweise mit ihren Erwartungen in Einklang bringen konnten, war auch ein wesentlicher Grund für den Widerstand, der Jesus von den verschiedenen Gruppen des damaligen Judentums entgegenschlug.[50]

Welche Erwartungen werden aber in den Quellen wirklich geweckt? Mit welchen Augen konnte ein schriftkundiger Jude Jesus sehen? Im Alten Testament wird der Messias[51] in mehreren Texten als ein endzeitlicher Heilskönig Israels[52] aus dem Hause David geschildert, der als Stellvertreter Gottes seinem Volk Frieden, Recht und Gerechtigkeit bringen soll, die im Alten Testament als Voraussetzungen für ein heilvolles Leben auf Erden gelten.[53] Nur sehr leise und zurückhaltend wird im Alten Testament die Erwartung eines leidenden Messias geäußert. Die hierfür als erste in Frage kommende Stelle vom leidenden Gottesknecht in Jes 52,13-53,12, die von Jesus selbst und fast allen neutestamentlichen Autoren zur Deutung seines Leidensweges herangezogen wurde, redet zwar nicht von einem „Gesalbten" wie die Stelle Sach 12,10, die in Joh 19,37 auf den Tod Jesu gedeutet wird, aber die

---

[50] Vgl. Stuhlmacher, Der messianische Gottesknecht, in: JBTh 8 (1993), 137.
[51] Neben der Erwartung eines messianischen Heilskönigs gibt es im Alten Testament darüber hinaus noch weitere Personen, die als „Gesalbte" bezeichnet werden, wie z.B. Propheten (1Kön 19,16; Jes 61,1f; vgl. Sir 48,8), Hohepriester (3Mo 4,3.5.16; vgl. Sir 45,15) und der Perserkönig Kyros (Jes 45,1).
[52] Alle alttestamentlichen Stellen, in denen von „dem Gesalbten" die Rede ist, beziehen sich auf einen König Israels – einzige Ausnahme ist der persische König Kyros in Jes 45,1.
[53] Vgl. die Belege in Anmerkung 49.

Bezeichnung „Knecht" ist einer der häufigsten Titel Davids.[54] Die einzige alttestamentliche Stelle, in der „ein Gesalbter" getötet wird, ist die bemerkenswerte Prophetie in Dan 9,26, die allerdings nirgendwo im Neuen Testament als Schriftbeweis herangezogen wird und auch im Judentum nicht zu einer Erwartung eines leidenden Messias führte.[55] Eine wichtige, aber nur wenig beachtete Stelle ist Jer 30,21, wo von einem Fürsten und Herrscher die Rede ist, der sein Leben wagt, um sich Gott zu nahen. Die Wendung „sich Gott nahen" stammt aus dem Priestergesetz und beschreibt den Eingang des Hohepriesters in das Heilige bzw. Allerheiligste des Tempels. Hier wird also die Priesterlinie mit der Königslinie verknüpft.[56]

In der Zeit zwischen den beiden Testamenten formulierte das Frühjudentum eine Reihe von zum Teil sehr unterschiedlichen messianischen Hoffnungen, deren Kenntnis für die Erforschung der Erwartungshaltung der Zeitgenossen Jesu von großer Bedeutung ist. Nur auf diese Weise lassen sich viele Dialoge und Reaktionen auf die Verkündigung Jesu in den Evangelien verstehen. Leider sind die meisten dieser Belege aus unterschiedlichen Gründen nur sehr schwer zu interpretieren. Bei einigen ist es unsicher, ob sie chronologisch wirklich noch vor der Entstehung des Neuen Testaments einzuordnen sind,[57] bei anderen, ob sie wirklich von einem erwarteten Messias sprechen. Diese Umstände

---

[54] Es ist überhaupt auffallend, dass nur wenige Stellen explizit von einem „Gesalbten" reden und damit die engere messianische Begrifflichkeit verwenden. Das verbindende Element messianischer Belege ist vielmehr in der Bezugnahme auf das „Haus Davids" bzw. David selbst zu sehen.

[55] Vgl. dazu V. Gäckle, Die Bedeutung der Endzeitprophetie Daniels für die Botschaft Jesu, in: R. Hille (Hrsg.), Worauf können wir hoffen? Die Zukunft der Welt und die Verheißung des Reiches Gottes, Wuppertal 1999, 69-87, bes. 82-87.

[56] Vgl. dazu den ausführlichen Beitrag von H. Schmid in diesem Buch, 7-32, bes. 26.

[57] Sicher nachneutestamentlich bzw. parallel zum Neuen Testament entstanden sind die frühjüdischen Apokalypsen des 4. Esrabuches, der syrischen Baruchapokalypse und das 5. Buch der Sibyllinen. Sehr umstritten im Blick auf ihren Entstehungszeitraum (erwogen wird der Zeitraum vom 1. Jahrhundert v.Chr. bis zum Ende des 1. Jahrhunderts n.Chr.) und ihre Herkunft (evtl. christlicher Ursprung oder Einfluss?) sind die für die Messiasfrage so wichtigen Bilderreden des äthiopischen Henochbuches (äthHen 37-71). Freilich sagt die späte Datierung einer Schrift noch nichts über das Alter der darin enthaltenen messianischen Erwartungen aus. Möglicherweise sind diese Erwartungen und Hoffnungen viel älter als die jeweilige Schrift, in der sie zum ersten Mal erwähnt werden. Über Spekulationen kann man hier kaum hinauskommen.

führten und führen in der exegetischen Forschung zu großen Kontroversen über das Messiasbild des antiken Judentums.[58]
Bemerkenswert ist auch, dass die wichtigsten alttestamentlichen Texte für die neutestamentliche Deutung der Person und des Auftrags Jesu – wie z.B. Jes 53 und Ps 110 – in den frühjüdischen Schriften keine oder nur eine sehr untergeordnete Rolle spielen.[59] Die wichtigsten Belege stellen vielmehr die griechischen Übersetzungen bestimmter alttestamentlicher Worte in der Septuaginta dar, in denen eine künftige Herrschergestalt erwähnt wird,[60] und einige frühjüdische Belege aus eindeutig vorchristlicher Zeit,[61] wobei besonders die Belege aus den Psalmen Salomos eine wichtige Rolle spielen.[62] Hier wird der Messias als endzeitlicher Heilskönig vorgestellt, der ein Reich des Friedens, der Freiheit und der Gerechtigkeit aufrichtet, das jedoch mit einer Vernichtung der gottlosen Heiden einhergeht.
Diese sehr irdischen messianischen Erwartungen, wie sie im Judentum der Zeitenwende zirkulierten, traten zu den Worten und dem Wirken Jesu in eine große Spannung. Entgegen den alttestamentlichen und frühjüdischen Messiaserwartungen war Jesus nicht nur wie die jüdischen Könige ein rein menschlicher Stellvertreter Gottes, der durch seine Berufung zum König Israels von Gott als „Sohn Gottes" adoptiert wurde,[63] sondern wahrer Gott, der schon von Ewigkeit her in der

---

[58] Interessierte Einsteiger in die Diskussion finden eine interessante Gegenüberstellung beider Positionen in den Beiträgen von O. Hofius, Ist Jesus der Messias? Thesen, in: JBTh 8 (1993), 103-129, und P. Stuhlmacher, Der messianische Gottesknecht, in: ebd., 131-154. Während Hofius den Wert der frühjüdischen Messiaszeugnisse für die Frage nach der Messianität Jesu sehr pessimistisch einschätzt, versucht Stuhlmacher eine Reihe traditionsgeschichtlicher Linien von Alten Testament, über das Frühjudentum zu Jesus und dem Neuen Testament zu ziehen.

[59] Inwiefern es in einigen Qumrantexten (1QIs^a; 4Q Ah A) Anspielungen oder Auslegungen von Jes 53 gibt, die evtl. sogar die Erwartung eines leidenden Messias nahe legen, ist stark umstritten und kann hier nicht erörtert werden (vgl. dazu nur die gegensätzlichen Ansichten von O. Hofius, Ist Jesus der Messias?, in: A.a.O., 114, und P. Stuhlmacher, Der messianische Gottesknecht, in: A.a.O., 145f). Eindeutig messianisch wird der Gottesknecht aus Jes 53 erst im nachchristlichen rabbinischen Targum TgJes 53 verstanden.

[60] 1Mo 49,10LXX (vgl. 4Q 252); 4Mo 24,7.17LXX (vgl. 1QM 11,6f; 4Q175; CD 7).

[61] ÄthHen 90,37; OrSib 3,49f.286f.652-656; Philo praem 95, sowie eine ganze Reihe von Belegen aus Qumran, wie z.B. 1QS 9,11; 1Qsa 2,11ff; 4Q161; 4Q174; CD 7,18-21; 4Q246; 4Q521; 4Q 534 u.a., wo die Erwartung von zwei Messiasen – einem königlichen und einem priesterlichen – belegt ist (vgl. dazu J. Zimmermann, Messianische Texte aus Qumran [WUNT II/104], Tübingen 1998).

[62] PsSal 17+18.

[63] Vgl. Ps 2,7; 2Sam 7,12-14.

Gegenwart seines Vaters war. Wenn Jesus sich als „Sohn Gottes" bezeichnet, dann ist das nicht nur ein Ausdruck seines Amtes bzw. seiner Funktion, sondern seines Wesens: Er *ist* der Sohn des Vaters, von dem er herkommt und zu dem er zurückkehrt.[64] Auch im Hinblick auf seinen Weg und Auftrag hat sich Jesus nicht an den Erwartungen eines königlichen Herrschers orientiert – obwohl er stets eine verborgene Königswürde hatte und beanspruchte[65] –, sondern nach Mk 10,45 am leidenden Gottesknecht, wie er in Jes 53 vorgezeichnet war. Entsprechend verstand Jesus unter den Begriffen „Erlösung" und „Befreiung" keine politisch-militärischen Vorgänge, sondern die Befreiung und Erlösung des Sünders zum ewigen Leben durch seinen Tod am Kreuz zur Vergebung der Sünden.[66] Es war diese paradoxe Verknüpfung eines göttlichen Vollmachtsanspruches mit äußerem Machtverzicht und Leidensbereitschaft, die Menschen an ihm irre werden ließ und lässt, angefangen bei seinen damaligen Zeitgenossen über die griechischen Hörer des paulinischen Evangeliums[67] bis zum modernen Skeptiker unserer Tage.

„Nicht eine vorgegebene jüdische ‚Messianologie' bestimmte seinen Dienst im Blick auf die hereinbrechende Gottesherrschaft, sondern sein Dienst setzte die Maßstäbe dafür, was im wahren Sinne als ‚messianisch' zu gelten hatte. Der ihm von Gott gegebene Auftrag der Erfüllung seines Willens stand vor und über den einzelnen messianischen Titeln und interpretierte sie."[68] Jesus nahm zwar durchaus die alttestamentliche Messiaslinie auf, verschmolz sie aber mit anderen alttestamentlichen Linien, v.a. der Gottesknechtslinie, und legte die Verheißungen des Alten Testaments dadurch in ganz neuer Weise aus. Jesu Wirken in Wort und Tat war die endzeitliche und vollmächtige Auslegung dessen, was die alttestamentlichen Verheißungen zwar beinhalteten, aber so nicht ausdrücklich sagten.

Darüber hinaus muss berücksichtigt werden, dass Jesus bei allem immer auch sein zweites Kommen am Ende der Zeit im Blick hatte, das ebenso zum messianischen Erfüllungsgeschehen hinzuzurechnen ist wie die drei Jahre der öffentlichen Wirksamkeit zwischen Taufe und

---

[64] Vgl. dazu den Beitrag von M. Flaig, „Mein Herr und mein Gott" – Das Zeugnis des Johannesevangeliums von der Gottheit Jesu, in diesem Buch, 59-83.
[65] Dies wird überdeutlich in Joh 1,49f und 18,33-40.
[66] Vgl. z.B. Mk 10,45par; Mt 26,26-28; Joh 8,34-36.
[67] Nach 1Kor 1,18ff wurde die Botschaft von einem gekreuzigten Gottessohn von den griechischen Hörern des Heidenapostels als „Torheit" bzw. „Unsinn" verspottet.
[68] Hengel, Jesus der Messias Israels, in: a.a.O., 69.

Golgatha, bzw. die ca. 30 Jahre seines irdisch sichtbaren Lebens zwischen Bethlehem und Himmelfahrt (vgl. Lk 3,23). Die in den Endzeitreden und -gleichnissen Jesu anklingende Beschreibung seines zukünftigen Kommens, Richtens und Herrschens besitzt eine große Übereinstimmung mit dem Messiasbild eines endzeitlichen Herrschers, wie es im Alten Testament verheißen wird.

Insofern kann man auch von einer mit messianischer Vollmacht vollzogenen „Entschlüsselung" der alttestamentlichen Messiasverheißungen, die während des ersten und zweiten Kommens Jesu eine sukzessive Erfüllung erfahren, sprechen. Von einer Vernachlässigung der herrschaftlich-richterlichen Linie der alttestamentlichen Messiasverheißungen kann deshalb keine Rede sein. Sie werden nach den Worten Jesu bei seinem zweiten Advent in Erfüllung gehen.[69] Wäre Jesus aber bereits bei seinem ersten Advent als Richter erschienen, wäre die Welt verloren gewesen.[70]

6. Schluss

Am Anfang stand die Frage nach dem historischen Grund für den messianischen Selbstanspruch Jesu. Wir sind einen Weg gegangen, an dessen Ende nicht ein Beweis für einen messianischen Anspruch Jesu steht, schon gar nicht ein Beweis dafür, dass dieser – sollte ein solcher bestanden haben – berechtigt war und ist. Was dieser Beitrag v.a. im Anschluss an die hervorragende Arbeit von Martin Hengel versucht, ist die historische Wahrscheinlichkeit eines solchen Anspruchs nachzuzeichnen und damit an der Historizität desselben festzuhalten, worauf der Glaube aus den anfangs genannten Gründen nicht verzichten kann. Mehr als ein Wahrscheinlichkeitsurteil lässt sich aber mit den Methoden historischer Forschung und Argumentation nie erzielen. Wer Gewissheit über die Person und Botschaft Jesu gewinnen möchte, dem bleibt auch am Beginn des dritten Jahrtausends kein anderer Weg als der, den Jesus selbst gewiesen hat: „*Meine Lehre ist nicht von mir, sondern von dem, der mich gesandt hat. Wenn jemand seinen Willen tun will, so wird er im Blick auf diese Lehre erkennen, ob sie von Gott ist, oder ob ich aus mir selbst heraus rede*" (Joh 7,16f). Im vertrau-

---

[69] Vgl. V. Gäckle, Die Endzeitverkündigung Jesu, in: R. Hille (Hrsg.), Worauf können wir hoffen? Die Zukunft der Welt und die Verheißungen des Reiches Gottes, Wuppertal 1999, 89-115, bes. 89-94.
[70] Vgl. dazu Joh 3,17; Röm 2,4f; 2Petr 3,9.

ens- und glaubensvollen Sich-Einlassen auf die Botschaft und Person des Auferstandenen wächst Gewissheit, die eine andere Qualität besitzt als alle historischen Urteile. Eben aus dieser Begegnung wächst dann aber auch wieder umgekehrt das Vertrauen in die historischen Berichte der Heiligen Schrift.

„Mein Herr und mein Gott" – Das Zeugnis des Johannesevangeliums von der Gottheit Jesu
von Martin Flaig

„Woran die Deutschen glauben". Unter diesem Titelthema veröffentlichte das Nachrichtenmagazin Focus 1999 eine Studie zu Fragen des Glaubens[1] und stellte fest: „Wenn zwei Deutsche sich freundlich ‚Grüß Gott' sagen, dann meint jeder, wenn er überhaupt darüber einen Gedanken verliert, einen anderen Gott."[2] „65 Prozent der Deutschen bekennen sich zu einem irgendwie gearteten Glauben an Gott. Die Antworten auf die Aufforderung: ‚Denken Sie mal an Gott. Was fällt Ihnen dazu ein? Wie stellen Sie sich Gott vor?' fallen so vielfältig aus, dass die Folgerung nahe liegt: „Jeder zimmert sich seinen Gott selber zusammen."' Obwohl sich zwei von drei Deutschen als gottgläubig bezeichnen, finden laut Focus „nur 18 Prozent dieser Zweidrittelmehrheit ... eine Definition für ihren Gott, die noch mit dem christlichen Gott-Vater-Sohn-Heiliger Geist, mit einem personalen Gott, zur Deckung zu bringen wäre. Auf die Gesamtbevölkerung hochgerechnet, glauben gerade noch zwölf Prozent an einen im weitesten Sinn personalen, christlichen Gott."[3]

Gott ja, aber warum Jesus? Warum glauben wir als Christen ausgerechnet an Jesus? Die Christen in der Alten Kirche haben auf dem Konzil von Nicäa (325 n. Chr.) diese Frage mit einem Bekenntnis zu Jesus Christus als dem wahren Gott beantwortet: „Wir glauben ... an den einen Herrn Jesus Christus, Gottes eingeborenen Sohn, aus dem Vater geboren vor aller Zeit: Gott von Gott, Licht vom Licht, wahrer Gott vom wahren Gott, gezeugt, nicht geschaffen, eines Wesens mit dem Vater; durch ihn ist alles geschaffen. Für uns Menschen und zu unserm Heil ist er vom Himmel gekommen, hat Fleisch angenommen durch den Heiligen Geist von der Jungfrau Maria und ist Mensch geworden."[4] Anders als im sog. Apostolischen Glaubensbekenntnis, das

---

[1] Focus Nr. 14, 3. April 1999, 118-131.
[2] A.a.O., 119.
[3] A.a.O., 120.
[4] Aus dem zweiten Artikel des sog. Nicänischen Glaubensbekenntnisses. Was das Konzil von Nicäa 325 formuliert hat, wurde auf dem Konzil von Konstantinopel 381

vielen Christen durch die kirchliche Praxis heute weit bekannter ist,[5] beschränkt sich das Nicänische Glaubensbekenntnis nicht auf die Beschreibung des „Lebensweges" Jesu von der Empfängnis bis zu seiner Wiederkunft, sondern umschreibt knapp und präzise das Wesen der Person Jesu und sein Verhältnis zu Gott, dem Vater.

Das Gespräch mit Gemeindegliedern macht jedoch immer wieder deutlich: Sowohl in der Frage nach dem Wesen der Person Jesu als auch in der hohen Relevanz dieser Frage für unseren Glauben und unser Heil besteht selbst unter Christen große Unklarheit. Wie selbstverständlich bekennen sie sich etwa zu Jesus als dem „Sohn Gottes", doch es ist ihnen kaum bewusst, was damit gemeint ist. Viele Fragen tun sich auf: In welchem Verhältnis steht der Sohn Gottes zu Gott? Ist er als ein Wesen neben oder unter Gott zu denken? Oder meint „Sohn Gottes" etwa, Jesus sei unser Bruder, da wir doch als Christen alle Söhne und Töchter, also Kinder Gottes, sind?

Im Alten Testament stellt sich Gott seinem Volk vor: „*Ich bin der HERR, dein Gott ... Du sollst keine anderen Götter haben neben mir.*" „*Bete sie nicht an und diene ihnen nicht! Denn ich, der HERR, dein Gott, bin ein eifernder Gott, ...*" (2Mo 20,2.5).

In einem Jugendkreis sangen die Jugendlichen Anbetungslieder für Jesus und beteten zu Jesus. Dürfen wir jedoch angesichts des ersten Gebots Jesus anbeten? Der Hinweis darauf, dass die Anbetung Jesu angesichts des Ersten Gebots nur dann legitim ist, wenn wir von der Gottheit Jesu ausgehen – also davon, dass Jesus Gott ist – versetzte die Jugendlichen in skeptisches Staunen. Darüber hatten sie noch nie nachgedacht. Diese Reaktion und Erfahrungen in anderen Kontexten zeigen: Der im Nicänischen Glaubensbekenntnis formulierte trinitarische Glaube[6] kommt zwar in der gottesdienstlichen Praxis vielfältig zum Ausdruck – etwa im Votum am Anfang des Gottesdienstes („Im Namen Gottes, des Vaters und des Sohnes und des Heiligen Geistes"), im Lobpreis („Ehr sei dem Vater und dem Sohn und dem Heiligen Geist ...") oder auch in der Taufe auf den Namen des dreieinigen Gottes, wie sie in Mt 28,19 von Jesus geboten wird. Doch ob und wie der Glaube an den dreieinigen Gott von der Schrift her begründet ist und

---

n.Chr. bestätigt und im dritten Artikel vom Heiligen Geist erweitert. Die präzise Bezeichnung des Bekenntnisses, wie es heute vorliegt, ist daher Nicaeno-Constantinopolitanum, zit. nach EG Nr. 687, 1244f. Vgl. Anhang 194.

[5] Vgl. EG Nr. 686, 1243.
[6] Trinitarischer Glaube ist der Glaube an die Trinität (Dreieinigkeit) Gottes.

Mein Herr und mein Gott

welche Bedeutung ihm zukommt, wird nur selten reflektiert und gerne den theologischen Fachleuten überlassen.

Die Frage, inwiefern die Lehre von der Dreieinigkeit biblisch ist, wird für viele Christen oft erst dann bedeutend, wenn Zeugen Jehovas an der Haustür diese Lehre als unbiblische Irrlehre der Kirche diffamieren und dann in der Regel feststellen, dass sich die besuchten Personen – selbst wenn sie sich ausnahmsweise als bibelfeste Christen entpuppen sollten – über dieses zentrale Thema noch keine Gedanken gemacht haben.

Ist die Trinitätslehre eine „Erfindung" der Theologen zur Zeit der Alten Kirche? Sind die Aussagen des Nicänischen Glaubensbekenntnisses zu Jesu Person und Wesen unbiblisch? Wer das Zeugnis des Neuen Testaments aufmerksam liest, wird erkennen, dass dem nicht so ist. Das Bekenntnis zum dreieinigen Gott ist vielmehr fest in den biblischen Texten verankert und bringt die biblischen Aussagen auf den Punkt.

Zur Zeit der ersten Christen gab es die Behauptung, Jesus sei nicht wirklich ein Mensch aus Fleisch und Blut gewesen, er habe nur scheinbar einen Körper gehabt.[7] Dieser Auffassung widerspricht das Neue Testament vehement und unterstreicht das Bekenntnis zu Jesus als „wahrem Menschen".[8] Heutzutage ist das Problem – wie wir festgestellt haben – eher umgekehrt: Statt Jesu Mensch-Sein wird vielmehr sein Gott-Sein in Frage gestellt oder gar geleugnet. „Christus als personaler Gott", so fand laut Focus der Berliner Religionssoziologe Klaus-Peter Jörns heraus, „wird selbst von jenen nur noch beschränkt wahrgenommen, die ihn predigen sollen."[9] Mit der Vorstellung, dass Jesus „wahrer Gott" war und ist, wie das im Nicänischen Glaubensbekenntnis bekannt wird, haben demnach nicht nur Zeugen Jehovas ihre Mühe.

Die Zeugen Jesu Christi, denen wir – inspiriert durch den Heiligen Geist – die Bücher des Neuen Testaments verdanken, behaupten jedoch genau dies. In besonderer Weise wird dies im Johannesevangelium deutlich, das sich ausführlich mit der Frage „Wer ist Jesus?" beschäftigt. Mit dem Zeugnis des Johannesevangeliums soll in diesem

---

[7] Diese Auffassung wird als Doketismus bezeichnet (von griech. δοκέω, scheinen).
[8] Vgl. z.B. Joh 1,14; Phil 2,7; 1Joh 4,2f: *„Daran sollt ihr den Geist erkennen: Ein jeder Geist, der bekennt, dass Jesus Christus in das Fleisch gekommen ist, der ist von Gott; und jeder Geist, der Jesus nicht bekennt, der ist nicht von Gott."*
[9] Focus, 122.

Kapitel ein wesentlicher und zentraler Aspekt der Trinitätslehre beleuchtet und biblisch begründet werden: Die Gottheit Jesu.

1. Programm und Ziel des Johannesevangeliums

Das Johannesevangelium ist eines der wenigen Bücher der Bibel, in dem wir ausdrücklich etwas über das Ziel erfahren, mit dem es geschrieben wurde. In Joh 20,30f beschreibt der Evangelist die Intention des Geschriebenen: *„Noch viele andere Zeichen tat Jesus vor seinen Jüngern, die nicht geschrieben sind in diesem Buch. Diese aber sind geschrieben, damit ihr glaubt, dass Jesus der Christus ist, der Sohn Gottes, und damit ihr durch den Glauben das Leben habt in seinem Namen."* Diese Stelle kann als der „Schlüssel" zum Programm des Johannesevangeliums bezeichnet werden. Dabei ist die Parallele der Aussagen zum urchristlichen Christusbekenntnis unverkennbar.

Bekanntlich galt im Urchristentum, vor allem in den Zeiten der Christenverfolgung, der Fisch als Geheimzeichen der Christen. Die Buchstaben des griechischen Wortes für Fisch ICHTHYS[10] sind gleichzeitig die Anfangsbuchstaben für das Bekenntnis, das die Christen mit dem Zeichen des Fisches ablegten. Sehen wir uns das urchristliche Bekenntnis und die Schlüsselstelle Joh 20,31 etwas näher an:

Urchristliches Bekenntnis (ICHTHYS)	Programm und Ziel des Johannesevangeliums nach Joh 20,31:
	„... geschrieben, damit ihr glaubt, dass
I = Jesus	Jesus
CH = Christus[11]	der Christus ist,
TH = Gottes[12]	der Sohn
Y = Sohn[13]	Gottes,
S = Retter[14]	und damit ihr durch den Glauben das Leben habt in seinem Namen."

---

[10] Griech. ἰχθύς.
[11] Christus (χριστός) ist die griech. Übersetzung des hebräischen Messias. Messias bedeutet „der Gesalbte" (von hebr. *maschach*, salben) und ist abgeleitet von der Investitur der Könige, die bei ihrer Inthronisation mit Öl gesalbt wurden (vgl. z.B. 1Sam 10,1; 16,13; 1Kö 1,39).
[12] Griech. θεός bzw. im Genitiv θεοῦ.
[13] Griech. υἱός.
[14] Griech. σωτήρ.

Mein Herr und mein Gott

Die beiden Formeln sind bis in den Wortlaut hinein parallel aufgebaut. In beiden geht es zunächst um die Person Jesu, die jeweils charakterisiert wird als „Christus" und „Sohn Gottes". Im Anschluss daran formuliert das Bekenntnis das, was Jesus als der Christus, der Sohn Gottes für uns ist, bzw. was er für uns getan hat und tut: Er ist der Retter; sein Werk ist es, zu retten. Entsprechend dazu beschreibt Joh 20,31 das Heil, das wir durch den Glauben an Jesus als den Christus, den Sohn Gottes haben, nämlich das von Gott geschenkte, ewige Leben: *„... damit ihr durch den Glauben das Leben[15] habt in seinem Namen."* Mit diesen Worten ist nichts anderes beschrieben als das, was Jesus als der Retter schenkt. Indirekt ist also auch in Joh 20,31 von Jesus als dem Retter die Rede.

In beiden Formeln geht es demnach zunächst um Jesu Person, dann um Jesu Werk. Diese Abfolge ist nicht zufällig, sondern von entscheidender Bedeutung: Sowohl im Bekenntnis (ICHTHYS) als auch in Joh 20,31 basiert die Soteriologie (die Lehre von der Erlösung) auf der Christologie (der Lehre von der Person Jesu Christi). Nur weil Jesus der Christus, der Sohn Gottes, ist, kann er auch der Retter der Menschheit sein; nur darum ist im Glauben an ihn als Person das Heil der Menschheit beschlossen. Darin ist nicht nur das Zeugnis des Johannesevangeliums, sondern das des gesamten Neuen Testaments auf den Punkt gebracht: Die Rettung der Menschen ist an die Person des Retters gebunden. Die Soteriologie steht in Abhängigkeit von der Christologie, Jesu Werk ist getragen von seiner Person.

Deshalb ist es das Anliegen des Evangelisten, das Bekenntnis der ersten Christen zu entfalten, vom Wesen der Person Jesu zu zeugen und damit bei seinen Lesern den Glauben an Jesus zu wecken bzw. zu stärken: Denn, so sagt es Jesus im Gebet zu seinem Vater selbst: *„Das ist aber das ewige Leben, dass sie dich, der du allein wahrer Gott bist, und den du gesandt hast, Jesus Christus, erkennen"* (Joh 17,3). Das ist Programm und Ziel des Johannesevangeliums.

---

[15] Griech. ζωή, das im Unterschied zum natürlichen biologischen Leben (griech. βίος) das von Gott geschenkte heilvolle bzw. ewige Leben bezeichnet.

2. Das Zeugnis von der Gottheit Jesu

2.1. „Und das Wort ward Fleisch" – Die Menschwerdung Gottes

Um die Bezeichnungen „Christus" und „Sohn Gottes" in ihrer Bedeutung und Exklusivität näher erfassen zu können, wenden wir uns zunächst dem Anfang des Johannesevangeliums zu. In Joh 1,1-18, dem sog. Prolog (Vorwort), wird Jesus, seine Person und sein Werk in knapper, komprimierter, aber umfassender Form vorgestellt.[16] Was hier gewissermaßen im Telegrammstil benannt wird, findet in den weiteren Kapiteln seine Entfaltung.

Die Bezeichnung „Jesus Christus" taucht in diesem Kapitel jedoch erst in V. 17, die Bezeichnung „Sohn" erst in den Versen 14 und 18[17] auf, während vorher vom „Wort"[18] die Rede ist. Dass damit keine Sache, sondern eine Person bezeichnet wird, zeigt sich spätestens in Joh 1,14, wo von der Menschwerdung des Wortes die Rede ist und dieses mit dem einziggeborenen Sohn des Vaters identifiziert wird: *„Und das Wort ward Fleisch und wohnte unter uns, und wir sahen seine Herrlichkeit, eine Herrlichkeit als des eingeborenen Sohnes vom Vater, voller Gnade und Wahrheit".* Ist in Joh 1 also vom „Wort" die Rede, so ist damit der Sohn Gottes gemeint.

Von höchster Relevanz und für unser Thema aufschlussreich ist Joh 1,1. Wie eine Überschrift zum gesamten Evangelium heißt es dort in drei Schritten:

1a *„Im Anfang war das Wort,*
1b *und das Wort war bei Gott,*
1c *und Gott war das Wort."*

Sehen wir uns die Aussagen der Reihe nach an: In V. 1a wird zunächst eine temporäre (zeitliche) Aussage über das Wort gemacht. Dabei heißt es nicht *„**Am** Anfang war das Wort"*, etwa am Anfang der Zeit oder der Schöpfung, sondern *„**Im** Anfang war das Wort"*, was soviel

---

[16] Vgl. zum Folgenden O. Hofius, Struktur und Gedankengang des Logos-Hymnus in Joh 1,1-18, in: ZNW 78 (1987), 1-25.
[17] Eine Reihe bedeutender alter Handschriften des Neuen Testaments lesen in Joh 1,18 nicht „Sohn", sondern „Gott".
[18] Griech. λόγος.

bedeutet wie „*im Ursprung*". Das „Vor-der-Schöpfung-Sein"[19], das mit dieser zeitlichen Aussage ausgedrückt ist, schließt ein, dass das Wort kein Geschöpf ist. Eben dass es schon „*im Anfang*" war, unterscheidet es gerade von der geschaffenen Welt und ihrem Anfang. Die Existenz des Wortes hat demzufolge keinen zeitlichen Anfang, sondern besteht von Ewigkeit her.

An die zeitliche Aussage in V. 1a schließt sich in V. 1b eine räumliche Aussage an. Es wird gesagt, wo sich das Wort von Ewigkeit her befindet, nämlich „*bei Gott*". Es ist nicht außer oder neben Gott, sondern bei Gott. Damit wird es zu Gott in Beziehung gesetzt, gleichzeitig aber von ihm unterschieden.

Dagegen macht nun V. 1c eine Aussage über das Wesen des Wortes und identifiziert dieses – scheinbar im Widerspruch zu V. 1b – mit Gott. Wie können wir dies verstehen? Wie kann das Wort sowohl von Gott unterschieden als auch mit ihm identifiziert werden? Schon hier stoßen wir auf das Geheimnis der Trinität (Dreieinigkeit) Gottes. Folgende Zeichnung ist der Versuch, das in Joh 1,1 Ausgesagte, das wir mit unserem menschlichen Horizont logisch denkend nicht nachvollziehen können, darzustellen:

Doch wie verträgt sich dies mit dem Glaubensbekenntnis Israels „*Höre, Israel, der HERR ist unser Gott, der HERR allein*" (5Mo 6,4)? Der eine und einzige Gott, vom dem hier im sog. Sch^ema Israel[20] die Rede ist, zu dem sich Israel bekennt, dieser eine Gott (hier durch *ein* Dreieck symbolisiert) offenbart sich im Neuen Testament als der dreieinige Gott (entsprechend den *drei* Eckpunkten eines Dreiecks). Er ist und bleibt *ein* Gott, *ein* Wesen; aber ein Wesen in *drei* Personen, das uns

---

[19] H. Gese, Der Johannesprolog, in: ders., Zur biblischen Theologie. Alttestamentliche Vorträge, Tübingen ²1983, 152-201: 161.

[20] Diese Bezeichnung gibt den hebräischen Wortlaut für „*Höre Israel ...*" wieder.

Menschen als Gott, der Vater, Gott, der Sohn und Gott, der Heilige Geist, begegnet. Alle drei Personen der Trinität sind ihrem Wesen nach Gott, müssen aber gleichzeitig voneinander unterschieden werden. Beachten wir Joh 1,14, wo – wie schon erwähnt – das Wort mit dem „Sohn" des „Vaters" identifiziert wird, dann können wir Joh 1,1 folgendermaßen verstehen:

1a   *Im Anfang* (von Ewigkeit her) *war das Wort* (der Sohn),
1b   *und das Wort* (der Sohn) *war bei Gott* (seinem Vater),
1c   *und Gott war das Wort* (der Sohn).

Daraus ergibt sich für die Person des Sohnes: Er existiert nicht erst seit der Zeitenwende, nicht erst seit seiner Geburt im Stall von Bethlehem, sondern schon von Ewigkeit her. Er existiert bei Gott, seinem Vater. Die Person des Sohnes ist dabei von der Person des Vaters zu unterscheiden (vgl. die 2 in der Abb.). Seinem Wesen nach ist der Sohn jedoch genauso wie sein Vater (und auch der Heilige Geist[21]) Gott (vgl. die 1 in der Abb.).
Wird in Joh 1,14 von der Menschwerdung des Wortes gesprochen, bedeutet dies demzufolge: Gott selbst – nämlich Gott, der Sohn, – nimmt Fleisch an und wird Mensch.[22] Gott ist aus seiner für uns unerfassbaren Welt in unsere kleine begrenzte Welt gekommen. Er ist in Jesus im wahrsten Sinn des Wortes „zur" Welt gekommen. Er ist einer von uns geworden, hat sich uns in dem Menschen Jesus vorgestellt (offenbart) und hat unter unseren Bedingungen gelebt. Er ist gekommen, mit dem Ziel, uns zu erlösen und uns die Gotteskindschaft zu ermöglichen (vgl. Joh 1,11f; Gal 4,4; Mk 10,45). Diese Menschwerdung Gottes bezeugt Joh 1,14. Dabei muss festgehalten werden: Gott

---

[21] Die Gottheit des Heiligen Geistes bildet ein eigenständiges Thema. Sie kann in diesem Beitrag nicht weiter behandelt werden, sie wird aber in Übereinstimmung mit dem altkirchlichen Bekenntnis (vgl. das Nicaeno-Constantinopolitanum) vorausgesetzt.

[22] Folgendes Beispiel kann vielleicht helfen, den unerhörten Vorgang der Menschwerdung Gottes besser nachvollziehen zu können: Ich stelle mir ein Aquarium mit Fischen vor. Zwischen den Fischen und mir gibt es keine Kommunikationsebene. Sie leben in ihrer begrenzten kleinen Welt des Aquariums. Meine menschliche Welt können sie nicht erfassen. Angenommen, ich wollte mich diesen Fischen vorstellen (biblisch gesprochen: mich ihnen „offenbaren"), dann gäbe es dafür nur eine Möglichkeit, die wiederum unmöglich erscheint: Ich müsste ein Fisch werden. Ich müsste einer von ihnen werden und unter ihren Bedingungen im Aquarium leben. – Vergleichbares hat Gott getan, indem er Mensch wurde.

wurde Mensch, ohne dabei sein Gott-Sein aufzugeben. Dies geht aus dem Zeugnis des Johannesevangeliums von der Gottheit Jesu klar hervor (s.u.).
Wenn der Evangelist in Joh 1,14 von Jesus bekennt *„Wir sahen seine Herrlichkeit*[23]*, eine Herrlichkeit als des eingeborenen Sohnes vom Vater"*, so sagt er damit: In Jesus wurde die Herrlichkeit Gottes selbst sichtbar. Dementsprechend heißt es in Joh 1,18: *„Niemand hat Gott je gesehen; der Eingeborene, der Gott ist und in des Vaters Schoß ist, der hat ihn uns verkündigt."* Der ewige, unsichtbare Gott, den noch niemand sehen konnte, wurde in und durch Jesu Person und Verkündigung sichtbar[24], konkret, greifbar und begreifbar. In Jesu Person und Wirksamkeit begegnet den Menschen damals und uns heute also kein anderer als Gott selbst. Als der Sohn Gottes war er von Ewigkeit her bei Gott, seinem Vater, und ist auch jetzt nach seiner Wirksamkeit auf Erden als der Erhöhte weiter *„in des Vaters Schoß"*[25]. *„Niemand hat Gott* (den Vater) *je gesehen"* (Joh 1,18). Allein Gott, der Sohn, hat Gott, den Vater, gesehen (vgl. Joh 6,46) und konnte ihn deshalb verkünden, wie Jesus es in Wort und Tat getan hat.
Wird Jesus im Johannesevangelium als „(der) Sohn" bzw. als „(der) Sohn Gottes" bezeichnet, dann identifiziert ihn der Evangelist mit dem ewigen „Wort", das in der Person Jesu Mensch geworden ist, und bezeugt damit das exklusive Verhältnis zwischen Gott, dem Sohn, und Gott, dem Vater; anders formuliert: Er beschreibt das Verhältnis zwischen der ersten und zweiten Person der Trinität.
Dass diese Auslegung von Joh 1,1.14.18 und die damit behauptete Wesensidentität Jesu mit Gott zutrifft, soll nun durch das weitere Zeugnis von der Gottheit Jesu im Johannesevangelium aufgezeigt und bestätigt werden.

2.2. Die Präexistenz Jesu

Zu den Wesensmerkmalen, die allein Gott zugeschrieben werden, gehört die ewige Existenz, also ein Sein ohne zeitlichen Anfang und En-

---

[23] Griech. δόξα. In Entsprechung zum hebr. *kabod* ist dieser Begriff Bezeichnung für die Herrlichkeit Gottes.
[24] Vgl. Kol 1,15, wo von Christus gesagt wird: *„Er ist das Ebenbild des unsichtbaren Gottes"*.
[25] Mit diesem Bild wird die Nähe des Sohnes zum Vater ausgedrückt. Vgl. dazu O. Hofius, Der in des Vaters Schoß ist Joh 1,18, ZNW 80 (1989), 163-171.

de. Gott allein ist ewig[26], während alles Geschaffene einen zeitlichen Anfang und ein Ende hat. Wenn Jesus wirklich Gott ist, dann muss das Charakteristikum der ewigen Existenz notwendig zu seinem Wesen gehören. Umgekehrt formuliert: Wenn die ewige Existenz Jesu zu seinem Wesen gehört, wie es – wie wir sehen werden – im Johannesevangelium, und freilich auch in anderen Schriften des Neuen Testament, beschrieben wird, dann können wir daraus auf die Gottheit Jesu schließen. Im Folgenden soll aufgezeigt werden, dass genau dies in Entfaltung von Joh 1,1 im weiteren Evangelium vielfältig zum Ausdruck kommt.

Wir kennen die lateinische Vorsilbe „prae-" (dt. „vor") etwa vom Wort „prä-historisch", also „vor-geschichtlich". Der Begriff der „Präexistenz Jesu"[27] steht in der theologischen Wissenschaft für die Existenz Jesu vor seiner Inkarnation (Fleisch- bzw. Menschwerdung) und seinem Erdendasein als Mensch. Im Johannesevangelium erfahren wir nicht nur etwas über das „Dass" und das „Wie" der Präexistenz Jesu, entscheidend ist vielmehr ihre christologische Bedeutung als Beleg für die Gottheit Jesu.

2.2.1. Das ewige Wort als Schöpfer

Gleich im Anschluss an Joh 1,1f heißt es mit Bezug auf das „Wort" in Joh 1,3f: *„Alle Dinge sind durch dasselbe gemacht, und ohne dasselbe ist nichts gemacht, was gemacht ist. In ihm war das Leben, und das Leben war das Licht der Menschen."* Das Wort steht hier ausdrücklich nicht auf der Seite der Geschöpfe, sondern auf der Seite des Schöpfers. Alle Dinge haben ihre Existenz ausschließlich durch das Wort.[28] Ps 36,10 bekennt von Gott: *„Denn bei dir ist die Quelle des Lebens und in deinem Lichte sehen wir das Licht."*[29] Dasselbe wird hier vom Wort gesagt, das Licht und Leben[30] spendet und in dem alles Leben-

---

[26] Vgl. z.B. Ps 90,2.
[27] Präzise formuliert, müsste von der Präexistenz des Sohnes Gottes geredet werden, denn die Existenz des Menschen mit Namen „Jesus" begann freilich erst durch die Inkarnation des „Wortes" bzw. des ewigen Sohnes Gottes (vgl. Joh 1,14).
[28] Vgl. Ps 33,6: *„Der Himmel ist durch das Wort des Herrn gemacht und all sein Heer durch den Hauch seines Mundes."*
[29] Nach Joh 5,26 ist es dem Sohn vom Vater gegeben, Leben in sich selbst zu haben, wie es der Vater in sich selbst hat.
[30] „Licht" und „Leben" sind im weiteren Evangelium Bezeichnungen Jesu. Vgl. zu „Licht" 8,12; vgl. zu „Leben" 11,25; 14,6.

Mein Herr und mein Gott

dige seinen Ursprung hat. Das Wort ist aktiv schöpferisch tätig[31] und dementsprechend ist alles Geschaffene, die Welt und die Menschen, sein Eigentum. Dementsprechend formuliert wenige Verse weiter Joh 1,9-11: *„Das (sc. das Wort) war das wahre Licht, das alle Menschen erleuchtet, die in diese Welt kommen. Er (sc. Jesus) war in der Welt, und die Welt ist durch ihn gemacht; aber die Welt erkannte ihn nicht. Er kam in sein Eigentum; und die Seinen nahmen ihn nicht auf."* Von wem, außer von Gott selbst, könnte dies gesagt werden? Martin Luther bleibt daher staunend vor Jesus, dem Kind in der Krippe, stehen und dichtet zutreffend: „Ach Herr, du Schöpfer aller Ding, wie bist du worden so gering, dass du da liegst auf dürrem Gras, davon ein Rind und Esel aß!"[32] Mit seiner Menschwerdung kommt das Wort – und damit kein Geringerer als Gott selbst – in sein Eigentum, zu den Seinen, die ihm als ihrem Schöpfer gehören. Die Menschen lehnen mit Jesus also nicht irgendjemanden ab (vgl. Joh 1,11), sondern den, dem sie ihr Leben verdanken, der ihnen dieses Leben in jedem Augenblick erhält, dem sie gehören und vor dem sie einmal als ihrem Richter stehen werden. In Jesus begegnet ihnen kein anderer als Gott selbst.

2.2.2. Das Zeugnis Johannes des Täufers von der Präexistenz Jesu

In Joh 1,4f wird uns das ewige Wort als *„das Licht der Menschen"* vorgestellt. Im Anschluss daran wird in Joh 1,6-8 Johannes der Täufer als Zeuge für dieses Licht eingeführt: *„Der kam zum Zeugnis, um von dem Licht zu zeugen, damit sie alle durch ihn glaubten"* (Joh 1,7). Damit ist die Funktion seines Kommens und das Ziel seines Zeugnisses umrissen.

Zum Zeugnis des Täufers über Jesus gehört auch die Präexistenz Jesu. So heißt es etwa in Joh 1,15: *„Johannes gibt Zeugnis von ihm und ruft: Dieser war es, von dem ich gesagt habe: Nach mir wird kommen, der vor mir gewesen ist; denn er war eher als ich."* Obwohl der irdische Jesus zeitlich erst nach Johannes auftritt, räumt ihm der Täufer

---

[31] Dass die Dinge „durch" das Wort erschaffen wurden, könnte dahingehend missverstanden werden, als sei das Wort nur von Gott, dem Schöpfer, zur Schöpfung gebraucht worden, und damit vom Schöpfer zu unterscheiden. Röm 11,36 beweist jedoch, dass die Präposition „durch" (gr. διά) nicht nur instrumental verstanden werden muss. Dort wird von Gott gesagt: *„Von ihm und durch ihn und zu ihm"* seien alle Dinge. Dasselbe wird in Kol 1,16f von Christus, als dem *„Ebenbild des unsichtbaren Gottes"* gesagt.

[32] Vgl. M. Luther, Vom Himmel hoch, da komm ich her, zit. nach EG Nr. 24, 9.

eine Vorrangstellung ein, die er mit der Präexistenz Jesu begründet. Er bezeugt: Jesus war schon vor mir da. Fast dieselbe Aussage findet sich in Joh 1,30 noch einmal. Beide Male wird damit ein wichtiges heilsgeschichtliches Ereignis unterstrichen: Joh 1,15 steht in direktem Anschluss an die Aussage von der Menschwerdung des Wortes (Joh 1,14), Joh 1,30 in direktem Bezug auf das *"Lamm Gottes, das der Welt Sünde hinwegnimmt*[33]*"* (Joh 1,29). Sowohl die soteriologische (heilsrelevante) Bedeutung der Inkarnation (Fleisch- bzw. Menschwerdung) als auch die des Sühnetodes Jesu am Kreuz setzen die Präexistenz Jesu, und mit ihr seine Gottheit, voraus. Nur weil Jesus Gott ist, haben seine Menschwerdung und sein Kreuzestod Heilsbedeutung. Nur aufgrund seines Wesens (Christologie) kann er auch der Retter (Soteriologie) sein.

Johannes der Täufer bezeugt Jesus als den, der *"von oben her"* bzw. *"vom Himmel kommt"* (Joh 3,31) und bestätigt damit den göttlichen Ursprung Jesu, der deshalb *"über allen"*[34] ist, im Gegensatz zu denen, die – wie der Täufer selbst – *"von der Erde"* sind. Aufgrund seiner Präexistenz im Himmel kann Jesus bezeugen, *"was er gesehen und gehört hat"* (Joh 3,32) und redet als der ewige Sohn Gottes *"Gottes Worte"* (Joh 3,34). Deshalb ist der Glaube an ihn, den Sohn, den der Vater liebt und dem er alles in seine Hand gegeben hat (vgl. Joh 3,35), heilsentscheidend: *"Wer an den Sohn glaubt, der hat das ewige Leben. Wer aber dem Sohn nicht gehorcht, der wird das Leben nicht sehen, sondern der Zorn Gottes bleibt über ihm"* (Joh 3,36).

2.2.3. Das Selbstzeugnis Jesu über seine Präexistenz

Der bekannteste Vers des Johannesevangeliums, wenn nicht der des Neuen Testaments überhaupt, ist Joh 3,16: *"Denn also hat Gott die Welt geliebt, dass er seinen eingeborenen*[35] *Sohn gab, damit alle, die an ihn glauben nicht verloren werden, sondern das ewige Leben haben."* Sinn und Ziel des Todes Jesu als Akt der Liebe Gottes ist danach die Rettung der Menschen, die an den *"eingeborenen Sohn"*

---

[33] Die Übersetzung nach Luther 1984 übersetzt „trägt". Das an dieser Stelle gebrauchte griech. Wort αἱρέω bedeutet jedoch „hinwegnehmen" im Sinne von „sühnen".

[34] In Röm 9,5 wird dies wiederum von Gott gesagt.

[35] Die Bezeichnung der „eingeborene" im Sinne von „der einzig geborene Sohn" unterscheidet den Sohn Gottes exklusiv von allen Geschöpfen. Er ist „gezeugt, nicht geschaffen, eines Wesens mit dem Vater", wie dies die Nicänische Glaubensbekenntnis (vgl. Anhang, 194) formuliert. Dementsprechend ist er auch als „wahrer Gott vom wahren Gott" einzigartig von Gott, dem Vater, geboren.

glauben. Nach Joh 3,17 ist das auch das Ziel der Sendung des Sohnes. Die Rede von der Sendung des Sohnes in die Welt setzt dabei die Präexistenz Jesu voraus und ist daher von der Sendung im Sinne der Beauftragung eines Propheten oder eines Apostel zu unterscheiden. Jesus selbst weist nach dem Zeugnis des Johannesevangeliums mehrfach auf seine Präexistenz hin:

2.2.3.1. Jesus, das Brot vom Himmel

Die sog. Brotrede (Joh 6,26-66), in deren Zentrum das Ich-bin-Wort vom Brot des Lebens steht (vgl. Joh 6,35) und mit der Jesus deutlich macht, dass er allein ewiges Heil schenken kann, empfinden viele seiner Jünger als *„harte Rede"* (Joh 6,60). Sie führt dazu, dass sich viele von ihm abwenden (vgl. Joh 6,66), während die Zwölf bei ihm bleiben (vgl. Joh 6,67-69).

Die Präexistenz Jesu spielt in dieser Rede eine große Rolle. Statt eines Wunders, das von den Zuhörern als Legitimation seines Selbstanspruchs (vgl. Joh 6,27) gefordert wird (vgl. Joh 6,30), betont Jesus seine Gottheit als der, der *„von Gott gekommen ist"* und *„den Vater gesehen"* hat (Joh 6,46), vom Vater gesandt worden (vgl. Joh 6,38f.44.57) und so *„vom Himmel gekommen"* ist (Joh 6,33.38.50f). Der Anspruch göttlicher Herkunft führt dazu, dass Jesu Zuhörer murren, denn dieser Anspruch steht für sie im Widerspruch zu Jesu irdischer Herkunft (vgl. Joh 6,41f). Jedoch wird auch hier wieder deutlich: Jesus kann nur dann das Heil schenken, wenn er tatsächlich das *„Brot"* ist, *„das vom Himmel gekommen"* ist (Joh 6,33.50f.57f). Jesus, der das Ärgernis der Zuhörer über seinen Anspruch bemerkt, weist sie darauf hin, dass er dorthin zurückgehen wird, von wo er gekommen ist (vgl. Joh 6,62).[36] Neben dem Hinweis auf seine Präexistenz, weist Jesus hier auch auf das Ereignis der Himmelfahrt, und damit auf seine Postexistenz (Existenz nach seinem irdischen Leben) hin. Er beansprucht demnach ewige Existenz, die weder Anfang noch Ende hat.[37]

---

[36] Vgl. Joh 3,13, wo analog dazu vom „Herabsteigen" und „Hinaufsteigen" des Menschensohnes die Rede ist.

[37] Vgl. Offb 1,17f, wo der auferstandene und erhöhte Herr Johannes begegnet und sagt: *„Fürchte dich nicht! Ich bin der Erste und der Letzte und der Lebendige"*. Parallel dazu spricht *„Gott, der Herr"* in Offb 1,8: *„Ich bin das A und O, der Anfang und das Ende"*.

2.2.3.2. Jesus, das Licht der Welt

Auch in Joh 8 spielt die Präexistenz Jesu eine bedeutende Rolle. Das Ich-bin-Wort Jesu *„Ich bin das Licht der Welt, wer mir nachfolgt, der wird nicht wandeln in der Finsternis, sondern wird das Licht des Lebens haben"* (Joh 8,12) ist Anlass zu einer harten Auseinandersetzung zwischen Jesus und seinen Gegnern, die in Joh 8,58f ihren Höhepunkt findet. Vom Alten Testament her ist für die jüdischen Hörer klar: Das Licht der Welt ist ein Bild für das Heil der Welt, das allein Gott selbst ist. Der Anspruch Jesu, das *„Licht der Welt"* zu sein, führt daher zum Vorwurf, er zeuge von sich selbst und sein Zeugnis sei nicht wahr (vgl. Joh 8,13). Jesus entgegnet diesem Vorwurf in zweifacher Weise: Zum einen betont er die Wahrheit seines Selbstzeugnisses mit der Begründung, er wisse um sein „Woher" und Wohin", während er dieses Wissen seinen Gegnern abspricht (vgl. Joh 8,14). Zum anderen stellt er klar, dass nicht nur er selbst, sondern auch der Vater, der ihn gesandt hat, für ihn zeugt (Joh 8,18). Gleichzeitig identifiziert sich Jesus mit seinem Vater, wenn er das Nicht-Kennen seiner Person mit dem Nicht-Kennen des Vaters gleichsetzt: *„Ihr kennt weder mich noch meinen Vater; wenn ihr mich kennenwurdet, würdet ihr auch meinen Vater kennen."* (Joh 8,19). Die in Joh 8,14.18 und 19 getroffenen Aussagen, die auf Jesu Präexistenz anspielen, dienen auch hier zur Begründung seines Selbstanspruchs, der nur aufgrund seiner Gottheit berechtigt ist. Ähnlich verhält es sich auch mit weiteren Aussagen, die Jesu Präexistenz voraussetzen: Weil Jesus *„von oben"* und *„nicht von dieser Welt"* ist (Joh 8,23), stirbt der Mensch in seinen Sünden, wenn er nicht an das *„Ich bin"* Jesu (vgl. Joh 8,12.58) glaubt. Jesus unterstreicht die Wahrheit seines Selbstanspruchs, indem er darauf hinweist, dass er nur das redet und tut, was er von seinem Vater gehört oder gesehen hat (vgl. Joh 8,26.38), bzw. was ihm vom Vater gelehrt wurde (vgl. Joh 8,28). Den Anspruch seiner Gegner, Gott zum Vater zu haben (vgl. Joh 8,41) sieht Jesus mit deren Ablehnung seiner Person widerlegt und entlarvt sie als Kinder des Teufels (vgl. Joh 8,44). *„Wäre Gott euer Vater, so liebtet ihr mich; denn ich bin von Gott* (dem Vater) *ausgegangen und komme von ihm"* (Joh 8,42).

Mehrmals berufen sich die Gesprächspartner Jesu auf Abraham als ihren Vater (vgl. Joh 8,33.39.53). Den Anspruch Jesu, dass derjenige, der sein Wort festhält, den Tod in Ewigkeit nicht sehen wird (vgl. Joh 8,51), halten sie angesichts des Todes Abrahams und der Propheten für unhaltbar (vgl. Joh 8,52). Zweierlei führt sie zu dieser Haltung:

Zum einen verstehen sie das Wort Jesu, in dem er den geistlichen Tod anspricht (vgl. Joh 11,25), falsch und beziehen es auf den leiblichen Tod. Zum anderen schließt die Frage *"Bist du mehr als unser Vater Abraham, der gestorben ist?"* ihre negative Antwort mit ein, was die weitere Frage *"Was machst du aus dir selbst?"* (Joh 8,53) belegt. Deshalb sehen sie sich mit ihrer Haltung Jesus gegenüber im Recht und lehnen seinen Anspruch, mehr zu sein als Abraham, als unberechtigt ab. Jesus dagegen behauptet genau das von sich: Abraham wurde zu seinen Lebzeiten – so ist Jesu Aussage in Joh 8,56 wohl zu verstehen – der Tag Jesu, sein Kommen in die Welt, in einer Zukunftsvision offenbart.[38] Die Gegner kehren die Aussage um, als ob Jesus davon gesprochen hätte, er habe Abraham gesehen (vgl. Joh 8,57). Dies führt zum entscheidenden Schlusssatz, der in höchster Radikalität ihre Frage *"Bist du mehr als unser Vater Abraham, ...?"* mit „Ja!" beantwortet. *"Jesus sprach zu ihnen: Wahrlich, wahrlich ich sage euch: Ehe Abraham wurde, bin ich. Da hoben sie Steine auf, um auf ihn zu werfen"* (Joh 8,58f). Während die Existenz Abrahams, wie die aller Geschöpfe, zu einem bestimmten Zeitpunkt begann, beansprucht Jesus für sich das, was schon Joh 1,1 über ihn sagt: Die ewige Existenz. Besonders aufschlussreich ist an dieser Stelle die Beobachtung, dass in der Septuaginta, der griechischen Übersetzung des Alten Testaments, das absolute *"Ich bin"*[39] (also ohne Zusatz) für das hebräische *ani hu* steht. Dies wiederum ist im Alten Testament eine Gottesprädikation (Bezeichnung für Gott). Gott selbst stellt sich so vor (vgl. 2Mo 3,14; Jes 43,10). Mit der Verwendung dieses betonten *"Ich bin"* identifiziert sich Jesus also mit Gott selbst, was nur zwei Reaktionen offen lässt: Scharfe Ablehnung, wie die der Gegner (vgl. Joh 8,59), oder aber Anbetung.

2.2.3.3. Der Prophet Jesaja, ein Zeuge für Jesus

Während Jesus nach Joh 8 in der Auseinandersetzung mit seinen Gegnern seine Existenz vor Abraham behauptet, führt der Evangelist in Kapitel 12 den Propheten Jesaja sogar zum alttestamentlichen Zeugen der Präexistenz Jesu an. Die Ablehnung des Volkes, das trotz der Zeichen, die Jesus getan hat, nicht an ihn glaubt, sieht der Evangelist als

---

[38] Vgl. dazu Billerbeck 2,525f: „Nach älterer Tradition soll Gott bei der Schließung des ‚Bundes zwischen den Stücken' Gen 15,9ff Abraham die fernste Zukunft offenbart haben." Vgl. 4Esra 3,14.

[39] Griech.: ἐγώ εἰμι. Vgl. Joh 8,24.28.

Erfüllung der Verstockung, die Jesaja voraussieht und ankündigt (vgl. Jes 53,1 und Jes 6,9f), und kommentiert dies mit der Bemerkung: *„Das hat Jesaja gesagt, weil er seine Herrlichkeit sah und redete von ihm"* (Joh 12,41). Während aus Jes 6,1.5 hervorgeht, dass Jesaja bei seiner Berufung die Herrlichkeit *Gottes* gesehen hat, stellt der Evangelist nun fest, Jesaja habe die Herrlichkeit *Christi* gesehen. Dies ist keineswegs als Widerspruch zu sehen, sondern als ein weiterer Beleg für die Wesenseinheit von Gott und Christus, also für die Gottheit Jesu, die das Johannesevangelium bezeugt. Dies wird in Joh 12,44f noch einmal bestätigt, wenn Jesus sagt: *„Wer an mich glaubt, der glaubt nicht an mich, sondern an den, der mich gesandt hat. Und wer mich sieht, der sieht den, der mich gesandt hat."* Weil Jesus Gott der Sohn ist, bedeutet es dasselbe, an ihn oder an Gott den Vater zu glauben bzw. ihn oder Gott den Vater zu sehen.

2.2.3.4. Jesus im Gespräch mit seinem Vater

Ein letzter wichtiger Beleg für die Präexistenz Jesu ist das sog. Hohepriesterliche Gebet Jesu in Joh 17. In Joh 17,5 betet Jesus: *„Und nun, Vater, verherrliche du mich bei dir mit der Klarheit, die ich bei dir hatte, ehe die Welt war."* Ohne an dieser Stelle weiter auf die Thematik der Verherrlichung[40] eingehen zu können, belegt Joh 17,5 noch einmal eindeutig, dass Jesus beim Vater existierte *„ehe die Welt war"*, also schon vor der Schöpfung der Welt (vgl. Joh 1,1). Als der präexistente Sohn Gottes hatte er Anteil an der Herrlichkeit und damit am Sein seines Vaters, der ihn schon vor Grundlegung der Welt geliebt hat (vgl. Joh 17,24). Aufgrund seiner Präexistenz beim Vater – und nur deshalb – kennt er ihn, im Unterschied zur Welt (vgl. Joh 17,25), nur deshalb kann er den Menschen den Namen (der Name steht für die Person) des Vaters kundtun und ihnen die Liebe schenken, mit der ihn der Vater liebt (vgl. Joh 17,26). Entscheidend ist jedoch die Konsequenz, die aus der Wesenseinheit von Vater und Sohn folgt: Weil Va-

---

[40] Immer wieder redet das Johannesevangelium von der „Herrlichkeit" und der „Verherrlichung": Die Menschen, die glauben, erkennen im menschgewordenen Wort die Herrlichkeit des Vaters (vgl. Joh 1,14c), in den Zeichen Jesu offenbart sich seine Herrlichkeit (vgl. Joh 2,11), und er selbst offenbart die Herrlichkeit seines Vaters (vgl. Joh 11,40) und verherrlicht ihn (vgl. Joh 14,43). Andererseits verherrlicht der Vater den Sohn (vgl. Joh 8,54; 12,18), so dass auch von einem wechselseitigen Verherrlichen gesprochen werden kann (vgl. Joh 13,31f; 17,1.4f).

ter und Sohn wesenseins sind, entsprechen sich Gottes- und Christuserkenntnis; beide schenken ewiges Leben (vgl. Joh 17,3).

3. Streit um Jesus – zwischen Anspruch und Widerspruch

Besonders das Johannesevangelium, aber auch die synoptischen Evangelien[41] bezeugen den Selbstanspruch Jesu, der Christus, der Sohn Gottes, ja sogar Gott selbst zu sein. Die kritische Bibelwissenschaft hat dem historischen Jesus diesen Selbstanspruch immer wieder abgesprochen und als „Gemeindebildung", also als späteres Produkt urchristlicher Theologie bzw. Christologie, gewertet. Im Rückblick hätten die frühen Christen Jesus zu etwas gemacht, was er selbst gar nicht zu sein beanspruchte und ihm Worte in den Mund gelegt, die er gar nicht gesagt habe. Abgesehen vom hypothetischen Charakter solcher Behauptungen müssen die Vertreter dieser Position auch den Widerspruch erklären, den Jesus nach dem Zeugnis der Evangelisten von seinen Zeitgenossen erfährt. Denn wer die Historizität des Anspruchs Jesu in Frage stellt, muss auch den Widerspruch der Zeitgenossen, wie er in den Streitgesprächen Jesu mit seinen Gegnern und in den Auseinandersetzungen mit seinen Zuhören deutlich wird, für unhistorisch erklären und als „theologische Erfindung" der neutestamentlichen Zeugen disqualifizieren.

Folgt man aber dem Zeugnis des Johannesevangeliums, dann war Jesu Kreuzestod die notwendige Folge seines Anspruchs, Gottes Sohn zu sein (vgl. Joh 19,7). Wer diesen Anspruch und den Widerspruch, den er in logischer Konsequenz hervorrief, für unhistorisch erklärt, muss dann auch eine andere als die im Johannesevangelium bezeugte Begründung für Jesu Tod finden.

Nicht nur das Vertrauen in die Heilige Schrift und die Glaubwürdigkeit des neutestamentlichen Zeugnisses, sondern auch die historische Plausibilität spricht dafür, die entsprechenden Texte nicht nur theologisch, sondern auch in ihrem historischen Gehalt ernst zu nehmen. Der Streit um die Person Jesu bestimmt weite Passagen des Johannesevangeliums. Dies wurde teilweise schon im Zusammenhang mit der Frage nach Jesu Präexistenz (vgl. v.a. Joh 6 und 8) erkennbar.

---

[41] Als solche werden die drei Evangelien nach Mt, Mk und Lk bezeichnet.

Für unsere Thematik von höchster Relevanz sind besonders drei Stellen im Johannesevangelium, bei denen der Anspruch Jesu nicht nur Widerspruch, sondern sogar den Vorwurf der Blasphemie (Gotteslästerung) hervorruft (vgl. Joh 5,17f; 10,31-33; 19,7). Diese Reaktionen geben uns Aufschluss darüber, wie viele Zeitgenossen Jesu, die sich dem Alten Testament verpflichtet wussten, sein Reden und Tun verstanden. Sehen wir uns diese drei markanten Stellen in ihrem jeweiligen Zusammenhang näher an:

3.1. Heilung mit tödlichen Folgen?

Den Abschnitt Joh 5,1-18 kennen wir in der Regel unter der Überschrift „Die Heilung am Teich Bethesda". Die Brisanz dieser Geschichte geht aus ihrem Schluss hervor. Statt Staunen und Freude über einen von Jesus Geheilten steht am Ende dieses Abschnitts die Empörung über Jesus, der am Sabbat heilte, und der Vorwurf der Gotteslästerung, die nach dem Alten Testament mit dem Tod bestraft werden muss (vgl. 3Mo 24,16): *„Darum trachteten die Juden noch viel mehr danach, ihn zu töten, weil er nicht allein den Sabbat brach, sondern auch sagte, Gott sei sein Vater, und machte sich selbst Gott gleich"* (Joh 5,18). Keiner – außer Gottes Sohn selbst – kann sein eigenes Tun gleichsetzen mit dem Wirken Gottes, des Vaters, aber Jesus tut es! *„Mein Vater"*, so sagt Jesus, *„wirkt bis auf diesen Tag, und ich wirke auch"* (Joh 5,17). Wer so redet, der macht sich selbst Gott gleich (vgl. Joh 5,18). Wer sich aber Gott gleich macht, der ist ein Gotteslästerer und hat den Tod verdient. Diese Reaktion auf Jesu Anspruch ist nachvollziehbar und berechtigt, wenn Jesus nicht wirklich der war, der er zu sein beanspruchte. Entsprach sein Anspruch aber der Wirklichkeit seines Wesens, dann *„machte"* er sich nicht Gott gleich, sondern dann *war und ist* er vielmehr Gott gleich.

3.2. Jesus, der gute Hirte?

Noch klarer als in Joh 5 zeigt sich die Spannung zwischen Anspruch Jesu und Widerspruch seiner Gegner in der sog. Hirtenrede in Joh 10. Ein Kernsatz dieser Rede ist das bekannte Ich-bin-Wort *„Ich bin der gute Hirte. Der gute Hirte lässt sein Leben für die Schafe"* (Joh 10,11). Die Brisanz und der unerhörte Anspruch dieser Selbstbezeichnung Jesu wird erst auf dem Hintergrund des Alten Testaments deutlich. *"Der HERR⁴² ist mein Hirte"* (Ps 23,1), *"Jauchzet dem HERRN, alle Welt! Dienet dem HERRN mit Freuden, kommt vor sein Angesicht mit Frohlocken! Erkennet, dass der HERR Gott ist! Er hat uns gemacht und nicht wir selbst zu seinem Volk und zu Schafen seiner Weide"* (Ps 100,1-3). Diese und andere Texte, die eindeutig von Gott als dem Hirten sprechen, waren den jüdischen Zuhörern im Ohr. Sie konnten daher Jesu Anspruch, Gott selbst zu sein, nicht überhören. Auch in der weiteren Rede Jesu kommt dieser Anspruch klar zum Ausdruck. Er, so führt Jesus aus, habe Macht, sein Leben zu lassen und es sich wieder zu nehmen. Dies aber kann niemand außer Gott selbst, der das Leben in sich selbst hat (vgl. Joh 1,4) bzw. das Leben in Person ist (vgl. Joh 11,25; 14,6). Schon diese Aussage löst erneut Streit um seine Person aus. *"Viele unter ihnen sprachen: Er hat einen bösen Geist und ist von Sinnen; was hört ihr ihm zu? Andere sprachen: Das sind nicht Worte eines Besessenen; kann denn ein böser Geist die Augen der Blinden auftun?"* (Joh 10,20f). In der weiteren Rede beansprucht Jesus, seinen Schafen das ewige Leben geben zu können (vgl. Joh 10,27f), was freilich allein Gott kann. Die Rede gipfelt dann in der eindeutigen Selbstidentifikation Jesu mit seinem Vater: Während Jesus in V. 28 von seinen Schafen sagt *"niemand wird sie aus meiner Hand reißen"*, sagt er in V. 29 *"niemand kann sie aus des Vaters Hand reißen"*. Seine Hand und die Hand seines Vaters sind demnach dieselbe, wie dies die Schlussaussage *"Ich und der Vater sind eins"* (Joh 10,30) bestätigt. Es wird manchmal behauptet, Jesus habe damit nur sagen wollen, er sei sich mit seinem Vater „einig", sein Wille entspreche dem des Vaters und eben darin seien sie „eins". Doch das griechische Wort ist nummerisch, im Sinne des Zahlwortes „eins" zu verstehen. Jesus behauptet hier also wesenseins mit dem Vater, und damit Gott, zu sein.

Dass dies die einzig richtige Auslegung dieser Stelle ist, geht aus der heftigen Reaktion der Zuhörer eindeutig hervor, die Jesu Anspruch wiederum als Gotteslästerung interpretieren und ihn deshalb gemäß dem alttestamentlichen Gesetz steinigen wollen: *"Da hoben die Juden abermals Steine auf, um ihn zu steinigen. Jesus sprach zu ihnen: Viele gute Werke habe ich euch erzeigt vom Vater; um welches dieser Werke willen wollt ihr mich steinigen? Die Juden antworteten ihm und sprachen: Um eines guten Werkes willen steinigen wir dich nicht,*

---

[42] Anstelle des Gottesnamens *JHWH* im hebräischen Urtext, steht in der Lutherübersetzung das mit Großbuchstaben gedruckte „HERR" (siehe dazu 4.).

sondern um der Gotteslästerung willen, denn du bist ein Mensch und machst dich selbst zu Gott" (Joh 10,31-33).
Wiederum müssen wir festhalten: Diese Reaktion auf Jesu Anspruch ist nachvollziehbar und berechtigt, wenn Jesus nicht wirklich der war, der er zu sein behauptete. Entsprach sein Anspruch aber der Wirklichkeit seines Wesens – und das ist die Überzeugung des Johannesevangeliums –, dann *„machte"* Jesus *„als ein Mensch"* sich nicht zu Gott, sondern *war und ist* vielmehr Gott . Deshalb, und eben nur deshalb, kann er wirklich das ewige Leben schenken (vgl. Joh 10,27f).

3.3. Der Grund für den Tod Jesu: Gotteslästerung!

Zwischen strikter Ablehnung aufgrund seines gotteslästerlichen Anspruchs und der Anbetung Jesu aufgrund seiner wahren Gottheit bleibt heute wie damals keine Alternative. Eben deshalb fordern die Gegner Jesu seinen Tod. Nachdem Pilatus nach eigener Aussage keine Schuld an Jesus finden kann, antworten sie: *„Wir haben ein Gesetz, und nach dem Gesetz muss er sterben, denn er hat sich selbst zu Gottes Sohn gemacht"* (Joh 19,7). Nach alttestamentlichem Gesetz wird der Missbrauch des Gottesnamens als Gotteslästerung verurteilt und muss mit dem Tod bestraft werden. *„Wer des HERRN Namen lästert, der soll des Todes sterben; die ganze Gemeinde soll ihn steinigen. Ob Fremdling oder Einheimischer, wer den Namen lästert, soll sterben"* (3Mo 24,16). Der Anspruch Jesu, Gottes Sohn zu sein, wird von den Gegnern Jesu als Missbrauch des Gottesnamens angesehen. Dies zeigt, in welcher Exklusivität sie diese Selbstbezeichnung verstanden, nämlich als Anspruch, Gott der Sohn zu sein, der nicht nur in einzigartiger Weise zu Gott dem Vater gehört, sondern eines Wesens mit ihm ist. Die Forderung des Todes Jesu ist daher eine logische Konsequenz ihres Unglaubens.

4. Jesus, „mein HERR und mein Gott"

Im Gegensatz zur Ablehnung Jesu durch den Unglauben seiner Gegner steht das Glaubensbekenntnis des Thomas. Die Begegnung mit dem Auferstandenen überwindet seine Zweifel und führt Thomas, der immerhin etwa drei Jahre mit Jesus umhergezogen war und ihn daher schon gut kannte, zur eigentlichen Erkenntnis des Wesens seiner Person. Thomas erkennt und bekennt, wer ihm in Jesus wirklich begegnet: *„Mein Herr und mein Gott!"* (Joh 20,28).

Mein Herr und mein Gott

Mit der Bezeichnung Jesu als *„Herr"*[43] stoßen wir auf einen weiteren wichtigen Beleg für das Zeugnis der ersten Christen von Jesus. In der Lutherübersetzung und vielen anderen gängigen Bibelübersetzungen steht anstelle des Gottesnamens *JHWH*, wie er sich im hebräischen Urtext des Alten Testaments findet, das in Großbuchstaben gedruckte *„HERR"*. Aus Ehrfurcht vor dem heiligen Gottesnamen und aus Sorge, den Namen Gottes zu missbrauchen, lasen schon die Juden anstelle des Gottesnamens *JHWH*, das Wort *„Adonai"*, was soviel wie „Herr" bedeutet. Die Septuaginta, die griechische Übersetzung des Alten Testaments, ersetzt den Gottesnamen durch das griechische Wort für „Herr" *kyrios*. Wird Jesus – wie hier von Thomas und an vielen anderen Stellen im Neuen Testament – als der *kyrios*, der *„Herr"*, bezeichnet, dann ist dies ein weiteres Zeugnis für die Gottheit Jesu, zu der sich die ersten Christen bekannten. Mit ihrem Bekenntnis zu Jesus als dem Herrn sahen sie in ihm keinen anderen als *JHWH*, den HERRN selbst. Ein Blick in den Römerbrief bestätigt dies eindeutig: Die Rettung des Menschen besteht nach Paulus im Bekenntnis zu Jesus als dem Herrn und im Glauben an ihn (vgl. Röm 10,9f). Im Anschluss daran bezeichnet Paulus Jesus ausdrücklich als den *„Herrn"*, der *„reich (ist) für alle, die ihn anrufen. Denn"* – und nun begründet Paulus seine Aussage mit einem Zitat aus Joel 3,5 – *„‚wer den Namen des HERRN anrufen wird, soll gerettet werden'"* (Röm 10,12f). So eindeutig wie der Prophet Joel unter Benutzung des Gottesnamens *JHWH* von der Anrufung *Gottes* spricht, so eindeutig spricht Paulus von der Anrufung *Jesu* als dem Herrn und bezeugt damit in Übereinstimmung mit Johannes die Gottheit Jesu. Damit erfüllt sich, was der Prophet Jeremia schon Jahrhunderte vor Christus ankündigte: *„Siehe, es kommt die Zeit, spricht der HERR, dass ich dem David einen gerechten Spross erwecken will ... Und dies wird sein Name sein, mit dem man ihn nennen wird: ‚Der HERR (JHWH) unsere Gerechtigkeit.'"* (Jer 23,5f). Erstaunlich an dieser Prophetie ist vor allem Eines: Der angekündigte Nachkomme Davids wird den Gottesnamen tragen und man wird ihn mit dem Gottesnamen bezeichnen. Wer aber könnte den Gottesnamen tragen und wer könnte so genannt und sogar angerufen werden, außer Gott selbst? Nach Jes 42,8 ist dies völlig undenkbar, denn dort macht Gott unmissverständlich klar: *„Ich, der HERR, das ist mein Name, ich will meine Ehre keinem andern geben, noch*

---

[43] Griech. κύριος.

meinen Ruhm den Götzen." Wir können das Bekenntnis zu Jesus als dem *„Herrn"* daher nur als klares Zeugnis für die Gottheit Jesu verstehen; ansonsten würde nicht nur das Zeugnis des Johannesevangeliums, sondern das des gesamten Neuen Testaments[44] im Widerspruch zum Zeugnis des Alten Testaments stehen. Die Anrufung und Anbetung Jesu[45] wäre dann eine Übertretung des ersten Gebots, nach dem Gott allein Anbetung gebührt. Der Glaube aber, der Thomas, den Evangelisten, dem Apostel Paulus und unzähligen Menschen mit und nach ihnen durch die Begegnung mit Jesus, dem Auferstandenen, geschenkt wurde, erkennt das wahre Sein Jesu und bezeugt: Jesus ist der Christus, der Sohn Gottes, der Retter. Er ist *„mein Herr und mein Gott".*

5. Die Konsequenzen der Gottheit Jesu

Warum Jesus? Warum glauben Christen ausgerechnet an Jesus? Auf diese Frage gibt das Zeugnis des Johannesevangeliums von der Gottheit Jesu Antwort. Abschließend und zusammenfassend sollen im Folgenden die praktischen Konsequenzen bedacht werden, die mit dem Bekenntnis zur Gottheit Jesu verbunden sind.

5.1. Die Gottheit Jesu beantwortet die Gottesfrage

Wir leben in einer zunehmend multikulturellen und multireligiösen Gesellschaft. Damit steht auch die Frage nach Gott, die Gottesfrage, wieder verstärkt im Raum. Viele Menschen glauben an „Gott". Doch der Begriff „Gott" ist Chiffre für die unterschiedlichsten Vorstellungen von einem höheren, unfassbaren Wesen o.ä. Auch die Meinung, hinter allen Religionen stehe sowieso derselbe Gott, greift immer weiter um sich.

Dem steht das Zeugnis von der Gottheit Jesu jedoch diametral entgegen. Denn wenn sich Gott in Jesus offenbart hat, sich uns vorgestellt hat, dann erübrigen sich damit alle menschlichen Vorstellungen oder Spekulationen über Gott. Ist in Jesus Gott selbst Mensch geworden, dann hat er sich selbst konkret und fassbar gemacht, dann können wir an Jesus sehen, wer Gott ist und wie Gott ist. Nur deshalb kann Jesus von sich sagen: *„Ich bin der Weg und die Wahrheit und das Leben; niemand kommt zum Vater denn durch mich"* (Joh 14,6). Eben weil

---

[44] Vgl. hierzu z.B. Apg 4,12; Röm 10,12f; Phil 2,11 (vgl. mit Jes 45,23f) u.a.
[45] Vgl. hierzu Apg 7,58; 9,14.17; 22,16; 1Kor 1,2; 2Kor 12,8f u.a.

Jesus Gott, der Sohn, ist, kann auch er und kein anderer der Weg zu Gott, dem Vater, sein. Weil sich Gott in Jesus Christus vorgestellt hat, weil Gott uns ein konkretes „Bild" von sich gegeben hat, erledigen sich alle menschlichen Gottesbilder (vgl. Kol 1,15).
Dies hat nicht nur höchste Brisanz hinsichtlich des Dialogs mit den Religionen, sondern wirft auch ein Licht auf den Gott des Alten und Neuen Testaments. Der Gott vom Sinai, der sich Israel im ersten Gebot mit den Worten *„Ich bin der Herr, dein Gott"* (2Mo 20,2) vorstellt, ist derselbe wie der, der uns in den Ich-bin-Worten des Johannesevangeliums begegnet. Aufgrund der Gottheit Jesu stehen die Weisung des ersten Gebots *„Du sollst keine anderen Götter haben neben mir"* und die Anbetung Jesu nicht im Widerspruch zueinander, vielmehr wird in der Anbetung Jesu das Erste Gebot erfüllt. Martin Luther kann sogar sagen: „Ja Jhesus Nasarenus, am Creutz fuer uns gestorben, ist der Gott, der in dem Ersten Gebot spricht: ‚ich der HERR bin dein Gott'."[46]
Die Gottheit Jesu ist demzufolge kein nebensächlicher Aspekt biblischer Theologie, sondern berührt den Kern des christlichen Glaubens. Christlicher Glaube steht und fällt mit dem Bekenntnis zur Gottheit Jesu. Christsein im Sinne des Neuen Testaments als Glaube an Jesus Christus schließt dieses Bekenntnis notwendig mit ein. Wo dieses Bekenntnis aufgegeben wird, kann nicht mehr von „christlicher Gemeinde" oder „Kirche" gesprochen werden. Nur weil Jesus Christus Gott der HERR ist, können wir auch von der „Kirche Jesu Christi" reden, denn die Bezeichnung „Kirche" leitet sich vom griechischen *kyriakä* ab und bedeutet „die zum Herrn (*kyrios*) Gehörige". Diese unaufgebbare Zugehörigkeit und Verbindung seiner Jünger zu ihm bringt Jesus selbst im Bild vom Weinstock und den Reben zum Ausdruck (vgl. Joh 15,1-8). Das Wesen der Gemeinde Jesu bzw. der Kirche ist also in dem Herrn und Gott begründet, zu dem sie gehört und zu dem sie sich bekennt: Jesu Christus. Er ist ihr Ursprung, ihre Mitte und ihr Ziel.

5.2. Die Gottheit Jesu beantwortet die Heilsfrage

An dieser Stelle kommen wir zurück zum Programm und Ziel des Johannesevangeliums: Es ist geschrieben *„... damit ihr glaubt, dass Jesus der Christus ist, der Sohn Gottes, und damit ihr durch den Glauben das Leben habt in seinem Namen"* (Joh 20,31). Es geht dem

---

[46] WA 54,67,12-14.

Evangelisten um das heilvolle, ewige Leben, das ausschließlich im Glauben an Jesus als dem Christus, dem Sohn Gottes, beschlossen liegt. Dabei wird im Johannesevangelium unmissverständlich deutlich, dass die Heilsfrage von der Frage nach der Person und dem Wesen Jesu abhängt.

Das Bekenntnis zur Gottheit Jesu korrigiert darüber hinaus die Vorstellung, Gott sei ein blutrünstiger Gott, der für die Sünde der Menschen das Opfer eines Menschen gefordert habe, weshalb Jesus am Kreuz sterben musste. Vielmehr wird ausgehend von der Gottheit Jesu deutlich, dass im Kreuz Jesu die Liebe Gottes zu ihrem Höhepunkt gelangt ist, weil in Jesus *Gott selbst* für uns den Weg ans Kreuz gegangen ist. Nur deshalb hat der Tod Jesu am Kreuz – im Unterschied zu vielen anderen, die gekreuzigt wurden – Heilsbedeutung für uns.[47] Gott selbst vollendet am Kreuz sein Heilswerk. *„Es ist vollbracht!"* (Joh 19,30).

Allein weil Jesus der Christus, der Sohn Gottes – Gott der Sohn – ist, kann nun von denen, die an ihn glauben, gesagt werden: *„Wie viele ihn aber aufnahmen, denen gab er Macht, Gottes Kinder zu werden, denen, die an seinen Namen glauben"* (Joh 1,12). Dies bestätigen auch alle sieben Ich-bin-Worte des Johannesevangeliums, in denen die Selbstbezeichnung Jesu (Christologie) und die Verheißung des Lebens bzw. des Heils (Soteriologie) untrennbar miteinander verbunden sind.[48] Dabei wird deutlich, dass Jesus nicht nur das Heil gibt, sondern selbst das Heil ist. Allein im Glauben an ihn, also in der Bindung an seine Person, wird daher das Heil empfangen.[49] Das Heil schenken, ja sogar das Heil selbst sein, kann aber niemand anders als Gott allein. Weil die neutestamentlichen Zeugen Jesus aber als den wahren Gott erkannt haben, kann etwa Petrus sagen: *„Und in keinem andern ist das Heil, auch ist kein andrer Name unter dem Himmel den Menschen gegeben, durch den wir sollen selig werden"* (Apg 4,12). An Jesus vorbei gibt es also kein Heil! Weil Jesus Gott ist, gibt es ihm gegenüber auch keine Neutralität seitens der Menschen. Es gibt nur Glauben oder Unglauben, Ablehnung oder Anbetung und dementsprechend Heil oder Unheil.

---

[47] Vgl. hierzu V. Gäckle (Hrsg.), Warum das Kreuz? Die Frage nach der Bedeutung des Todes Jesu, Wuppertal ²2001.
[48] Vgl. Joh 6,35; 8,12; 10,9; 10,11; 11,25f; 14,6; 15,5.
[49] Vgl. 1Joh 5,12: *„Wer den Sohn Gottes hat, der hat das Leben; wer den Sohn Gottes nicht hat, der hat das Leben nicht."*

Davon ausgehend wird nicht zuletzt die missionarische Verantwortung, in die Christen gestellt sind, deutlich. Will Kirche „Kirche Jesu Christi" sein, will sie ihrem Wesen entsprechen, dann ist Mission und Evangelisation ihr ureigenster Auftrag. Sie kann sich davon nicht einfach suspendieren, sonst entlässt sie sich selbst aus dem ihr aufgetragenen Amt (vgl. Mt 20,17-20; Joh 20,21; Apg 1,8; 1Petr 2,9f; u.a.). Das biblische Zeugnis von Jesus Christus fordert Christen wiederum heraus, den zu bezeugen, an den sie glauben. Zeugen Jesu Christi dürfen sie sich der Fürbitte ihres Herrn gewiss sein, der nach Joh 17 sowohl für seine Jünger betet als auch für die *„die durch ihr Wort an mich glauben werden"* (vgl. Joh 17,20). Dabei wird es u.a. darauf ankommen, dass Menschen Antwort bekommen auf die Frage: Gott ja, aber warum Jesus?

Christen glauben an Jesus Christus, weil ihnen der Auferstandene begegnet ist und sie – wie Thomas – erkannt haben: Jesus Christus, du bist *„mein Herr und mein Gott."*

"Wahrer Gott und wahrer Mensch" – Die Auseinandersetzung um das Christusbekenntnis in der frühen Kirche
von Joachim Kummer

1. Die Frage nach Jesus Christus – Notwendigkeit und Zumutung

„... sämtliche Gegenden der Stadt sind voll von derartigen Leuten: die engen Gassen ebenso wie die Märkte, Plätze und Wegkreuzungen; voll von denen, die mit Textilien hökern, an Wechseltischen stehen, uns Lebensmittel verkaufen. Fragst du, wie viel Obolen es macht, so philosophiert dir dein Gegenüber etwas von ‚Gezeugt' und ‚Ungezeugt' vor. Suchst du den Preis eines Stückes Brot in Erfahrung zu bringen, so erhältst du zur Antwort: ‚Größer ist der Vater, und der Sohn steht unter ihm.' Lautet deine Frage: ‚Ist das Bad schon fertig?', so definiert man dir, dass der Sohn sein Sein aus dem Nichts habe ..."[1]
Konstantinopel, die Hauptstadt des oströmischen Reiches – das heutige Istanbul – ist in höchster emotionaler Erregung. Das Unglaubliche daran ist, dass weder Fußball noch Politik das Thema vorgeben, das die Gemüter bewegt. Die Frage, die die Menschen umtreibt, ist vielmehr die Frage nach Jesus Christus: Wer ist Jesus wirklich? Wie sollen wir von ihm denken? Das war im Jahr 383.

Auch in Deutschland gab es solche Zeiten, in denen die Frage nach Jesus Christus in der breiten Bevölkerung öffentlich diskutiert wurde. So weiß etwa eine „Kirchengeschichte Mecklenburgs" von den Einwohnern Rostocks zu berichten, „dass sie in ihren Zechen und Bierhäusern beim Trinken anfangen zu disputieren vom Nachtmahl des Herrn"[2], das heißt, von der Art und Weise der Gegenwart Jesu Christi beim Abendmahl.

In der öffentlichen Diskussion unserer Gegenwart sind solche Fragen nicht zu finden. Der Glaube gilt als Privatsache. Deshalb ist Religion

---

[1] Gregor von Nyssa, Über die Gottheit des Sohnes und des Heiligen Geistes. Aus einer 383 in Konstantinopel gehaltenen Rede; zitiert nach: A.M Ritter, Kirchen- und Theologiegeschichte in Quellen, Neukirchen-Vluyn ⁴1987, 182f. Im Weiteren zitiert: „Quellen I". (MPG 46,557).

[2] J. Wiggers, Kirchengeschichte Mecklenburgs, Parchim und Ludwigslust 1840, 637.

auch nur als individuelle Meinungsäußerung gefragt und begegnet in den Talkrunden der Fernsehkanäle für gewöhnlich als bunte Mischung aus esoterischen, fernostreligiösen und christlichen Versatzstücken. Theologische Thesen werden in unserer Mediendemokratie nicht selten dann zur Sprache gebracht, wenn sie direkt zur Destruktion von biblischem Glauben und Tradition beitragen – prominente Beispiele der letzten Jahre sind z.B. die Veröffentlichungen der Professoren Drewermann und Lüdemann.[3]

Die Nachfrage nach Jesus Christus ist für den modernen Menschen keine Selbstverständlichkeit. Das hat verschiedene Ursachen:

- In unseren Gemeinden ist die Substanz biblischer Unterweisung seit Jahrzehnten rückläufig. Die Aussagen, die die Bibel über die Person Jesus Christus macht, sind daher auch bei Christen immer weniger bekannt.
- Die Auseinandersetzung um Glaubensfragen wird von vielen als unpassend, ja als unchristlich abgelehnt. Im Glauben sucht man Gemeinschaft, Geborgenheit, Heimat. Sachliche Klarheit und genaue Lehrunterscheidung wird dabei eher als Bedrohung gelebter Spiritualität empfunden.
- Der Protestantismus hat seit der Aufklärung den Zweifel institutionalisiert. Solche Stimmen hingegen, die die Position von Bibel und Bekenntnis in ihrer Eindeutigkeit in Erinnerung bringen, werden häufig als langweilig und anmaßend abgetan.

Aus diesen Beobachtungen lässt sich nun aber nicht einfach der Schluss ziehen, dass Christus aus dem Bewusstsein der Gemeinde verschwunden sei. Auch heute fragt man nach Jesus Christus. Aber inwiefern?

Oft ist diese Nachfrage nach Jesus sogar von großen Emotionen begleitet: Jesus wird „gefeiert". Jesus wird mit Anbetungsliedern geehrt, die sich durch einen überschaubaren Text und eine eingängige Melodie auszeichnen. Jesus wird erlebt im Gefühl. Und was könnte daran falsch sein? Geht es für uns Christen nicht gerade darum, Jesus lieb zu haben, ihm zu vertrauen, ihn anzubeten und ihn gemeinsam zu loben? Sind theologische Sachaussagen über Jesus dem gegenüber nicht etwas Zweites, Nachrangiges?

Es sind nicht die Uninteressierten und Denkfaulen, die derart kritisch reagieren, sondern oft diejenigen, denen ihr Glaube wichtig und teuer

---

[3] Vgl. z.B. G. Lüdemann, Die Auferweckung Jesu von den Toten. Ursprung und Geschichte einer Selbsttäuschung, Lüneburg 2002.

ist, Menschen, die die Erfahrung gemacht haben, dass ihnen Gott ganz nahe ist, sei es im Gottesdienst, sei es beim Lesen der Bibel. Die Formulierung kirchlicher Dogmen erscheint ihnen, wenn sie von diesen besonderen Erfahrungen ausgehen, als geistloser Versuch der Inbesitznahme des Heiligen durch Etikettierung und Konservierung.

Momente der unmittelbaren Gotteserfahrung sind etwas Kostbares. Aber woran kann ich erkennen, welcher Geist mich dabei erfüllt? Spirituelle Erlebnisse kann ich auch haben, ohne etwas von dem Gott zu wissen, der sich uns in Jesus Christus offenbart hat: Wenn sich unser Blick in die Unendlichkeit des gestirnten Himmels verliert, oder wenn wir am Strand in die Weite des Meeres hinausschauen, dann tritt uns etwas von der Gewalt und Erhabenheit des Schöpfers ins Bewusstsein. In der unberührten Natur, in der Einsamkeit des morgendlichen Waldes spüren wir etwas von der Genialität und Liebe Gottes in seinem Werk.

Aber Gott möchte nicht nur unser Gefühl ansprechen. Er will von uns nicht als der unbekannte Gott (vgl. Apg 17) geliebt und verehrt werden. Er will, dass wir ihn als den erkennen, der er ist und der er *für uns* ist. Deshalb hat sich Gott in seinem Sohn, Jesus Christus offenbart. Davon handelt die Bibel.

Wenn Gott den Menschen anspricht, dann heißt das, dass er uns auch mit unserem Verstand ernst nimmt, dass er uns zu mündigen Christen machen will, die zu verstehen suchen, was sie glauben.

Deshalb fragt die Gemeinde Jesu Christi auch heute: Wer ist Jesus Christus?

2. Jesus Christus – Gott und Mensch

Die Bibel sagt uns, dass Jesus Christus Gottes Sohn ist, ja, dass er selbst Gott ist (Joh 1,1f; Joh 20,28; Apg 20,28 u.ö.). Wie sollen wir diese Aussagen verstehen? Wie wörtlich, wie genau sind diese Äußerungen zu fassen? Genügt es nicht, in Jesus den geistbegabten Menschen zu sehen, der ein ganz besonderes Verhältnis zu Gott hatte und der deshalb auch noch für uns heute von Bedeutung ist? Wollten die biblischen Schriftsteller denn mehr zum Ausdruck bringen, als sie Jesus als Gott, als den Sohn Gottes bezeichneten?

Wie kann Jesus zugleich Gott und Mensch sein? Von dieser Frage wurden Christen aller Zeiten umgetrieben. Wir werden im Folgenden eine Reihe von Jesusdeutungen kennen lernen, die im Verlauf der ersten Jahrhunderte vertreten und bestritten wurden. Bei allen Unterschieden, die sich hier zeigen werden, war den meisten Theologen jener Tage eines völlig klar: Mit der Frage nach der Person Jesus Christus ist die Frage nach unserem Heil unauflöslich verknüpft. Sprechen wir über Jesus, so sprechen wir immer zugleich über unsere Erlösung. Wäre Jesus als bloßer Mensch gestorben, wie könnte er die Sünden der Welt aufwiegen? Wäre Jesus als bloßer Gott ans Kreuz gegangen, was hätte sein Tod mit uns Menschen zu tun?[4] Deshalb fragen wir nicht kühl und distanziert, sondern mit aller inneren Beteiligung: Wer ist Jesus Christus?

Wer zu Jesus gehört, der ist Gottes Kind (Gal 3,26; 4,6f). Jesus ist aber in einer ganz anderen Weise Kind Gottes, als wir es sind. Wir sind Gottes Geschöpf, Gottes Bild, ihm ähnlich gemacht – wie vielleicht ein Bildhauer eine Statue schafft.

Wenn der Mensch etwas produziert, dann ist das ein Tisch oder ein Bild oder ein Computer, aber niemals ein Mensch. Ein Mensch wird durch den Menschen nicht geschaffen, sondern gezeugt.

So ist das auch bei Gott. Wenn Gott schafft, dann ist das Erschaffene sein Geschöpf: Menschen, Engel, die Natur. Wenn aber Christus Gottes Sohn ist, wenn er selbst Gott ist, dann ist er nicht Geschöpf, dann ist er nicht von Gott erschaffen, sondern von Gott gezeugt.

In dem alten Glaubensbekenntnis[5], das wir mit allen christlichen Kirchen gemeinsam haben, wird diese Aussage ganz ernst genommen, dass Gott Vater und Sohn ist:

„Wir glauben ... an den einen Herrn Jesus Christus, Gottes eingeborenen Sohn, aus dem Vater geboren vor aller Zeit ... gezeugt, nicht geschaffen, eines Wesens mit dem Vater."

Wenn jemand Vater ist und einen Sohn hat, dann ist der eine der Erzeuger und der andere der Gezeugte. Wenn beide zugleich Gott sind, dann sind beide ewig. Das heißt aber, dass die Zeugung ein Geschehen außerhalb der Zeit ist. Christus selbst sagt von sich (Joh 8,58): *„Ehe Abraham wurde, bin ich."*

Wer ist Jesus Christus? Die Schriften des Neuen Testaments verkündigen Jesus von Nazareth als den Christus, als Sohn Gottes, als Gott vor aller Zeit (Joh 1), als wiederkommenden Herrn und Heiland.

---

[4] Vgl. zur Frage der Heilsbedeutung des Todes Jesu den ersten Band dieser Reihe (Beiträge aus dem Albrecht-Bengel-Haus, Tübingen): V. Gäckle (Hrsg.), Warum das Kreuz? Die Frage nach der Bedeutung des Todes Jesu, Wuppertal, ²2001.

[5] Nicaeno-Constantinopolitanum, vgl. Anhang 194.

Wahrer Gott und wahrer Mensch

Zugleich lernen wir hier Jesus als wirklichen Menschen kennen, von Maria geboren, der aß und trank, schlief, Hunger und Durst litt, der weinte, sich von Gott verlassen fühlte und starb.
Aus diesen biblischen Aussagen ergeben sich für unseren Glauben verschiedene Anfragen: Kann Jesus Gott sein? Wenn ja: in welcher Weise, wenn doch nur ein Gott ist? Wie kann man die göttlichen und menschlichen Eigenschaften Jesu in einer Person zusammendenken? Diese Fragen werden in den ersten Jahrhunderten bedrängend aktuell: nicht etwa nur als spitzfindige Auseinandersetzung von Theologen, sondern inmitten der Gemeinde, im Gottesdienst. Die Einheit der Kirche steht auf dem Spiel, weil die Wahrheit umstritten ist: Als was ist Christus anzurufen und zu verkündigen?

2.1. Jesus, der Herr

Von der Zeit vor ca. 150 wissen wir wenig über die Diskussion solcher Fragen, da die Quellenlage sichere Rückschlüsse nicht zulässt.
Entsprechend dem Zeugnis der Heiligen Schrift bekennen sich die Christen von Anfang an zu Christus als *„ihrem Herrn"*, als *„Herrn und Heiland"*[6], als *„Herrn und Gott"*[7]. Die Christen sehen in dieser Bezeichnung Christi nicht nur eine höfliche Anrede, sondern nennen Jesus sehr bewusst ihren Herrn. In diesem Bekennen entscheidet sich das Bestehen oder Nichtbestehen im Jüngsten Gericht und damit die Heilsfrage (Mt 10,32: „Wer mich bekennt ... ").
Die Menschen um sie herum haben einen anderen Herrn: Den Kaiser von Rom. Mit der Anrede des Kaisers als „Herr" (griechisch: *kyrios*) ist allerdings mehr verbunden als die Anerkennung seiner staatlichen Oberhoheit: „Der Kaiser ist Herr", damit ist – ausgesprochen oder unausgesprochen – für damalige Ohren zugleich gesagt: „Der Kaiser ist Retter und Gott". So ist die Anrufung Christi als des Herrn immer auch das Bekenntnis: „Nicht der Kaiser ist unser Gott und Retter, sondern Christus allein."[8]

---

[6] Vgl. Phil 3,20; Tit 2,13; 2Petr 1,11; 2,20; 3,2.18 u.a.
[7] Vgl. Joh 20,28.
[8] Vgl. die Akten über das Martyrium der Silitaner (8f) vom 17. Juli des Jahres 180 (Quellen I, 44ff): „Der Prokonsul Saturinus sagte: ‚Habt nichts zu schaffen mit diesem Wahnsinn.' Cittinus erwiderte: ‚Wir haben keinen anderen, den wir fürchten, außer dem Herrn, unserem Gott, der im Himmel ist.' Donata bekräftigte: ‚Ehre dem Kaiser als Kaiser; doch Gott allein ist's, dem Furcht gebührt.'"

2.2. Jesus, der eine Gott

Die Christenheit hält von Anfang an daran fest, dass nur ein Gott ist. Daraus ergibt sich aber direkt die Frage, wie von Christus im Vergleich zu dem im Alten Testament verkündeten Gott gedacht werden soll. Die Apostolischen Väter[9] nehmen die Aussagen des Neuen Testaments über die Gottheit Jesu nicht zurück, sondern betonen sie in eindringlicher Weise. Das gilt etwa für das Bekenntnis, dass Christus von Ewigkeit her beim Vater war.[10] Christus werden also nicht nur göttliche Würdetitel oder Aufgaben zugesprochen, sondern sein Wesen wird als göttlich erkannt.

Die Eigenschaften Gottes, die im Alten Testament von Gott ausgesagt werden, werden deshalb folgerichtig auf Christus übertragen. Ein eindrückliches Beispiel hierfür ist der Beginn des zweiten Clemensbriefes: „Liebe Brüder, so sollen wir über Christus denken wie über Gott, wie über den Richter der Lebenden und der Toten" (2.Clem 1,1).

2.3. Jesus, der Mensch

Das einfache „Bekenntnis zu" Jesus reicht nicht mehr aus, als plötzlich Gruppen auftreten, die sich auch zu Jesus bekennen, aber leugnen, dass Jesus tatsächlich wirklicher Mensch geworden ist. Aus dem „Bekenntnis zu ..." wird das „Bekenntnis, dass ...". Erste Spuren dieser Abgrenzung finden sich bereits im Neuen Testament selbst: *„Jeder Geist, der bekennt, dass Jesus Christus ins Fleisch gekommen ist, der ist von Gott; und ein jeder Geist, der Jesus nicht bekennt, der ist nicht von Gott ..."* (1Joh 4,2f).

Auch noch Bischof Ignatius von Antiochien setzt sich in seinen Briefen (vor 110 n.Chr.) mit diesen sog. Doketen[11] auseinander, die behaupten, Jesus sei nicht wirklicher Mensch gewesen. In seinem Brief an die Gemeinde von Smyrna macht er deshalb deutlich: Christus „hat wirklich gelitten und ist wirklich selbst von den Toten auferstanden. Er hat nicht nur zum Schein gelitten, wie einige sagen, die nicht glau-

---

[9] Als „apostolische Väter" bezeichnet man die Kirchenschriftsteller des 2. Jahrhunderts aus der auf die Apostel folgenden Generation (Barnabas, Clemens I und II, Diognet, Hermas, Ignatius, Papias und Polykarp).
[10] Vgl. Gal 4,4; Phil 2,6; Hebr 1,3; Joh 1,1ff; 8,58.
[11] Doketen (von griechisch *dokein*: meinen, scheinen): Anhänger einer Lehre, die besagt, dass Christus lediglich in einem Scheinleib gewohnt habe.

ben."[12] Gerade an der Leiblichkeit ist sein Menschsein erkennbar – auch nach der Auferstehung: „Denn ich glaube, ja ich weiß, dass Jesus auch nach seiner Auferstehung einen wirklichen Leib hatte. Als er nämlich zu Petrus und seinen Gefährten trat, sagte er: ‚Fasst mich an, betastet mich und seht doch, ich bin kein leibloses Gespenst.'"[13] Doch hält Ignatius zugleich daran fest, dass Christus ewiger Gott ist. Der, dessen Menschsein so stark betont wird, ist für Ignatius derselbe, „der vor aller Zeit beim Vater war"[14]. Gerade die Paradoxie der Fleischwerdung Gottes wird von Ignatius in aller Deutlichkeit herausgestellt: „Einer ist Arzt, schwacher Mensch und starker Geist, geboren und nicht geboren, Mensch gewordener Gott, im Tod unzerstörbares Leben, aus Maria und aus Gott, erst leidend, dann ohne Leiden, Jesus Christus, unser Herr."[15]

3. Das Dogma – Offenbarung und Geschichte

3.1. Das Dogma der Kirche – Norm und Grenze

Die Auseinandersetzung um das Christusbekenntnis mündet – zumindest vorläufig – in die altkirchlichen Dogmen bzw. Symbole[16] von Nicäa (325) und Chalcedon (451). Deshalb ist spätestens hier eine Erklärung des Begriffs „Dogma" angezeigt.

Das Wort „Dogma"[17] ist nicht erst in unserer Generation belastet und vielen Menschen verdächtig als Inbegriff geistlicher Nötigung und Bevormundung. In ihm schwingen Vorstellungen mit von lehramtlicher Selbstherrlichkeit, theologischer Rechthaberei und fanatischem Absolutheitsanspruch. Das Zeitalter des Dogmas scheint heute weitgehend abgelöst und überwunden vom Frühling religiöser Toleranz, persönlicher Bescheidenheit in Glaubensfragen und geistiger Freiheit.

---

[12] Ignatius, Brief an die Smyrnäer 2, zitiert nach: K. Berger, Chr. Nord: Das Neue Testament und Frühchristliche Schriften, 5. revid. Aufl., Frankfurt/M. 2001, 808. Im Weiteren zitiert: „Berger".
[13] Ignatius, Brief an die Smyrnäer 3; zitiert nach: Berger, 809.
[14] Ignatius, Brief an die Magnesier 6,1; zitiert nach: Berger, 789.
[15] Ignatius, Brief an die Epheser 7,2; zitiert nach: Berger, 782.
[16] *Symbolon* (griechisch) = Wahrzeichen, Abzeichen, Erkennungszeichen, speziell: Bezeichnung für Tauf- und Glaubensbekenntnisse.
[17] Vgl. R. Slenczka, Kirchliche Entscheidung in theologischer Verantwortung, Göttingen 1991, 63-94. 272-280. Im Weiteren zitiert: „Slenczka, Entscheidung".

Den Anspruch, Licht hineinzutragen in das Dunkel der kirchlichen Bevormundung durch Dogmen, erhob bereits die Aufklärung (*siècle des lumières*). Es sollte Schluss sein mit der menschlichen Vermessenheit, das wissen zu wollen oder gar für andere verbindlich festschreiben zu wollen, was doch über den menschlichen Verstand hinausgehe und nur ganz subjektiv und individuell im Gefühl erfahren werden könne. Lässt sich doch die innere Glut echter Frömmigkeit auch durch einen scheinbar dogmenfreien Glauben entfachen. So sucht schon Faust sein Gretchen von ihrer kirchlichen Religion zu einer „freieren" Anschauung zu führen:

„Nenn's Glück! Herz! Liebe! Gott!
Ich habe keinen Namen dafür;
Gefühl ist alles;
Name ist Schall und Rauch,
Umnebelnd Himmelsglut."

Die Legitimität des Geltungsanspruchs eines Dogmas wird nach römischer Lehre durch ein allgemeines Konzil bzw. päpstliche Lehrentscheidung hergestellt. Solche formalen Kriterien neben oder gar über dem Kriterium der Schriftgemäßheit kennt die evangelische Lehre nicht. Zwar haben auch die lutherischen Kirchen Bekenntnisse als Lehrgrundlage anerkannt, darunter auch die altkirchlichen Dogmen, aber Gültigkeit erlangen sie nur und insoweit als ihre Schriftgemäßheit anerkannt wird. Die Bekenntnisschriften der lutherischen Kirche sind also „normierte Norm".

3.2. Das Dogma des Herzens – Bewusstseinsinhalt und Urteilsgrundlage

Der Angriff auf das Dogma trägt bewusst oder unbewusst immer sein eigenes Dogma in sich. Das ist zumeist das Dogma des Historismus[18]: Wahrheit ist immer nur relativ und zeitbedingt und daher von begrenzter Gültigkeit. Dabei tritt die Ablehnung des christlichen Dogmas eher selten in der werbenden Gestalt auf, die Goethe ihr hier (3.1.) zu verleihen vermag, sondern erfolgt für gewöhnlich in emotionaler Weise, wodurch das eigentliche Wesen des Dogmas sichtbar wird: Die subjektive Seite des Dogmatischen als Bewusstseinsbindung und Urteilsgrundlage. Wo Dogmenkonflikte zutage treten, bleibt es deshalb auch

---

[18] Unter „Historismus" versteht man das prinzipiell wertungsfreie Feststellen des Gewesenen von einem vermeintlich neutralen Standpunkt aus.

in aller Regel nicht bei kühler Sachlichkeit. Die gegenseitige Bestreitung des für den anderen jeweils Selbstverständlichen führt leicht zu schmerzlicher Betroffenheit und Reizbarkeit, die sich dann ihrerseits in Empörung und Diffamierung des Gegners entlädt: Totschlagbegriffe oder Reizworte wie „fundamentalistisch", „reaktionär", „dogmatisch" sind sichere Indizien für Dogmenkonflikte. Die Reduzierung des Begriffes „Dogma" auf Entscheidungen des kirchlichen Lehramtes unterschlägt also seine subjektive Verankerung in jedem Einzelnen.

3.3. Das Dogma Jesu Christi – Geist und Schrift

Ist der Inhalt des christlichen Dogmas gleichzusetzen mit dem, was das Neue Testament „reine Lehre", „Evangelium", „Wort Gottes" nennt, dann ist die zu allen Zeiten gleich bleibende Schwierigkeit des Zugangs zum Dogma leicht erklärlich: Der Glaube ist nicht menschliche Möglichkeit, sondern Wirkung des Heiligen Geistes durch das Wort der Schrift.[19]

Die Bekenntnisaussage, Jesus Christus sei in Person zugleich wahrer Gott und wahrer Mensch, kann nicht mit Vernunftgründen verständlich gemacht werden. Eine rein theoretische Bewältigung des christologischen Personproblems ist nicht möglich. Eine solche Lösung wollen die Konzilsväter mit der Formulierung des christologischen Dogmas aber auch gar nicht bieten.

Der gegenwärtige Christus selbst muss sich vielmehr als der zu erkennen geben, der er ist. Das geschieht da, wo Christus recht verkündigt wird: „Das Herrsein und die Gottheit Jesu Christi wird dort deutlich, wo er als Herr und Gott bekannt wird und sich darin als der Irdische und Auferstandene in seiner personhaften Wirklichkeit erweist und zu erkennen gibt."[20]

Im Bekennen oder Verleugnen entscheidet sich schon hier das Bestehen im Gericht (Mk 8,38). Durch dieses Wort Christi wird eine Entsprechung aufgedeckt zwischen unserem Bekenntnis vor Menschen zu Christus und dem, was durch Christus für Menschen vor Gottes Gericht geschieht. Dabei ist das Bekennen nicht unser Verdienst. Das Bekenntnis zu Jesus Christus ist vielmehr Wirkung und Zeichen des Heiligen Geistes (1Kor 12,3).

---

[19] Vgl. H.J. Iwand, Nachgelassene Werke, Bd. 2, München 1966, 91-105.
[20] R. Slenczka, Geschichtlichkeit und Personsein Jesu Christi, Göttingen 1967, 351. Im Weiteren zitiert: „Slenczka, Geschichtlichkeit".

Aufgrund der Zusage Christi, uns vor dem Vater zu vertreten, können auch wir ihn gehorsam, zuversichtlich und frei von Menschenfurcht bekennen.[21]

Einige der Theologen, mit denen wir in diesem Artikel Bekanntschaft machen, haben ihr Bekenntnis zu Christus vor Menschen mit dem Leben bezahlt (z.B. Ignatius) oder gingen dafür in die Verbannung (z.B. Athanasius).

3.4. Das Dogma in der Geschichte – was war und ist, und was wahr ist

Wie die Heilige Schrift selbst, so werden auch Dogmen unter konkreten historischen Bedingungen formuliert. In der Forschungsgeschichte ist allerdings umstritten, ob die jeweilige geistesgeschichtliche Atmosphäre und die kirchenpolitischen Umstände, in denen ein Dogma geprägt wurde, zu einer Verfremdung bzw. Überformung des christlichen Glaubens geführt haben, oder ob diese zufälligen geschichtlichen Begleitumstände zwar die Form des Dogmas prägten, aber aufgrund der Fürsorge Gottes die Wahrheit nicht inhaltlich beeinträchtigt haben. Die Frage ist also: Ist die Dogmengeschichte nur ein kleiner, zufällig zu breiterer Geltung gelangter Ausschnitt aus der Geistesgeschichte der Christenheit – so die Mehrheitsmeinung der historisch-kritischen Dogmenhistoriker –, oder können wir uns der früheren Geschichtsschreibung anschließen, die für den Verlauf der Dogmengeschichte die Verheißung Jesu in Anspruch nahm: *„Der Geist wird euch in alle Wahrheit leiten"* (Joh 16,13)?

Ein paar Etappen auf dem Weg der Dogmengeschichtsschreibung seien hier kurz skizziert:

- Die römisch-katholische Tradition spricht von Dogmenentwicklung in dem Sinn, dass sie von einer Entfaltung des Dogmas ausgeht, die dem Selbstanspruch nach seine inhaltliche Unveränderlichkeit einschließt. Hat die mittelalterliche Kirche bereits durch teils logische, teils auf die Bibel gestützte Schlussfolgerungen zu einer „Entfaltung" beigetragen, so ist in neuerer Zeit der Spielraum für Dogmatisierungen dadurch noch erweitert worden, dass man sich autorisiert glaubt, aus Tradition und kirchlichem Leben direkte Glaubenserkenntnis zu schöpfen. So wurde es möglich – ohne Schriftbeweis – etwa folgende Lehren zum Dogma zu erheben: „Die unbefleckte Empfängnis

---

[21] Vgl. Slenczka, Entscheidung, 30f.

Mariens" (1854), „Die Unfehlbarkeit des Papstes" (1870), „Die leibliche Aufnahme Marias in den Himmel" (1950).
- Als Vater der protestantischen Dogmengeschichtsschreibung gilt Philipp Melanchthon (1497-1560). In seinem Werk „De ecclesia et auctoritate verbi" von 1539 teilt er die Kirchengeschichte in vier Epochen: 1. Die Väterzeit als die Zeit der relativen Reinheit des Evangeliums; 2. Der Niedergang ab ca. 600; 3. Die Epoche der Düsternis; 4. die neue Epoche, die mit der Reformation heraufzieht.
- Der vom radikalen Spiritualismus herkommende Kirchen- und Dogmengeschichtler Gottfried Arnold stellt in seiner sogenannten „Unparteyische[n] Kirchen- und Ketzer-Historie" (1699/1700) die Kirchengeschichte als Verfallsgeschichte dar. Auch die Reformation ist von dieser Kritik nicht ausgenommen. Kirche als Institution und Dogma als Lehrfixierung sind ihm ein Greuel. Das hindert ihn jedoch nicht daran, die Stelle eines Superintendenten (Dekan) anzutreten.
- Für die historisch-kritische Dogmengeschichte ist ein Wort des Radikalkritikers David Friedrich Strauß (1808-1874) zum Schlüssel des Verständnisses geworden: „Die wahre Kritik des Dogmas ist seine Geschichte."[22] Dogmen sind für ihn nicht mehr als im geschichtlichen Streit der Meinungen aufgrund von politischer, ideologischer und anderer Gegebenheiten sich durchsetzende Meinungen.
Dabei ist der Idealismus[23] (zuvor bereits Lessing, Kant, Fichte, Hegel) letztlich gar nicht an einer historisch begründeten Ablehnung des Dogmas interessiert. Das Dogma vom Persongeheimnis Jesu Christi wird vielmehr als allgemeingültige Vernunftwahrheit uminterpretiert.[24] Es ist eine Station auf dem Weg der Entwicklung der Idee der Gottmenschheit.[25]
- Adolf von Harnack (1851-1930) schließlich spricht von einer Verformung des urchristlichen Glaubens hin zu einer griechisch-christlichen Offenbarungsmetaphysik, die sich im Dogma niederschlägt. Der hellenistische Geist, so v. Harnack, macht aus dem Le-

---

[22] D.F. Strauß, Glaubenslehre, Bd. 1, 1840, 71.
[23] Bezeichnung für die Anschauung, dass das Bewusstsein das Sein bestimmt.
[24] Vgl. Slenczka, Geschichtlichkeit, 120.
[25] D.F. Strauß, Das Leben Jesu, Bd. II^1, 734f: „Das ist der Schlüssel der ganzen Christologie, dass als Subjekt der Prädikate, welche die Kirche Christo beilegt, statt eines Individuums eine Idee, aber eine reale, nicht Kantisch unwirkliche, gesetzt wird. In einem Individuum, einem Gottmenschen, gedacht, widersprechen sich die Eigenschaften und Funktionen, welche die Kirchenlehre Christo zuschreibt: in der Idee der Gattung stimmen sie zusammen."

ben, das das Evangelium abbildet, eine Lehre.[26] Aber nicht nur die Geistesgeschichte bestimmt die Dogmenentwicklung. „Frömmigkeit und Kult, Kirchenrecht und Kirchenpolitik auf allen Ebenen sind ... treibende Kräfte dogmengeschichtlicher Entwicklungen und Entscheidungen"[27]. Auf diesen und ähnliche Versuche, den Wahrheitsanspruchs der kirchlichen Dogmen aufzulösen, greifen nicht zuletzt Sekten wie etwa die „Zeugen Jehovas"[28] gerne zurück.

- Der aufklärerischen Deutung der Dogmen als historischer Zufallsprodukte stellten sich aber nicht nur weithin die Dogmengeschichtsschreiber des Katholizismus entgegen, sondern auf evangelischer Seite vor allem auch die Erlanger Dogmengeschichtler des konfessionellen Luthertums. So betont Werner Elert (1885-1954), man müsse, „um zur Dogmengeschichte durchzustoßen, den ganzen ... kirchengeschichtlichen Tumult außer acht lassen"[29] und benennt bekenntnishaft die leitenden Kriterien zur Beurteilung der Dogmengeschichte: „Wir glauben, wie gesagt, weil wir an die innere Einheit des Wortes Gottes glauben, auch an die innere Einheit und Folgerichtigkeit der Dogmengeschichte, weil und soweit sie in Abhängigkeit vom Worte Gottes verläuft"[30]. Das Vertrauen auf Gottes Leitung seiner Kirche kommt in dieser Position ebenso zum Ausdruck wie der Vorbehalt, den bereits Luther äußerte, dass auch Papst und Konzilien irren können.

Ergänzend gibt der Elertschüler Karlmann Beyschlag zu bedenken, dass sämtliche zur Norm erhobenen Bekenntnisse der Alten Kirche nicht als inhaltliches Fortschreiten in einer laufenden Diskussion zu verstehen sind, sondern als Rückkehr zum ursprünglichen Christentum hin erfolgten.[31] Die altkirchlichen Dogmen stellen also nicht neue

---

[26] Lehrbuch der Dogmengeschichte, 3 Bde., 1885/89 (^{5}1931).

[27] U. Köpf, Dogmengeschichte oder Theologiegeschichte, ZThK 85, 1988, 455-473: 472f. Köpf (ebd.) versteht daher „Dogmengeschichte als Geschichte der Identitätsfindung religiöser Gemeinschaften" und hält „Definitionen des Dogmas, insbesondere jene, die sich um eine theologische Begründung bemühen ... für eine historische Darstellung [für] unbrauchbar".

[28] Vgl. z.B. das Traktat: Sollte man an die Dreieinigkeit glauben? Ist Jesus Christus Gott, der Allmächtige?, Selters/Taunus 1989.

[29] W. Elert, Der Ausgang der altkirchlichen Christologie. Eine Untersuchung über Theodor von Pharan und seine Zeit als Einführung in die alte Dogmengeschichte, Berlin 1957, 324. Im Weiteren zitiert: „Elert, Christologie".

[30] Ebd., 333.

[31] K. Beyschlag, Grundriß der Dogmengeschichte, Bd. 1: Gott und die Welt, Darmstadt ^{2}1988, 56. Im Weiteren zitiert: „Beyschlag I".

Lehren auf, sondern weisen im Streit der Meinungen zurück auf die biblische Wahrheit.

4. Missionarische Anknüpfung – Chance und Gefährdung

Nachdem wir uns im vorangegangenen Kapitel über die verschiedenen Facetten des Begriffs „Dogma" verständigt haben, wollen wir nun zum geschichtlichen Verlauf der Formulierung christlicher Glaubensaussagen über Christus zurückkehren.

Nach 150 n.Chr. folgt die Zeit der *frühkirchlichen Apologeten*[32]. Justin († um 165), Theophilus von Antiochia, Tatian und Athenagoras sind Christen mit verhältnismäßig hohem Bildungsstand, die in der griechischen Philosophie geschult sind und sich nun in Ablehnung und Aufnahme mit ihrer heidnischen Kultur auseinandersetzen. Ihr theologisches Bemühen geht dahin, den gebildeten Zeitgenossen Christus so vor Augen zu stellen, dass diese ihn auf dem Hintergrund ihrer philosophischen Bildung in ihre bisherige Weltanschauung einordnen können. Mehr noch: dass sie Christus als den erkennen, von dem alle Erkenntnis ausgeht und in dem sie zur Vollendung kommt.

Für Justin ist nach Joh 1 der Mittelpunkt der Lehre von Christus der Begriff „Logos" (das Wort, der Gedanke, die Vernunft): Der Logos ist der Sohn, der vor der Schöpfung der Welt bei Gott war.

Die missionarisch-apologetische Aufgabe, die von der Kirche zu bewältigen ist, wird von den Vertretern dieser Logoschristologie gesehen und in Angriff genommen. Eine Schieflage erhält ihre Theologie allerdings nicht nur durch unscharfe Begriffe, wie etwa die Klassifizierung des Logos als „zweiten Gott", sondern auch durch ihr Verständnis des Menschen. Die Verdunklung des menschlichen Verstandes durch die Sünde wird nicht in Anschlag gebracht. Bekehrung zu Christus wird verstanden als Entscheidung des Menschen für das völlig Vernunftmäßige, für das rein Logische – aufgrund des untrüglichen Urteils des eigenen Verstandes.

Hier wird beispielhaft erkennbar, wie die notwendige missionarische und apologetische Bemühung um den nichtchristlichen Zeitgenossen immer in Gefahr steht, durch Zugeständnisse an das Denken der

---

[32] „Apologia" ist nach 1Petr 3,15 die Verantwortung des Glaubens.

nichtchristlichen Umwelt seine Eindeutigkeit und Klarheit zu verlieren.

Die Logoschristologie greift einen Begriff auf, der eben nicht nur im Neuen Testament an herausragender Stelle erscheint, sondern auch eine lange philosophische Tradition vorzuweisen hat: Bereits Platon und später die (in Apg 17 erwähnten) stoischen Philosophen sprechen vom Logos zur Bezeichnung der göttlichen Vernunft und schöpferischen Kraft. Der klassisch gebildete Jude Philo (15 v.Chr. bis 45 n.Chr.) versteht den Logos als eigenständige Person, als vermittelndes Mittelwesen zwischen Gott und Mensch. So ist der Logosbegriff im 2. Jahrhundert n.Chr. zwar allgemein im Gebrauch, allerdings in seiner Bedeutung nur unscharf umrissen.

Doch wie verstehen nun die Apologeten den Logos? Der Logos ist der Sohn, aber auch die Weisheit Gottes, von der in den Sprüchen Salomos (8,22) gesprochen wird. Die Bezeichnung „der Gott" bleibt dem Vater vorbehalten, der Logos wird – ohne Artikel – „Gott" genannt. Auch er ist „Gott von Art". Dem Logos wird zunächst kein eigenes Sein zugeschrieben, da Gott selbst die Fülle alles „Logischen" ist. Zum Zweck der Schöpfung setzt Gott allerdings den Logos aus sich heraus. Er ist nun „ein zweiter Gott": „Durch den Willen aber springt aus seiner (Gottes) Einfachheit der Logos heraus. Und der Logos, der nicht umsonst sich bewegte, wird das erstgeborene Schöpfungswerk des Vaters. ... Geworden ist er durch Ausgliederung, nicht durch Abschneiden. Was man nämlich abgeschnitten hat, ist von dem Ersten getrennt, das Ausgegliederte aber ... lässt den, von dem es genommen ist, nichts vermissen. Wie nämlich an einer einzigen Fackel viele Feuer entzündet werden, aber das Licht der ersten Fackel durch das Entzünden der vielen Fackeln nicht verhindert wird, so hat auch der Logos dadurch, dass er aus der ‚Kraft' des Vaters heraustrat, den Erzeuger nicht des Logos beraubt".[33] Mit diesem Bild wird versucht die wesenhafte Einheit von Vater und Sohn festzuhalten.

Der Vater ist Gott in Person, wie ihn das Alte Testament uns vorstellt: Er ist der Unsichtbare, Ursprungslose, Unsterbliche und Unbewegte. Darüber hinaus ist er – wie in der Gottesvorstellung der griechischen Philosophie – frei von menschlichen Gemütsbewegungen wie Zorn

---

[33] Tatian, Rede an die Griechen 5,2-4; zitiert nach: H. Karpp, Textbuch zur altkirchlichen Christologie, Neukirchen-Vluyn 1972, 49f. Im Weiteren zitiert: „Karpp".

und Grimm.[34] Der Sohn ist der Mittler zwischen diesem überweltlichen Wesen und den Menschen. Wo die Patriarchen die Gottheit sehen oder hören, ist daher immer der Logos gemeint.

Doch nicht nur biblische Gestalten, auch heidnische Philosophen haben ihre Begegnung mit dem Logos gehabt. Da alle Weisheit und Wahrheit letztlich auf den Logos zurückzuführen ist, so findet sich der Logos, wenn auch nur wie ein Same, auch in ihnen. Das Christsein kann so mitunter lediglich als Bestätigung und Fortsetzung griechischer Philosophie, als ein Mehr an Wissen, als eine umfassendere Teilhabe am Logos verstanden werden: „Dass ich als Christ erfunden werden möchte, darum, so bekenne ich, bete und ringe ich aus aller meiner Macht, nicht weil die Lehren Platons denjenigen Christi fremd sind, wohl aber deshalb, weil sie nicht in allem an sie heranreichen; desgleichen die der andern: der Stoiker[35], der Dichter und Geschichtsschreiber. Jeder von ihnen hat kraft seines Anteils an dem Samenkörner austeilenden Logos erkannt, was zu ihm in verwandtschaftlicher Beziehung steht, und wohl geredet, doch haben sie in den wichtigeren Fragen einander widersprochen und damit erwiesen, dass sie ... keine unwiderlegliche Erkenntnis besitzen."[36] Christus erscheint hier als der ultimative Gesetzgeber, dessen Lehre den Menschen zur Wahrheit führt.

5. Christusglaube als System – Spekulation und Erkenntnis

Im weiteren Verlauf der Kirchengeschichte wird die Palette der christlichen und pseudochristlichen Glaubenssysteme immer bunter und vielfältiger. Um den spekulativen Irrlehren ihrer Zeit entgegentreten zu können und apologetisch sprachfähig zu bleiben, fassen die christlichen Theologen ihren Glauben als Regel und Richtschnur in zunehmend präziser formulierten Bekenntnissen zusammen. Dabei wollen

---

[34] Die Gottesvorstellung der griechischen Philosophie stimmt insofern mit der des Alten Testamentes überein, als auch sie die so genannten „negativen Eigenschaften" Gottes kennt, d.h. die Eigenschaften, die bei Geschöpfen in keiner Weise vorhanden sind, wie Einzigartigkeit (Jes 45,5), Unveränderlichkeit (1Sam 15,29), Allgegenwart (1Kö 8,27), Ewigkeit (Ps 90,2), Leidensfreiheit (Hiob 35,6) etc.

[35] Vertreter einer griechische Philosophenschule (Stoa), deren grundlegende Lehre darin bestand, in Übereinstimmung mit sich selbst und mit der Natur zu leben und Neigungen und Gefühlsregungen als dem Erkennen hinderlich zu bekämpfen.

[36] Justin, Apologie II, 13,2f; zitiert nach: Quellen I, 37.

die zuvor meist mündlich überlieferten Formeln als Ausdruck der Offenbarungswirklichkeit selbst verstanden werden.[37]
Schließlich wagen christliche Theologen ihrerseits, ihren Glauben im zusammenhängenden System (v.a. Origenes) darzustellen und spekulative Aussagen unter Berufung auf die Heilige Schrift zu machen. So provoziert die notwendige Abgrenzung gegenüber Sekten die erkenntnismäßige Durchdringung und systematische Darstellung des Glaubens an Christus. Die Schriftauslegung führt immer mehr zur christlichen Glaubenslehre.

5.1. Jesus, der zweite Adam – Irenäus († nach 200)

Irenäus, seit 178 n.Chr. Bischof von Lyon, gilt durch sein Werk *Entlarvung und Widerlegung der fälschlich so genannten Gnosis*[38] als bedeutendster Theologe des 2. Jahrhunderts, auch wenn umstritten ist, inwieweit die Theologie des sehr inhomogenen Werkes auf ihn selbst zurückgeht. Irenäus wendet sich gegen eine Theosophie, die Erlösung durch Erkenntnis (griechisch: *gnosis*) lehrt. Die Welt, so die Lehre der Gnosis, entsteht durch die Entäußerung Gottes in verschiedenen Stufen. Ziel des Menschen ist es, durch einen Mittler belehrt, also durch Erkenntnis, die Wiedervereinigung mit Gott zu erreichen. Gott steht hier nicht der Welt als Schöpfer gegenüber, sondern entlässt sie aus sich und führt sie wieder in sich zurück.
Die Logoschristologie der vorangegangenen Generation hatte der Gnosis mit ihrer bedenklichen Bezeichnung des Logos als „zweitem" und damit zweitrangigem Gott unbeabsichtigt Argumente für ihr Stufenmodell an die Hand gegeben. Irenäus betont nun gegenüber der Gnosis die Einheit Gottes.
Im Mittelpunkt seiner Theologie steht die Menschwerdung des Logos, die er einmal als Annahme der Substanz des Fleisches beschreibt, ein andermal als Vereinigung mit einem (ganzen) Menschen. Gegenüber den Gnostikern, die einen göttlichen Christus und den Menschen Jesus voneinander trennen und lediglich vom Letzteren anerkennen, er sei

---

[37] Daraus erklärt sich das eigentümliche Zugleich von lockerer Form und normativem Anspruch. Vgl. Beyschlag I, 170ff. Vgl. auch die dort abgedruckten Beispiele von Glaubensregeln von Tertullian und Irenäus.
[38] Der Kurztitel lautet „Gegen die Häresien (= Irrlehren)" (lat.: Adversus haereses).

wirklicher Mensch, vertritt Irenäus die Einheit Jesu Christi, „dass er wahrhaft Mensch und wahrhaft Gott ist".[39]

Die vollkommene Einheit Gottes und des Menschen in einer Person ist notwendig, damit die Erlösung des Menschengeschlechts möglich würde: „So hat er [Christus] es bewirkt, wie gesagt, dass der Mensch Gott anhängt, und er hat ihn mit ihm vereint. Wenn nämlich nicht der Mensch den Feind des Menschen besiegt hätte, dann wäre der Feind nicht rechtmäßig besiegt worden. Wenn umgekehrt nicht Gott das Heil geschenkt hätte, dann könnten wir dessen nicht sicher sein. Und wäre der Mensch nicht mit Gott vereinigt worden, dann hätte er nicht der Unsterblichkeit teilhaft werden können".[40]

Erlösung wird später im Osten v.a. als Teilhabe an Gott (2Petr 1,4), als „Vergottung" des Menschen verstanden. Gemeint ist damit nicht eine wesenhafte Angleichung an Gott, wie sie von der Gnosis gelehrt wird, sondern die Befreiung von der Vergänglichkeit und den Verderbensmächten. Wenn sich auch der Begriff „Vergottung" noch nicht findet, so doch das damit Gemeinte: „Wegen seiner grenzenlosen Liebe (Eph 3,19) [ist Christus] das geworden, was wir sind, um uns zu dem zu vollenden, was er selbst ist."[41]

Von Irenäus wird in seiner „Rekapitulationstheorie" (Eph 1,10) besonders die Bedeutung des geschichtlichen Lebens und Sterbens des Gottmenschen für die Erlösung herausgearbeitet: Die dem Menschen ursprünglich zugedachte „Gottverähnlichung" scheitert zunächst an Adams Ungehorsam. In Christus kommt Gott mit seiner Schöpfung dann doch noch zum Ziel, indem dieser als „zweiter Adam" (Röm 5) das Bild Adams wiederherstellt (rekapituliert = „wiederholend zusammenfasst"). In zahlreichen Bildern macht Irenäus die Entsprechungen zwischen Adam und Christus anschaulich: „Indem er [Christus] nämlich den Ungehorsam des Menschen, der sich im Anfang am Holz ereignet hatte, auflöste, ‚wurde er gehorsam bis zum Tod, bis zum Tod am Kreuz' (Phil 2,8) und heilte den Ungehorsam, der sich

---

[39] Irenäus, Gegen die Häresien, IV 6,7; zitiert nach: N. Brox, Fontes Christiani, zweisprachige Neuausg. christl. Quellentexte aus Altertum und Mittelalter, Bd. 8/4, Freiburg u.a. 1997, 53.

[40] Irenäus, Gegen die Häresien, III 18,7; zitiert nach: N. Brox, Fontes Christiani, Bd. 8/3, Freiburg u.a. 1995, 233.

[41] Irenäus, Gegen die Häresien, V Vorwort; zitiert nach: N. Brox, Fontes Christiani, Bd. 8/5, Freiburg u.a. 2001, 23.

am Holz ereignet hatte [Adam isst die Frucht vom Baum der Erkenntnis], durch den Gehorsam, der sich am [Kreuzes-]Holz ereignete."[42]

5.2. Jesus, eine Person in zwei Substanzen – Tertullian († nach 220)

Nach Tertullian ist der Logos vor aller Zeit ein Gedanke in Gott, der zu einer späteren Zeit – jedoch noch vor der Weltschöpfung – als Wort aus Gott heraustritt. Tertullian sagt daher: „Es gab eine Zeit, als es ... den Sohn nicht gab, ... ihn, der ihn [Gott] zum Vater machen sollte."[43] Sohn ist der Logos nach der Vorstellung Tertullians also erst durch das Hervorgehen aus dem Vater. Dabei ist die Redeweise von einer Zeit vor der Schöpfung allerdings problematisch, da ja die Zeit selbst zur Schöpfung gehört, die Gott durch sein Wort hervorgebracht hat (vgl. 1Mo 1,14).

Tertullian beschreibt Vater und Sohn als Einheit, in der jedoch jeder seine Besonderheiten hat. So lehrt er eine „ökonomische Trinität", d.h. eine Dreieinigkeit, die sich im heilsgeschichtlichen Handeln Gottes erst entfalte: „Alle schlichten Leute, um nicht zu sagen die Unvernünftigen und Unwissenden – die immer die Mehrzahl der Gläubigen bilden –, ... begreifen nicht, dass man zwar an nur *einen* Gott zu glauben hat, aber zusammen mit seiner Ökonomie [Selbstentfaltung], und erschrecken deshalb vor der Ökonomie. Zahl und Entfaltung der Trinität halten sie für Teilung der Einheit, während doch eine Einheit, die aus sich selbst die Dreiheit hervorgehen lässt, von dieser nicht zerstört, sondern ausgeführt wird. Daher halten sie uns dann vor, wir lehrten zwei oder drei Gottheiten, sich aber rühmen sie als Verehrer des Einen Gottes, als ob nicht auch eine unvernünftig eingeschränkte Einheit zur Irrlehre führe und die vernünftig gedachte Dreiheit die Wahrheit bilde."[44]

Angesichts der Flut gnostischer Offenbarungen wird Tertullian die Notwendigkeit bedrängend deutlich, die christliche Glaubenslehre sicherzustellen. Sein Lösungsweg, die Irrlehre erkenntlich und damit vermeidbar zu machen, ist die begriffliche Präzision der Glaubensaus-

---

[42] Irenäus, Gegen die Häresien, V 16,3; zitiert nach: N. Brox, Fontes Christiani, Bd. 8/5, Freiburg u.a. 2001, 137.

[43] Tertullian, Gegen Hermogenes 3,4; zitiert nach: Karpp, 65. Vgl. A. Kroymann (Hrsg.) Corpus Christianorum, Series Latina I, Turnhout 1954, 395-435: 399.

[44] Tertullian, Gegen Praxeas 3,1; zitiert nach: Karpp, 70, vgl. H.-J. Sieben (übers. u. eing.), Fontes Christiani, Bd. 34, Freiburg 2001, 109. Im Weiteren zitiert: „Sieben".

sage. Als römischer Redner und gebildeter Jurist mit den sprachlichen Voraussetzungen ausgestattet, prägt Tertullian neue Begriffe und verbreitet sie in zahlreichen Traktaten. So entwickelt er die Formelsprache der Theologie des Westens und bringt mehr Klarheit v.a. auch in die Frage nach dem Verhältnis von Gott und Logos:
Tertullian unterscheidet zwischen **Substanz** und **Person**. Vater, Sohn und Geist gehören zusammen in der Identität der Substanz des göttlichen Seins und Wesens, sie unterscheiden sich jedoch als drei Personen. Der Sohn ist dem Vater gegenüber ein anderer. Die drei sind eins, aber nicht einer. Vater und Sohn verhalten sich zueinander wie Sonne und Strahl, Wurzel und Schössling, Quelle und Bach.[45] Tertullian will an dem einen Gott festhalten, zugleich wird bereits durch diese Bilder die starke Unterordnung des Sohnes unter den Vater deutlich: „So [sc. wie der Strahl aus der Sonne] ist auch das, was von Gott ausgegangen ist, Gott und Gottes Sohn, und beide sind einer[46]; so hat der Geist vom Geiste und Gott von Gott, der Größe nach ein zweiter, die [Zwei-]Zahl dem Rang, nicht dem Wesen nach hervorgebracht und hat sich vom Urgrund nicht entfernt, sondern ist daraus hervorgetreten."[47]
Wie Gott eine Substanz in drei Personen ist, so ist der Logos eine Person mit zwei Substanzen: die göttliche, die er mit Vater und Geist gemeinsam ist, und die menschliche, die Leib und Seele einschließt.
Die Menschwerdung versteht Tertullian also nicht als Verwandlung des Logos in einen Menschen. Der Logos bleibt vielmehr zu aller Zeit ewiger, wahrer Gott, der nun wirklich Mensch wird. Christus ist kein Zwischenwesen, sondern Gott und Mensch, und beides ganz und in einer Person: „Wir erkennen also ein doppeltes Wesen, nicht vermischt, sondern in Einer Person vereinigt, Jesus – als Gott und als Mensch –, ... und die Besonderheit jeder der beiden Substanzen ist so sehr gewahrt, dass sowohl der Geist seine Tätigkeiten in ihm ausgeübt hat, d. h. Wundertaten, Werke und Zeichen, als auch das Fleisch seine Leiden auf sich genommen hat, als es gegenüber dem Teufel Hunger spürte und gegenüber der Samariterin Durst, über Lazarus weinte, betrübt war bis in den Tod und schließlich starb. Wäre er aber etwas

---

[45] Vgl. Tertullian, Gegen Praxeas 8,5. Vgl. Sieben, 133.
[46] Um einer modalistischen (s.u.) Interpretation zu entgehen, sagt Tertullian später (Gegen Praxeas 25,1; zitiert nach: Karpp, 69, Anm. 1, vgl. Sieben, 225) mit Bezug auf Joh 10,30: „Diese drei sind eines, nicht einer."
[47] Tertullian, Apologetikum 21,13; zitiert nach: Karpp, 68. Vgl. E. Dekkers (Hrsg.) Corpus Christianorum, Series Latina I, Turnhout 1954, 395-435: 399.

Drittes, aus beiden Vermischtes ..., dann wären nicht so unterschiedliche Zeugnisse beider Substanzen zu sehen, sondern der Geist hätte fleischliche Tätigkeiten und das Fleisch geistliche verrichtet aufgrund von Übertragung oder weder fleischliche noch geistliche, sondern solche von einer dritten Art aufgrund von Vermischung."[48]
Tertullian hat das Geheimnis der Person Jesu Christi durch die Einführung der Begriffe „Substanz" und „Person" nicht aufgelöst, sondern in der lateinischen Sprachwelt entscheidend zur Sprachfähigkeit des Glaubens beigetragen.

5.3. Jesus, der ewige Sohn – Origenes († 254)

Unter kultur- und geisteswissenschaftlicher Perspektive wird das Christentum erstmalig unter den großen Theologen Alexandriens Clemens und v.a. Origenes zu einem bedeutenden Faktor. Die Philosophie dieser Zeit, der Neuplatonismus, verbindet durch seine Neuinterpretation Platons[49] die in Konkurrenz zueinander stehenden philosophischen Schulrichtungen der Antike (Platonismus, Aristotelismus, Stoa, Skepsis). Grundannahme des Neuplatonismus ist die Vorstellung von einem Stufenmodell der Wirklichkeit: Die oberste Stufe dieses Modells bildet „das Eine", man könnte auch sagen: Gott, dem man sich weder begrifflich, noch denkerisch nähern kann. Die zweite Stufe ist die Ebene des denkenden Geistes, „das Seiende selbst", das bereits in eine Vielheit zerfällt. Die dritte Stufe ist die Ebene der individuellen Seelen (der Menschen, der Gestirne, der Tiere und Pflanzen) wie der Weltseele, die immerhin Anteil haben am Seienden. Es folgen die Stufe der von der Seele geformten körperlichen Dinge und schließlich die Stufe der Materie – wobei die Materie bereits als das „Nichtseiende" gilt. Dieses Modell ist insofern dynamisch gedacht, als eine Stufe aus der anderen hervorgeht, zugleich aber auch eine Gegenbewegung zurück zum Einen stattfindet.[50]

Von dieser neuplatonischen Philosophie ist das Denken des Theologen und Philosophen Origenes stark geprägt. Er lehrt nicht nur die Ewigkeit Gottes, sondern auch der Schöpfung – sonst wäre Gott nicht „all-

---

[48] Tertullian, Gegen Praxeas 27,11f; zitiert nach: Karpp, 73ff, vgl. Sieben, 239.
[49] Der Neuplatonismus beruft sich v.a. auf mündliche Traditionen und vernachlässigt den „sokratischen" Platon der Dialoge. Seine Staats- und Rechtsphilosophie wie auch große Teile seiner Ethik werden daher nicht rezipiert.
[50] Geschichte der Philosophie in Text und Darstellung, Bd. 1: Antike W. Wieland (Hrsg.), Stuttgart 1982, 364ff.

mächtig". Alles steht stufenförmig in Beziehung: Unter dem Vater steht der Sohn, unter diesem der Geist. Es folgen Engel, Mächte, Welten, beseelte Gestirne, Geister, Menschenseelen. Die Schaffung der Materie, und damit der Beginn der Zeit, lässt einerseits Gottes Macht und Güte erkennbar werden. Die materielle Welt wird aber zugleich für die Seelen zum „Jammertal" und damit zum Ansporn zu Gott zurückzukehren. Das irdische Schicksal des Menschen ist abhängig vom Grad des vorzeitlichen Abfalls der Menschenseele von Gott vor ihrem Eintritt in einen Körper.

In der Auseinandersetzung um die Person Jesu Christi wendet sich Origenes gegen die Behauptung, „es war einmal, da der Sohn nicht war"[51]. Wie in Gott alles ewig ist, so auch die Zeugung des Sohnes. Von Ewigkeit zu Ewigkeit geht der Logos aus dem Vater hervor, wie der Glanz aus dem Licht. Trotz der Ewigkeit und Gottheit des Sohnes kommt nur dem Vater Anbetung zu. Die Gebete der Christen haben sich durch Christus, den Hohenpriester, an den Vater zu richten. Der Sohn ist also bei aller göttlichen Erhabenheit doch zugleich die erste Stufe vom Einen zum Vielen.

Nur die eine Menschenseele, mit der sich der Logos verbunden hatte, war nicht von Gott abgefallen, nur ihr Eintritt in die Körperlichkeit ist nicht Strafe, sondern freiwillige Herablassung. Mit dem Eingehen des Logos in einen menschlichen Körper ist der tiefste Punkt erreicht. Nun gilt es, die Menschheit mit sich wieder empor zu führen. Die Körperlichkeit ist für den Logos nur ein Durchgangsstadium, das zum Zweck der Erlösung zwar notwendig wurde,[52] aber überwunden werden musste. Für jeden Menschen setzt sich die Läuterung mit unterschiedlicher Dauer auch nach dem Tod fort: Er streift das erdhafte immer mehr ab, nimmt an Erkenntnis zu, wird immer lichter und leichter. Am Ende steht die Wiederbringung aller Dinge.

Was an den Gedanken des Origenes so anziehend auf viele seiner philosophisch gebildeten Zeitgenossen wirkt, wird schließlich – lange nach seinem Tod – der Grund für die Verwerfung seiner Lehren (auf dem Konzil zu Konstantinopel im Jahr 553): (Neu-)platonische Philosophie bildet den Rahmen seines Systems, in dem das Evangelium lediglich einen Ort zugewiesen erhält. Die biblische Heilsgeschichte

---

[51] Origenes, Vier Bücher von den Prinzipien IV 4,1; zitiert nach: H. Görgemanns, H. Karpp (hrsg. u. übers.), 2., verb. Aufl., Darmstadt 1985, 787.
[52] Origenes, Gespräch mit Heraklides 7,5: „Der Mensch wäre nicht ganz gerettet worden, wenn er (Christus) den Menschen nicht ganz angenommen hätte."

bildet nur den Vordergrund für seine in jeder Weise weit darüber hinausgreifenden überweltlichen Spekulationen. Seine philosophisch-biblische Mischlehre beeinträchtigt nicht nur die Ränder des christlichen Glaubens, sondern beschneidet den Kern der biblischen Erlösungslehre: Denn Erlösung erfährt nach Origenes nicht der ganze Mensch, sondern nur der menschliche Geist. Der große Anstoß der christlichen Offenbarung, der Glaube an die Auferstehung des Fleisches (1Kor 15,53; Phil 3,21; Hes 37,4ff), das verwandelt wird und dadurch der Vergänglichkeit (wieder) entrissen wird, ist bei ihm ausgeschieden.

Die Anthroposophie und esoterische Gruppen sind Origenes und der griechischen Philosophie in ihrer Geringschätzung der Materie und des Leibes gefolgt.

6. Anstoß der Vernunft – Christus und der eine Gott

Die Theologie des dritten Jahrhunderts ist überaus vielgestaltig. Vorherrschend ist die Logoschristologie in ihren verschiedenen Ausprägungen. Gegen diese weit verbreitete Theologie wendet sich der Monarchianismus[53], weil er in ihr einen Abfall vom Glauben an den einen Gott zu erkennen glaubt. Der Monarchianismus begegnet in zwei völlig gegensätzlichen Systemen: Im Dynamismus[54] bzw. Adoptianismus, der in Christus lediglich einen geistbegabten Menschen sieht, und dem Modalismus[55], der in Vater, Sohn und Geist nur verschiedene Erscheinungsweisen der einen göttlichen Person erkennt.

6.1. Jesus, der Charismatiker – der Dynamismus

Nach ersten Auseinandersetzungen in Rom ab 185 um Theodotus den Gerber und seine Schüler (Theodotus der Bankier, Asklepiodot, Artemon), die Jesus lediglich als Menschen anerkennen, der bei der Taufe mit göttlichen Kräften ausgestattet wurde, weitet sich der Streit unter dem antiochenischen Bischof Paul von Samosata weiter aus.[56]

---

[53] *Monarchia* (griechisch) = Alleinherrschaft.
[54] *Dynamis* (griechisch) = Kraft.
[55] *Modus* (lateinisch) = Art, Weise.
[56] Der Dynamismus hat zahlreiche Sympathisanten in der Geistesgeschichte der Neuzeit gefunden. Der einflussreiche Dogmengeschichtler Adolf von Harnack nannte Pauls rationalistische Verkürzung eine „evangelische Christologie, die einzige, in

Was ihn von seinen Vorläufern unterscheidet, ist dies, dass Paul nicht nur von Geist und Kraft, sondern durchaus vom Logos und vom Sohn spricht. Aber auch diese sind bei ihm eben nur unpersönliche Kräfte, mit denen der Mensch Jesus begabt wird. Erst durch die Bewährung im Kampf mit der Sünde wird dieser mit Gott verbunden. Die Verbindung zwischen Gott und Jesus ist nicht naturhaft, sondern lediglich als Willensharmonie verstanden, die sich nur graduell von der Verbindung Gottes mit den Propheten unterscheidet. Zur Eskalation und schließlich zur Verurteilung Pauls kommt es im Jahr 268 auf der antiochenischen Synode, nachdem er die Christushymnen aus dem Gottesdienst verbannt hat.

6.2. Jesus, eine der Masken Gottes – der Modalismus

Aus den Gegenschriften Tertullians, Hippolyts († 235), Novatians († nach 251) und anderer kennen wir die Lehren der Modalisten Noët, Praxeas und Sabellius. Wie der Dynamismus, so besteht auch der Modalismus auf der Einheit und Einzigkeit Gottes. Darüber hinaus gehen die Modalisten allerdings unbedingt von der Gottheit Jesu aus. Die Problematik liegt also nicht im „Dass", sondern im „Wie" ihrer Lehren vom Monotheismus und der Gottheit Jesu Christi.

Hippolyt schreibt in seiner „Widerlegung" (Refutatio 10,27) über Noët: „Er sagte, es gebe einen Vater und Gott des Universums; dieser Allschöpfer sei für die existierenden Wesen verborgen gewesen, wenn er wollte; er sei in Erscheinung getreten dann, wenn er wollte; er sei unsichtbar, wenn er nicht gesehen werde, und sichtbar, wenn er gesehen werde; ungezeugt, wenn er nicht gezeugt werde, gezeugt, wenn er aus der Jungfrau gezeugt werde; leidensunfähig und unsterblich, wenn er nicht leide und sterbe, wenn er sich Leiden unterziehe, leide und sterbe er. Diesen Vater halten sie zugleich für den Sohn, der zeitweise je nach den Umständen bald den einen, bald den andern Namen führe."

---

der mit vollem Bewusstsein die religiöse Physik abgelehnt ist" (A. v. Harnack, Dogmengeschichte, Tübingen [8]1991, unveränd. Nachdruck [6]1922, 160.). Die Irrlehre des Paul von Samosata ist mit ihrer Verurteilung nicht ein für alle mal überwunden. Diesem „altkirchlichen Adoptianismus sehr ähnliche Auffassungen" entdeckt Wolfhart Pannenberg unter den einflussreichsten Köpfen in der Theologie- und Geistesgeschichte des 18. und 19. Jahrhunderts: Kant, Schleiermacher, Ritschl und v. Harnack (W. Pannenberg, Grundzüge der Christologie, Gütersloh [2]1966, 119. Vgl. E. Brunner, Der Mittler, Tübingen 1937, 224f.). Diese Reihe ließe sich problemlos bis in die Gegenwart fortschreiben.

Diese Lehre führt konsequent zur Aussage: Der Vater leidet und stirbt am Kreuz. Dazu nochmals Hippolyt über Noët: „Wenn ich nun Christus als Gott bekenne, so ist er selber also der Vater; denn Gott ist ein einziger. Christus, der selber Gott ist, hat aber gelitten. Also litt der Vater; denn er war selber [sc. der Vater]. ... Denn Christus war Gott und litt wegen uns, er, der selber der Vater war, so dass er uns auch retten konnte."[57]

Für den Modalismus sind Vater und Sohn also identisch und nur zwei Erscheinungsweisen Gottes – den verschiedenen Masken vergleichbar, die ein antiker Schauspieler im Verlauf des selben Stückes aufsetzt. Sabellius lehrt eine Aufeinanderfolge göttlicher Erscheinungsweisen: Gott erscheint zunächst in der Gestalt des Vaters und damit als Schöpfer und Gesetzgeber, dann in der Gestalt des Sohnes als Erlöser und ab der Himmelfahrt erscheint Gott in Gestalt des Heiligen Geistes.

Beide Formen des Monarchianismus wolle zwar am biblischen Glauben an den einen einzigen Gott festhalten, in seiner Christuserkenntnis geht der Dynamismus jedoch nicht über Vorstellungen hinaus, wie sie heute etwa bei den Zeugen Jehovas oder im Islam[58] anzutreffen sind.

Der Modalismus hingegen hält formal an der vollen Gottheit Jesu Christi fest und ist darin sogar manchen Formulierungen der apostolischen Väter überlegen. Letztlich aber hat auch er den biblischen Gott preisgegeben: Wenn der Sohn lediglich eine Erscheinungsweise des Vaters ist, so ist das Hohepriesterliche Gebet ein Selbstgespräch und die Stimme des Vaters bei der Taufe Jesu eine Täuschung.

7. Arius († 336) – der erste „Zeuge Jehovas"

Mit den Konzilien von Nicäa (325) und Konstantinopel (381), die das Dogma der Trinität Gottes formulieren, sind v.a. zwei Namen verbunden: Athanasius († 373), der Bischof von Alexandrien, der sich schließlich – im Anschluss an die drei Kappadozier (s.u.) – mit seiner Position durchsetzen kann, und Arius, ein Presbyter aus der gleichen Stadt, dessen Lehre auch nach der Entscheidung von Nicäa noch bis ins 6. Jahrhundert ganze Völkerschaften anhängen.

---

[57] Hippolyt, Gegen Noët 2,3.7; zitiert nach: Sieben, 263.
[58] Zum Islam vgl. den Artikel von Rolf Hille in diesem Aufsatzband.

Arius bestreitet die Gottheit des Logos und dessen Hervorgehen aus dem Vater. Für ihn ist es ein Kennzeichen Gottes, dass er ungezeugt und anfangslos ist.

Von Tertullian übernimmt er die Vorstellung, dass es eine Zeit gab, in der es den Sohn noch nicht gab. Daraus folgert er – über Tertullian hinausgehend –, dass der Sohn Geschöpf sei. Der Sohn, so Arius, sei vor der Weltschöpfung geschaffen und trage die Titel „Logos" (Wort) und „Weisheit" nur in uneigentlicher Weise, da Wort und Weisheit im eigentlichen Sinne unteilbar zum Wesen Gottes gehörten. Daher sei der Logos „in allem dem Wesen und der Eigentümlichkeit des Vaters fremd und unähnlich."[59] Christus ist zwar dem Namen nach „Gott", aber nicht wahrhaftiger Gott. Er ist Schöpfungsmittler, nimmt Fleisch an und ist der Erlöser. Eine menschliche Seele besitzt Christus nicht. Der Logos ist seinem Wesen nach weder wahrer Gott noch wahrer Mensch.

Selbst von der dogmenkritischen Forschung um 1900 wird Arius negativ beurteilt: Die Lehre von Christus, die Arius vertritt und die er selbst vermutlich von seinem Lehrer Lucian von Antiochien übernommen hat, ist eine vereinfachte Mixtur aus sehr verschiedenartigen Anschauungen (Dynamismus, Neuplatonismus, Origenismus). Entsprechende Widersprüche bis hinein in die Glaubenspraxis sind nicht zu übersehen: Der Logos ist Geschöpf und dennoch ist er anzubeten.

Für seine Zeitgenossen ist die Lehre des Arius deshalb so anziehend, weil sie scheinbar einen Brückenschlag zwischen Christentum und der Philosophie der Zeit, dem Neuplatonismus, darstellt: Das eine göttliche Prinzip, über das letztlich keine Aussagen gewagt werden können, wird mit dem Vatergott identifiziert. Die antiken Vorstellungen von Mittelwesen zwischen Gott und Schöpfung eröffnen einen Deutungsrahmen für die Person Jesu Christi. Der Anstoß einer biblischen Position, die ein Mittelding zwischen Schöpfer und Geschöpf nicht kennt, ist damit umgangen.

In der Gegenwart wird die arianische Christusdeutung bei der Sekte der Zeugen Jehovas wieder aufgegriffen. Was sie von Arius unterscheidet ist lediglich ihre konsequente Haltung, das – vermeintlich – bloße Geschöpf Jesus Christus nicht anzubeten.

---

[59] Aus der Thalia des Arius, zitiert bei Athanasius, Drei Reden gegen die Arianer I 6; zitiert nach: A. Stegmann (Übers.), Bibliothek der Kirchenväter, Bd. 13, Kempten u. München 1913, 24. Im Weiteren zitiert: „Stegmann I".

8. Das Dogma von Nicäa (325) – Machtpolitik und Vorsehung Gottes

Äußerlich betrachtet sehen wir im Geschehen von Nicäa ein nur schwer zu durchdringendes Ineinander von kaiserlicher Machtpolitik und theologischer Bemühung. Gerade deshalb muss aber darauf hingewiesen werden, dass unser Urteil über diese äußeren Bedingungen nicht mit der Beurteilung des Inhalts des Bekenntnisses vermischt oder verwechselt werden darf.

Die moderne Dogmenkritik hat diese Unterscheidung preisgegeben, indem sie die Frage nach der Schriftgemäßheit nicht mehr zum Urteilsmaßstab nimmt. Sie wurde dadurch zum Argumentationsgehilfen der „Zeugen Jehovas".

Wie also kommt es zum Dogma von Nicäa? Um ein Auseinanderbrechen der Kirche in seinem Herrschaftsgebiet zu verhindern, beruft Konstantin der Große auf den Mai des Jahres 325 eine Reichssynode nach Nicäa ein. Was ereignet sich nun hinter den Kulissen auf der Synode? Übt der Kaiser direkten Druck aus? Wird der rechtgläubigen Minderheit zum Sieg verholfen, indem die große Anhängerschaft des Arius eingeschüchtert wird? Spekulationen über solche Vorgänge werden durchaus angestellt.

Doch nicht die Form seines Zustandekommens, sondern einzig und allein seine Übereinstimmung mit dem Wort Gottes legitimiert das Bekenntnis der Kirche. So wird auch heute noch neben dem Apostolikum in unseren Gottesdiensten das Nicänische Glaubensbekenntnis in der auf der Synode zu Konstantinopel (381) neu gefassten und erweiterten Form gesprochen.[60]

9. Theologische Begriffe – Zankapfel und Verstehenshilfe

Spott über theologische Formeln ist nichts Neues. Bereits Goethe hat darüber gespottet, dass sie angeblich inhaltsleer sind und unverstanden bleiben. So lässt er im Faust seinen Mephisto in Bezug auf die Theologie sagen:

„Mit Worten lässt sich trefflich streiten,
mit Worten ein System bereiten,

---

[60] Daher „Nicaeno-Constantinopolitanum". Es findet sich im EG unter Nr. 687, 1244f..

Wahrer Gott und wahrer Mensch

> an Worte lässt sich trefflich glauben,
> von einem Wort lässt sich kein Jota rauben ..."[61]

Die Gefahr, sich mit Worthülsen zufrieden zu geben, ist gewiss nicht von der Hand zu weisen. Nur ist es unehrlich, hier mit seinen Überlegungen abzubrechen. Denn die Alternative zur Bildung theologischer Begriffe ist das Verstummen der Theologie – Entsprechendes gilt im übrigen für jede Wissenschaft. Ohne die Ausbildung und Definition eines fachgerechten Wortschatzes müsste sich Theologie auf das Wiederholen von Bibelzitaten beschränken. Verwendet man aber Begriffe, so bleiben Missverständnisse nicht aus, die der Klärung bedürfen. Dies gilt auch für das Dogma von Nicäa.

Was wird inhaltlich auf dem Konzil festgehalten?

Der Sohn ist
- aus dem Wesen des Vaters
- wahrer Gott vom wahren Gott
- geboren, nicht geschaffen
- mit dem Vater eines Wesens

Gerade der Begriff „Wesenseinheit" wird in dieser Zeit viel diskutiert. Hatte doch der Modalismus dieses Wort bereits gebraucht, um die Gottheit des Vaters, des Sohnes und des Heiligen Geistes als bloße Erscheinungsweisen des einen und einzigen Gottes zu kennzeichnen. Als nun Arius die völlige Verschiedenheit der Wesenheiten des Vaters und des Sohnes behauptet, erkennt man, dass man den Begriff der „Wesenseinheit" nicht dem Modalismus überlassen kann, weil man ihn zur Formulierung der reinen Lehre und zur Abgrenzung gegenüber Arius nicht entbehren kann. Auch der Westen – die Latein sprechende Welt – ist mit diesem Begriff einverstanden, weil man dort in der Rede von der „Wesenseinheit" die von Tertullian verteidigte Formulierung wiederentdeckt: *eine* Substanz.

---

[61] Auf das Dreieinigkeitsdogma bezogen findet sich Goethes Spott nur wenige Seiten weiter: „Mephisto:
... Mein Freund, die Kunst ist alt und neu.
Es war die Art zu allen Zeiten,
Durch Drei und Eins, und Eins und Drei
Irrtum statt Wahrheit zu verbreiten.
So schwätzt und lehrt man ungestört;
Wer will sich mit den Narrn befassen?
Gewöhnlich glaubt der Mensch, wenn er nur Worte hört,
Es müsse sich dabei doch auch was denken lassen."
Vgl. auch das Gespräch mit den Phorkyaden in Faust II.

Dennoch: Der Begriff bleibt zunächst schillernd. Die einen wittern dahinter die Irrlehre des Sabellius, andere sehen dadurch den Glauben an den einen Gott bedroht.

Der Streit um die Gottheit Christi macht deutlich, dass es zur wirkungsvollen Bekämpfung der Irrlehre nicht ausreicht, biblische Wendungen einfach zu wiederholen, da Einzelstellen leicht ein fremder Sinn unterschoben werden kann, der der Gesamtaussage der Schrift widerspricht.

Um der Klarheit der Auseinandersetzung willen wird daher die Ausbildung einer eindeutig definierten und biblisch begründeten Begrifflichkeit notwendig. Dabei wird an den christologischen Streitigkeiten des 5. Jahrhunderts beispielhaft deutlich, welche Folgen das Fehlen einer „zureichende[n] terminologische[n] Basis" hat.[62]

Natürlich ist es möglich, auf die Verflochtenheit theologischen und philosophischen Denkens zu verweisen und die altkirchlichen Definitionen des Glaubens abzulehnen mit dem Hinweis, sie seien überwundenen platonischen und aristotelischen Denkvoraussetzungen verhaftet. Abgelehnt wird damit ein Sprechen von „Substanz", „Wesen" und „Person" etc. in Bezug auf Gott, aber auch überhaupt die Rede vom „Sein" Gottes. Dabei wird übersehen, dass etwa die Paradoxie der Einheit von Gott und Mensch in einer Person nicht erst für uns unverständlich ist, sondern bereits die damaligen Verstehensvoraussetzungen sprengt.[63]

Hinter dieser Ablehnung stehen aber letztlich auch wiederum philosophische Traditionen, nämlich der Historismus und der Existentialismus. Der Historismus lehnt Seinsaussagen, die sich auf Überweltliches beziehen, prinzipiell ab; der Existentialismus löst das Sein auf in Bewusstsein, weshalb Seinsaussagen durch Beziehungsbegriffe ersetzt werden.[64]

---

[62] Kritisch K. Beyschlag, Grundriß der Dogmengeschichte, Bd. 2. Gott und Mensch, Teil 1. Das christologische Dogma, Darmstadt 1991, 44: „Wieweit Gesagtes, Gemeintes und Verstandenes (bzw. Mißverstandenes) dabei koinzidieren, bleibt daher während der ganzen christologischen Epoche eine im Grunde offene Frage."

[63] Vgl. Slenczka, Geschichtlichkeit, 348. Im Weiteren zitiert: „Beyschlag II".

[64] Beispielhaft sei hier der Neutestamentler Herbert Braun genannt. „Gott" ist für ihn kein existierendes Gegenüber, sondern eine Umschreibung für gelingende zwischenmenschliche Beziehung: „Gott ist Beziehungsbegriff; aber es geht um Beziehung zum Wort, nicht zu einer gegenständlichen Person. Darum verfehlt der Atheist sich und die rechten Lebensvollzüge nicht qua Atheist, sondern dann, wenn ihm das ‚ich soll' und ‚ich darf' in Botschaft und Mitmenschlichkeit entschwinden." (H. Braun, Gottes Existenz und meine Geschichtlichkeit im Neuen Testament, in:

Grundsätzlich ist dazu zu sagen, dass Gott nicht bloßer Gegenstand unseres Erkennens ist, sondern dass er sich in seiner Offenbarung zu erkennen gibt und im Erkennenden die Erkenntnis seiner selbst schafft. Wenn aber die griechischen Kirchenväter von Gottes „Natur" und von seinem „Sein" sprechen, so haben sie nicht nur Aristoteles, sondern eben auch ihre griechische Bibel vor Augen (1Petr 5,1; 2Mo 3,14 (LXX); Offb 1,4.8).[65]

10. Von Nicäa nach Chalcedon – Einheit und Zweiheit

Ab Kaiser Theodosius dem Großen († 395) kommt es nach und nach zu einem Rollentausch von Christentum und Heidentum: Kirchenpolitik und Staatsinteressen gehen eine enge Verbindung ein, wodurch die Kirche zum politischen Faktor wird. Die großen überregionalen Patriarchate (Antiochien, Alexandrien, Rom) gewinnen zunehmend an Einfluss. Durch die Entstehung je eigener Schulrichtungen stehen sich die einzelnen Kirchenprovinzen bald wie auseinanderstrebende Konfessionen gegenüber. Im Mittelpunkt der Auseinandersetzungen steht die Frage nach der Person Jesu Christi. Das Dogma von Chalcedon stellt den Versuch dar, die Einheit in der Wahrheit festzuhalten.

10.1. Das Wesen Christi und das Heil der Christen – Athanasius († 373)

Aufgrund innenpolitischer Wirren kommt die Entscheidung von Nicäa vorerst nicht zur allgemeinen Durchsetzung. Drei Kräfte ringen miteinander um die Frage nach dem Wesen Gottes im Verhältnis zum Wesen Christi: Eine Mittelposition zwischen den Arianern, die die völlige Unähnlichkeit behaupten, und Athanasius, der die Wesensein-

---

Zeit und Geschichte. Dankesgabe an Rudolf Bultmann zum 80. Geburtstag, Tübingen 1964, 399-421: 413.)

[65] Vgl. R. Slenczka, Die Gemeinschaft mit Gott als Grund und Gegenstand der Theologie, LAR 16, Erlangen 1990, 27-48, bes. 29. A.a.O, 30: „Manche Aversionen von Theologen gegen alles, was Ontologie [Lehre vom Sein] und Metaphysik [Lehre vom Übersinnlichen] sein soll, gar noch ‚Substanzmetaphysik', könnten durchaus Symptome sein für einen mangelnden Schriftgebrauch mit der Folge, dass dann die Vorstellungen des menschlichen Bewusstseins und der Schulmeinungen vom Sein des Seienden an die Stelle der geschichtlichen Offenbarung des ewig Seienden im Wort Gottes der Heiligen Schrift rücken."

heit festhält, ist die sogenannte „origenistische Mittelpartei". Sie spricht von einer Ähnlichkeit bzw. Selbigkeit des Wesens.

Die Einheit als Wesenseinheit ist bei Athanasius deutlich formuliert. Weniger deutlich ist bei ihm hingegen die Unterscheidung der Trinität in Personen ausgeprägt. Den griechischen Begriff für „Person" (*prosopon*) scheut er, da dieser auch „Erscheinung" bedeuten kann und unter dieser Bedeutung vom Modalismus in Beschlag genommen wurde.

Die Auseinandersetzung mit Arius ist kein Scheingefecht mit Worthülsen. Es geht Athanasius entschieden um die Ehre Gottes und um die Anerkennung seiner Selbstoffenbarung in der Schrift: Arius lästert Gott, indem er Gottes Wort nicht ernst nimmt, der doch selbst sagt: „Das ist mein lieber Sohn".[66] Diesen Sohn hält Arius für ein Geschöpf, das einmal nicht war und daher nicht zur Gottheit gehörte. D.h. aber, er rechnet zum ewigen Gott Geschaffenes hinzu: Eine Einheit, die zur Dreiheit wird und, wer weiß, vielleicht noch weiter wächst oder auch wieder abnimmt. Die Vernichtung des christlichen Gottesgedankens könnte vollständiger nicht sein.[67]

Athanasius ist kein über das Verhältnis von Gott und Welt spekulierender Denker, wie die Logostheologen vor ihm, sondern ähnlich wie Irenäus ganz „Glaubenstheologe"[68]. In der Frage nach Christus ist für ihn unmittelbar die Frage nach dem Heil des Menschen mitgesetzt. Die Menschwerdung ist für Athanasius eine Notwendigkeit, die sich ergibt aus der Spannung zwischen Gottes Gerechtigkeit, die dem Menschen den Tod bringt, und Gottes Güte, die das Heil des Menschen will.[69] Dieser Zwiespalt in Gott selbst kann nur durch die Vereinigung von einem dem Tod verfallenen Menschen und der lebenschaffenden Gottheit gelöst werden. So nimmt der göttliche Logos durch seine Menschwerdung den Fluch von Sünde und Tod der Menschheit auf sich, um ihn als Mensch zu erdulden und als Gott zu überwinden.[70]

Unter Kaiser Julian aus der Verbannung in sein Amt zurückgekehrt, beruft Athanasius auf das Jahr 362 eine Synode nach Alexandria ein.

---

[66] Athanasius, Drei Reden gegen die Arianer II 32; Stegmann I, 163.
[67] Athanasius, Drei Reden gegen die Arianer I 17ff; Stegmann I, 42ff.
[68] Vgl. Beyschlag I, 278ff.
[69] Athanasius, Über die Menschwerdung des Wortes, 6; A. Stegmann (Übers.), Bibliothek der Kirchenväter, Bd. 31, Kempten u. München 1917, 89f. Im Weiteren zitiert: „Stegmann II".
[70] Athanasius, Über die Menschwerdung des Wortes, 20; Stegmann II, 107ff.

Wahrer Gott und wahrer Mensch

Die Bedeutung dieser Synode liegt in der Klärung des Begriffes „*Hypostase*". Man verständigt sich darauf, von drei „*Hypostasen*" in Gott zu sprechen, wobei man unter „*Hypostase*" „*Person*" bzw. „eigenständige Wesenheit" versteht. Die kirchenamtliche Festlegung dieser Sprachregelung erfolgt 381 durch das Nicaeno-Constantinopolitanum. Verbreitet wird die Begrifflichkeit „ein Wesen (*ousia*) in drei Personen (Hypostasen)" vor allem durch Gregor von Nazianz († um 390), Gregor von Nyssa († 394) und Basilius von Caesarea († 379). Sie werden nach ihrer Heimat in der heutigen Osttürkei die drei großen Kappadozier genannt. Gregor von Nazianz sieht die jeweiligen Eigentümlichkeiten der drei Personen im Ungezeugtsein (Vater), im Gezeugtsein (Sohn) und im Hervorgehen (Hl. Geist). So beruht die Unterscheidung der Personen in der Beziehung zur einen Gottheit.

Die Frage nach dem Wesen Jesu Christi ist unmittelbar mit der Heilsfrage verbunden, denn, so Gregor von Nyssa, wer Christus nicht als wahren Gott erkennt, setzt seine Hoffnung auf das ewige Heil auf bloße Kreaturen, und ist darum letztlich nicht besser dran als ein Heide.[71] Die Anhänger des Nicänums halten daran fest: Wer die Wesenseinheit Jesu Christi mit dem Vater leugnet, leugnet zugleich den Grund unseres Heils.

10.2. Die „Christuschimäre" – Apollinaris von Laodicea († um 390)

Die folgenden Auseinandersetzungen haben die in Nicäa erreichte Einigung auf das „Homoousios", die Wesenseinheit des Vaters und des Sohnes, zur Grundlage. Auch Apollinaris, Bischof seiner Heimatstadt Laodicea, steht auf dem Boden dieses Bekenntnisses und ist ein eifriger Verfechter der Theologie des Athanasius. Das Verhältnis zwischen Vater und Sohn ist damit vorerst geklärt. Was nun in den Mittelpunkt der Auseinandersetzung rückt, ist die Frage nach der Einheit der Person Jesu Christi. Er ist in einer Person Gott und Mensch – aber wie soll man sich das vorstellen? Doch nicht die Neugier drängt zu neuen Formulierungen. Vielmehr geht es darum, solche Vorstellungen von Jesus Christus abzuweisen, die dem biblischen Christusbild widersprechen, und zu einem schriftgemäßen Verständnis zurückzurufen.

---

[71] Gregor von Nyssa, Große Katechese; zitiert nach: K. Weiß (Übers.), Bibliothek der Kirchenväter, Bd. 56, Kempten u. München 1927, 33f. 79ff.

In Antiochien (s.u.) vertritt man die Meinung, in Jesus sei ein ganzer Gott und ein ganzer Mensch erschienen. Apollinaris sieht durch diese Lehre die Einheit der Person Jesu auseinander gerissen, denn „zwei vollkommene Dinge können nicht zu einem werden"[72]. Die Antiochener, so Apollinaris, reden also letztlich von zwei Personen: „Wenn Gott als vollkommener einem vollkommenen Menschen verbunden würde, wären es zwei Söhne Gottes, nämlich einer von Natur, einer aber kraft Setzung, Adoption."[73] Für ihn ist klar: Der Menschgewordene hat „die eine fleischgewordene Natur des göttlichen Logos (Wortes)"[74]. Apollinaris versucht nun auf seine Weise, Gott und Mensch in Christus zusammenzudenken, und kommt zu folgendem Schluss: Der göttliche Logos nimmt Fleisch an, jedoch keine menschliche Seele und Vernunft. Das Selbstbewusstsein Jesu Christi ist also das des Logos, nicht das eines Menschen. Das menschliche Fleisch in Christus wird vollkommen von dem in ihm wohnenden göttlichen Logos bestimmt und geleitet. Logos und Fleisch gehen in Christus eine physische Einigung ein, die so eng ineinander gefügt ist, dass von *einer* Natur und *einem* Willen in Christus gesprochen werden kann.

Die Einheit in Christus muss um unseres Heils willen festgehalten werden. Denn aufgrund dieser Einigung in Christus kann man sagen: „Gott selbst ist gestorben"[75]. Eben weil am Kreuz kein bloßer Mensch stirbt, sondern Gott selbst, erwirbt uns Christus durch seinen Tod das Heil. Dass die wahre Menschheit Jesu, wie bereits Origenes deutlich macht, zu unserer Erlösung ebenso notwendig ist, scheint Apollinaris nicht zu sehen. Denn Christus kann nicht als wahrer Mensch bezeichnet werden, wenn er keine menschliche Seele hat.

Um eine Einheit in Christus festhalten zu können, gibt Apollinaris aber letztlich nicht nur die wahre Menschheit, sondern auch die wahre Gottheit Jesu Christi preis. So meint Apollinaris um der Einheit Jesu Christi willen behaupten zu müssen, dass Christus weder ganz Gott noch ganz Mensch sei, und stellt ihn als Mittelwesen, als Mischung aus beidem dar. Christus ist also eine Art Halbgott: „Mittelwesen entstehen, wenn sich verschiedene Eigenschaften zu einer [neuen] Einheit verbinden, wie beim Maultier die Eigenschaft des Esels und des

---

[72] Pseudo-Athanasius, Wider Apollinaris 1,2; MPG 28, 1253; 16-18; zitiert nach: Quellen I, 169.
[73] Fragment 81; zitiert nach: Quellen I, 169.
[74] Brief an Kaiser Jovian 1. Vgl. Karpp, 100.
[75] Fragment 95.

Pferdes. ... Kein Mittelwesen besitzt die beiden Ausgangselemente vollständig, sondern teilweise gemischt. Nun ist in Christus ein Mittelwesen zwischen Gott und den Menschen; also ist er weder ganz Mensch noch [ganz] Gott, sondern eine Mischung aus Gott und Mensch"[76].

Hauptargument seiner Gegner, die schließlich seine kirchliche Verurteilung erreichen (römische Synode 377 und öfter), ist die bereits bei Origenes in Ansätzen vorfindliche These Gregors von Nazianz: „Was [von Christus bei seiner Fleischwerdung] nicht angenommen worden ist, das ist auch nicht erlöst; was aber mit Gott vereint ist, das wird auch gerettet."[77] Theodor von Mopsuestia präzisiert: Gerade die Seele bedarf der Heilung, weil in ihr die Neigung zur Sünde wohnt, der Leib ist primär ausführendes Organ.[78]

10.3. Der gespaltene Christus – Theodor von Mopsuestia († 428)

Typischer Vertreter der – zahlenmäßig schwachen aber hoch gebildeten – antiochenischen Schule ist Theodor von Mopsuestia. Er vertritt nun tatsächlich die Auffassung, dass Christus uneingeschränkt ganz Gott und vor allem auch ganz Mensch ist. Die „buchstäblich ‚seelenlosen' Christusamalgamen der Arianer und Apollinaristen"[79] werden hier also eindeutig überwunden und zurückgewiesen.

Die Aussagen der Schrift, die von Jesus als dem Menschen, und von Jesus, dem Sohn Gottes, spricht, werden auf den göttlichen Logos und auf die von diesem angenommene Menschennatur verteilt. Eine Vermischung von Schöpfer und Kreatur zu einer Natur ist grundsätzlich undenkbar: „Haben denn Schöpfer und Geschöpf ein und dieselbe Na-

---

[76] Fragment 113. H. Lietzmann, Apollinaris von Laodicea und seine Schule. Texte und Untersuchungen, Tübingen 1904, 234. Im Weiteren zitiert: „Lietzmann"; deutsch: A.M. Ritter, Dogma und Lehre in der Alten Kirche, in: C. Andresen (Hrsg.) Handbuch der Dogmen und Theologiegeschichte Bd. 1, Göttingen 1989, 99-283: 234, Anm. 83. Im Weiteren zitiert: „Ritter". A. Grillmeier, Jesus der Christus im Glauben der Kirche, Bd. 1. Von der Apostolischen Zeit bis zum Konzil von Chalcedon (451), Freiburg u.a. 1979, 485. Im Weiteren zitiert: „Grillmeier I".
[77] Gregor von Nazianz, Brief 101 an Kledonius; MPG 37, 181 C 8; deutsch: Ritter 234; Karpp 103.
[78] Vgl. Theodor von Mopsuestia, Katechetische Homilien 5,11; deutsch: P. Bruns (übers. u. eingeleitet), Fontes Christiani, Bd. 17/1, Freiburg u.a. 1994, 142.
[79] Vgl. Beyschlag II, 41.

tur?"⁸⁰ So ist das Leiden Jesu die Gehorsamstat des Menschen. Der göttliche Logos freilich bleibt von diesem Leiden unberührt, weil Gott – nach philosophischer Tradition – nicht leiden kann.

Die biblisch begründete Seite der Christologie Theodors ist das Festhalten am ganzen Gott und ganzen Menschen in Christus. Zu fragen ist allerdings, ob bei seiner strikten Trennung von Gott und Mensch in Christus die Personeinheit Jesu gewahrt wird. Den Begriff der Mischung, den Apollinaris verwendet hat, lehnt er ab und spricht statt dessen von einer Einigung (*Henosis*).⁸¹ Die biblischen Zentralstellen zur Menschwerdung Jesu Christi passen nur zum Teil zu Theodors Christusbild: „Wenn sie [die Schrift] nämlich sagt ‚er nahm an' [vgl. Phil 2,7], dann meint sie das nicht dem Scheine nach, sondern in Wahrheit; wenn sie aber sagt, ‚er wurde [Fleisch, vgl. Joh 1,14]', dann [meint sie es] dem Scheine nach, denn er wurde nicht in Fleisch verwandelt."⁸² Die Einigung wird von Theodor als fortschreitende Einwohnung des Logos im Menschen verstanden. Sie lässt den Menschen zwar mit dem Logos eines Sinnes sein, gibt ihm Anteil an seiner Energie, Vollmacht und Anspruch auf die gleiche Anbetung,⁸³ sie unterscheidet sich aber von dem Wohnen Gottes in den Heiligen nur graduell.⁸⁴ Die Christus-Einheit ist „strenggenommen nur im Bereich der Doxologie (des Lobpreises) aufweisbar"⁸⁵.

Die Frage nach Christus ist auch hier unmittelbar mit der Frage nach dem Heil des Menschen verknüpft: Ist es für Athanasius und Apollinaris der „gekreuzigte Gott", der das Heil schafft, so verwirklicht nach Theodor der sich bewährende Mensch Jesus das Heil, der vom göttlichen Logos durchdrungen ist.⁸⁶

---

[80] Theodor von Mopsuestia, Gegen Apollinaris I, 2.
[81] Theodor von Mopsuestia, Von der Menschwerdung 8. Vgl. Karpp, 110.
[82] Theodor von Mopsuestia, Von der Menschwerdung 9, Fragm. 1; zitiert nach: Karpp, 110.
[83] Vgl. Ritter, 242. A. Gilg, Weg und Bedeutung der altkirchlichen Christologie, Theologische Bücherei Bd. 4, 2. Aufl., München 1961. 95. Im Weiteren zitiert: „Gilg".
[84] Elert, Christologie, 52ff.
[85] Beyschlag II, 61, Anm. 107. Vgl. Nestorius Serm. 9; F. Loofs (Hrsg.), Nestoriana. Die Fragmente des Nestorius gesammelt, untersucht und herausgegeben von Friedrich Loofs, Halle 1905, 262: „Ich trenne die Naturen, aber vereine die Anbetung". Im Weiteren zitiert: „Nestoriana"; deutsch: Quellen I, 217; Karpp, 115.
[86] Vgl. Beyschlag II, 36ff.

10.4. Der doppelte Christus - Nestorius († um 451)

Nestorius, der Bischof von Konstantinopel, ist treuer Anhänger der antiochenischen Schultheologie. Dennoch wurde er als Irrlehrer verurteilt. Die Ursache hierfür wird meist einem Zusammenspiel widriger Umstände[87] oder seinem polemischen Charakter[88] zugeschrieben. So beginnt er gleich zu Beginn seiner Amtszeit gegen die gebräuchliche Bezeichnung Marias als „Gottesmutter" zu predigen. Diese Bezeichnung war seit langem Bestandteil der Liturgie des Gottesdienstes. Seiner Meinung nach hatte die Herrenmutter weder den Gott-Logos im Fleisch noch einen bloßen Menschen geboren, sondern die menschliche Natur des Gott-Menschen. Die philosophische – aber durchaus auch biblisch begründbare – Lehre von der Leidensfreiheit des göttlichen Logos[89] findet für den Antiochener nämlich auch auf das Geborenwerden Anwendung. Die von ihm vorgeschlagene Bezeichnung „Christusmutter"[90] ist demnach auch kein Kompromiss[91] zwischen dem in der Volksfrömmigkeit bereits üblichen Begriff „Gottesmutter" und dem von extremen Antiochenern vertretenen Titel „Menschenmutter", sondern ergibt sich aus dem antiochenischen Verständnis des Christus-Titels als des „gemeinsame[n] Name[ns] der beiden Naturen"[92],[93].

In seinem Kampf gegen den Titel „Gottesmutter" geht es Nestorius v.a. darum, einer arianischen oder apollinaristischen Missdeutung Jesu als eines Mischwesens vorzubeugen. Christi Gottheit und Menschheit sind also strikt zu trennen. Die Einheit ist demnach nicht im Bereich der Natur zu suchen, sondern beruht nach Nestorius auf „willentlicher Vereinigung".[94] Bei der Trennung der Naturen geht er insofern noch

---

[87] Beyschlag II, 59.
[88] Ritter, 247: „In flagrantem Widerspruch zu deren (der Antiochener) irenischer Grundhaltung".
[89] Vgl. Anmerkung 11.
[90] Nestoriana, 181, 25ff; deutsch: Karpp, 117f.
[91] Etwas anders G. Podskalsky, Nestorius, in: M. Greschat (Hrsg.), Gestalten der Kirchengeschichte, Bd. 2. Alte Kirche, Stuttgart u. a. 1993, 215-225: 216. Im Weiteren zitiert: „Podskalsky".
[92] Zweiter Brief des Nestorius an Cyrill; MPG 77, 49-57; deutsch: Quellen I, 218; P.-Th. Camelot, Ephesus und Chalcedon, Geschichte der ökumenischen Konzilien Bd. II, Mainz 1963, 229. Im Weiteren zitiert: „Camelot".
[93] Ritter, 248; vgl. Grillmeier I, 646.
[94] Podskalsky, 223.

über seine Schulrichtung hinaus, als er den Naturen eine je eigene Erscheinungsgestalt (*Prosopon*[95]) zuspricht. Gleichzeitig hält er aber an der *einen* Erscheinungsgestalt bzw. Person Christi fest. Dass seine Gegner diese zugegeben verwirrende Terminologie nicht mitvollziehen, wird daran deutlich, dass er sich stets dagegen verteidigen muss, er lehre Christus als „bloßen Menschen"[96] oder er behaupte einen „Doppelchristus"[97]. Tatsächlich muss hier gefragt werden, was unter der *einen* Erscheinungsgestalt[98] verstanden werden kann, wenn gleichzeitig jede Mitteilung von Eigenschaften zwischen Gott und Mensch in Christus abgelehnt wird.[99]

An mehreren Stellen dieses Artikels wurde bereits aufgezeigt, dass die in der alten Kirche vertretenen Vorstellungen von Jesus Christus bis in die Gegenwart in vielen Schattierungen immer wieder anzutreffen sind. Das Problem der antiochenischen Christologie, die Trennung des göttlichen und menschlichen Seins in Christus, bis hin zu einer Aufhebung der Personeinheit, begegnet 1100 Jahre später noch einmal in der Auseinandersetzung zwischen Luthertum und Calvinismus.[100]

Ausgangspunkt des christologischen Streites im 16. Jahrhundert ist die Abendmahlsfrage: Welchen Rückschluss lassen die Einsetzungsworte auf die Art und Weise der Gegenwart Christi beim Abendmahl zu?[101]

Schließlich fand 1529 in Marburg ein Religionsgespräch zwischen Luther und Zwingli und ihren Anhängern statt. Hier behauptete der reformierte Theologe Ökolampadius, Christus sei im Abendmahl nur seiner Gottheit nach gegenwärtig, der Mensch Christus aber sei über

---

[95] Beyschlag II, 61.
[96] Mansi V, 763.
[97] Nestoriana, 259; vgl. Beyschlag II, 59.
[98] Abzuweisen ist die Behauptung Ritters (242), eine „Definition dieser Einheit" läge aufgrund der „Zwei-Naturen-Terminologie" „außerhalb der ihnen (der Antiochener) zur Verfügung stehenden begrifflichen Möglichkeiten". Der Tomus Leonis etwa weiß beides zu verbinden. Vgl. Gilg, 99.
[99] Vgl. Beyschlag II, 62.
[100] Freilich ist der Nestorianismus nicht einfach mit den reformierten Strömungen des 16. Jahrhunderts gleichzusetzen. Das wird schon darin deutlich, dass die Antiochener die Heilsfrage v.a. mit Jesu menschlicher Natur verbinden, reformierte Theologie aber mit seiner göttlichen Natur.
[101] Bernhard Lohse (Dogma und Bekenntnis in der Reformation: Von Luther bis zum Konkordienbuch, in: C. Andresen (Hrsg.), Handbuch der Dogmen- und Theologiegeschichte, Bd. 2, Göttingen 1989, 1-166: 49.) urteilt hier sehr umsichtig: Es handelt sich um die „bei weitem bedeutendste Auseinandersetzung innerhalb der Reformation", da „mit dem Abendmahl zugleich andere zentrale Stücke des Glaubens strittig waren, nämlich vor allem die Christologie".

den Sternen. Nach calvinistischem Verständnis ist Christi Leib im Himmel, weshalb er nicht auf der Erde sein könne. Luther hingegen betonte, dass Christus zur Rechten Gottes ist, die Rechte Gottes allerdings überall sei, da Gott allgegenwärtig ist. Ökolampadius riet Luther, er solle sich nicht an den Menschen in Christus klammern, sondern den Sinn zu seiner Gottheit erheben. Luther sah darin eine Wiederholung der nestorianischen Irrlehre, die Christus auseinander reißt. Er entgegnete, er „kenne noch verehre keinen anderen Gott als den Mensch gewordenen; außer diesem wolle er keinen andern haben. Denn es gebe keinen anderen, der retten könne. Deshalb könne er nicht ertragen, daß die Menschheit Christi so geringschätzig und wegwerfend behandelt werde."[102]

Wie wir sehen, geht es auch in diesem Streit um Jesus nicht um ein Spiel mit Worten, sondern letztlich um unser Heil in Christus. Denn wenn Christus nicht nach seiner Menschheit bei uns ist, dann haben wir keinen Mittler zu Gott.[103]

10.5. Jesus Christus, Sohn der Gottesmutter – Cyrill von Alexandrien († 444)

Im Jahr 429 beginnt Cyrill, der Erzbischof Alexandriens durch seinen 17. Osterfestbrief den Titel „Gottesmutter" gegenüber Nestorius zu

---

[102] M. Luther, Luthers Werke, Weimarer Ausgabe, 30III, 132, 23ff. Vgl. W. Elert, Morphologie des Luthertums, Bd. 1, verb. Nachdr. der ersten Aufl., München 1952, 206ff.

[103] Dieser Zusammenhang zwischen der Person Jesu und unserer Erlösung wird in dem (lutherischen) Bekenntnis der Niedersachsen von 1572 klar herausgestellt: „Nun wollen die neuen (reformierten) Theologen Christus nur zur Hälfte bei seiner Kirche auf Erden lassen, nämlich allein nach seiner Gottheit. Aber seine menschliche Natur, nach welcher er uns am nächsten als unser Bruder verwandt ist, will man von uns ... scheiden, sondern und trennen, weiter als der Himmel von der Erde ist. Was daran hängt, soll ein jeder frommer Christ wohl betrachten. Die göttliche Natur ist uns armen Menschen viel zu hoch, und weil wir durch die Sünde von Gott ... entfremdet und geschieden sind, ist die göttliche Natur... wie ein verzehrendes Feuer. Deshalb hat sich der Sohn Gottes als Mittler mit unserer Natur vereinigt, damit mit der Natur und durch die Natur, nach der er uns am nächsten, als unser Bruder zugetan und verwandt ist, die Gottheit mit uns in Gnaden zum Leben handeln möchte. Der schöne und nötige Trost wird uns genommen und geraubt, wenn man lehrt, dass Christus bei seiner Kirche allein nach und mit seiner göttlichen Natur auf Erden gegenwärtig sei und nicht auch zugleich nach und mit seiner menschlichen Natur." (zitiert nach: W. Elert, Morphologie, Bd. 1, 208. Sprachliche Modernisierung JK). Vgl. BSLK 808f (FC Ep VIII 17-20).

verteidigen.[104] Ihm geht es dabei nicht um Marienlehre, sondern um die Lehre von der Erlösung des Menschen, die er durch den Antiochener in Frage gestellt sieht. Die Trennung des Logos vom Geborenwerden entspringt bei Nestorius der Unterscheidung von Schöpfer (Logos) und Geschöpf (die menschliche Natur Jesu). Für Cyrill hingegen ist der Logos das personale Ich der gott/menschlichen Vereinigung[105]: „Der Logos ist Mensch geworden und ist Menschensohn genannt worden, weil er in unaussprechlicher und unbegreiflicher Weise mit einer Vernunftseele Beseeltes mit sich wesenhaft vereinigte, nicht bloß nach dem Willen oder Wohlgefallen, aber auch nicht [so], als hätte er ein bloßes „*Prosopon*" angenommen; und die Naturen, die zu einer wirklichen Einheit zusammengeschlossen wurden, [sind] zwar verschieden, aber aus beiden [ist] *ein* Christus und Sohn geworden. Nicht, als wäre der Unterschied der Naturen[106] durch die Einheit aufgehoben."[107]

Die von der griechischen Philosophie besonders betonte Formel „Gott kann nicht leiden" wird von Cyrill nun keineswegs bestritten.[108] Sie wird allerdings „durch die Fleischwerdung ... zum Paradox"[109], zum Widerspruch in sich. Dieser Widerspruch kann nicht durch ein apolli-

---

[104] H.-J. Vogt, Cyrill von Alexandrien, in: M. Greschat (Hrsg.), Gestalten der Kirchengeschichte, Bd. 1. Alte Kirche, Stuttgart u. a. 1993, 227-238: 229. Im Weiteren zitiert: „Vogt".

[105] Der Logos ist nicht nur das „hegemoniale Prinzip" (so Apollinaris), sondern das personale Subjekt der gott/menschlichen Vereinigung. (Ausführlich: Beyschlag II, 70ff).

[106] Wenn Cyrill an anderer Stelle von „der einen Natur des fleischgewordenen Wortes" (z.B. An Succensus II (Brief 46); MPG 77, 241; auch in der Quellensammlung von H. Schmid, Lehrbuch der Dogmengeschichte, in 4. Aufl. neubearb. v. A. Hauck, Nördlingen 1887, 87, Anm. 1. Im Weiteren zitiert: „Schmid") spricht, so ist in Rechnung zu stellen, dass er diese apollinaristische Formel für athanasianisch hielt (Ritter, 243) und auch athanasianisch interpretierte (ausführlich: Beyschlag II, 67). Außerdem ist zu beachten, dass „vor Chalcedon die Begriffe ‚Natur', ‚Hypostase', und ‚Person' noch teils synonym, teils jeweils mehrdeutig gebraucht wurden" (Podskalsky, 223). Vogt (227) hält diesen begrifflichen Missgriff für einen Mangel an Schulbildung und weist auf die besondere Bedeutung der ‚Natur' bei Cyrill hin (ebd. 234): „der Christus sei ‚physei', von Natur aus, Gott; Mensch sei er ‚oikonomia', im Rahmen, im Sinn, kraft des Heilsgeschehens". Ähnlich Gilg (98), der diese Formel anerkennt, sofern sie den „Logos als Träger des einen gottmenschlichen Wesens" zum Ausdruck bringen will.

[107] Zweiter Brief an Nestorius (Brief 4,3); MPG 77, 44-49; deutsch: Camelot, 226; Karpp, 120.

[108] Scholia de incarnatione Unigeniti XII; MSG 75, 1383A. Vgl. BSLK 1119, 28-35.

[109] Elert, Christologie, 89.

Wahrer Gott und wahrer Mensch

naristisches Teils-teils aufgelöst werden. Träger aller biblischen Aussagen über Jesus Christus ist vielmehr der menschgewordene Logos. So scheut sich Cyrill nicht zu sagen, „dass der Logos Gottes auch den Tod erlitten hat und das Kreuz durch sein eigenes Fleisch, damit er uns vom Tod und vom Verderben erlöse"[110]. Dabei gilt gleichzeitig: „Nicht als ob das göttliche Wort in seiner eigenen Natur gelitten und die Schläge ... empfangen hätte. Die göttliche Natur ist ja leidensunfähig. ... Da aber der Leib, der sein eigener geworden ist, dies gelitten hat, so kann man wiederum sagen, es [das göttliche Wort] habe selbst für uns gelitten ... In gleicher Weise denken wir auch über sein Sterben."[111]

Es ist deutlich, dass Cyrill bei aller Betonung der Einheit nicht wie Apollinaris ein gott/menschliches Mittelwesen schafft, sondern in gleicher Weise auf der Verschiedenheit beharren kann, indem die physische Einigung[112] bzw. die Einigung nach der Person (*Hypostase*)[113] als eine Mitteilung der göttlichen und menschlichen Natur Christi an die gott/menschliche Person dargestellt wird, ohne dass deren jeweilige Eigentümlichkeiten dadurch „unkenntlich oder aufgehoben" würden.[114] Das interne Verhältnis der Naturen wird unter Vorwegnahme des Dogmas von Chalcedon bereits als „unvermischt und ungewandelt"[115] definiert.[116] Cyrill übernimmt also die von den Kappadoziern entwickelte Lehre von der gegenseitigen Mitteilung der Eigenschaften in Christus. Dass sich dieses dogmatische Modell durchaus aus der Bibel ableitet, belegt er im 3. Brief an Nestorius:[117] In „gottgeziemender Weise" spricht Christus Joh 14,9 (*„Wer mich sieht, der sieht den Vater"*) und Joh 10,30 (*„Ich und der Vater sind eins"*). Sein Menschsein kommt hingegen Joh 8,40 (*„Jetzt sucht ihr mich zu töten, einen Menschen, der euch die Wahrheit gesagt hat"*) zum Ausdruck.

Die Auseinandersetzung zwischen Cyrill und Nestorius hat unmittelbar zur Formulierung des Christologischen Dogmas geführt. Aufgrund der herausragenden Bedeutung dieses Bekenntnisses für das vorlie-

---

[110] Scholia de incarnatione verbi; MPG 75, 1417 B.
[111] Zweiter Brief an Nestorius (Brief 4,5); MPG 77, 44-49; deutsch: Camelot, 227; Karpp, 120.
[112] Explic. XII cap.; MPG 76, 300.
[113] Gegen Nestorius, I; MPG 76, 17.
[114] Beyschlag II, 72.
[115] An Successus I (Brief 45); MPG 77, 232; Schmid, 87, Anm. 1.
[116] Vgl. Gilg, 97; Beyschlag II, 72f.
[117] Brief 17,8; MPG 77, 105-112; deutsch: Camelot, 238f; Ritter, 244f.

gende Thema werden in dieser Darstellung nun in Ansätzen auch die kirchengeschichtlichen Verhältnisse der ersten Hälfte des 5. Jahrhunderts berücksichtigt.

Aufgrund der Auseinandersetzung zwischen Cyrill und Nestorius kommt es im Jahr 431 bei einem Konzil in Ephesus zu getrennten Sitzungen,[118] bei denen die beiden Patriarchen sich gegenseitig ihres Amtes entheben. Bereits im Jahr zuvor reagiert Papst Cölestin auf ein Schreiben Cyrills, indem er den Alexandriner Patriarchen auffordert, Nestorius binnen zehn Tagen zum Widerruf seiner Irrlehren zu bewegen, falls dies vergeblich sei, für einen Nachfolger zu sorgen.[119] Cyrill verfasst daraufhin einen dritten Brief an Nestorius, dem zwölf Lehrverurteilungen[120] beigefügt sind. Diese Schrift bildete zusammen mit dem zweiten Brief an Nestorius die maßgebliche Stellungnahme[121] auf dem cyrillisch bestimmten Konzil. Auf Drängen des Kaisers kommt es 433 zu einer Einigungsformel[122] zwischen Cyrill und Johannes von Antiochien. In diesem von der griechischen Ostkirche vorgelegten Glaubensbekenntnis wird Maria als „Gottesmutter" bezeichnet und dem Sohn Gottes eine menschliche Geburt zugeschrieben - mithin "auch alle menschlichen Leiden und Widerfahrnisse"[123]. Auch wenn in diesem Unionsdokument noch manches in der Schwebe bleibt[124], so hat doch Cyrill allen Grund zur Freude[125] über das Erreichte.

Allein, Cyrills Formulierungen bleiben missverständlich.[126] Das gilt vor allem für seine Formel von der „einen Natur Christi"[127], die er ne-

---

[118] Cyrill eröffnet das Konzil vor Eintreffen der Antiochener und der päpstlichen Legaten, nachdem der festgesetzte Termin längst verstrichen ist und einige Bischöfe aufgrund der großen Hitze bereits gestorben sind! (Camelot, 54, siehe auch 56, Anm.17).

[119] Vogt, 232.

[120] H. Denzinger (Begr.), P. Hünermann (Hrsg.), Kompendium der Glaubensbekenntnisse und kirchlichen Lehrentscheidungen, 37. Aufl., Freiburg i. Br. u. a. 1991. Nr. 252ff. Im Weiteren zitiert: „Denzinger"; MPG 77, 120f; Schmid, 94ff, Anm. 1.

[121] Beyschlag II, 78.

[122] Ephesinisches Symbol. Text: Denzinger, Nr. 271ff; MPG 77, 169ff; A. Hahn (Hrsg.), Bibliothek der Symbole und Glaubensregeln der Alten Kirche, 3., vielf. veränd. u. verm. Aufl. v. G. L. Hahn, Hildesheim 1962. § 170. Im Weiteren zitiert: „Hahn"; Schmid, 97f, Anm. 2; Loofs, Leitfaden zum Studium der Dogmengeschichte, 6., durchges. Aufl., Tübingen 1959, 233, Im Weiteren zitiert: „Loofs, Leitfaden"; deutsch: Ritter, 252; Quellen I, 219f; Karpp, 128ff; Grillmeier I, 704.

[123] Vogt, 234.

[124] Ausführlich Beyschlag II, 83f.

[125] Vgl. Cyrill (Brief 39); MPG 77, 173-181: „Laetantur coeli ..."

[126] Camelot, 90f.

Wahrer Gott und wahrer Mensch

ben seiner sonst richtigen Lehre und Ausdrucksweise gelegentlich auch verwendet. So meint z.B. der Mönch Eutyches, er stimme mit Cyrill überein,[128] wenn er lehrt, dass Christus nach seiner Menschwerdung nicht mehr aus zwei Naturen bestehe und Christi menschliche Natur der unseren nicht wesensgleich sei.[129] Christus nimmt mit der Menschwerdung lediglich das Aussehen eines Menschen an. Die Nähe zu heidnischen Göttervorstellungen ist hier nicht zu übersehen, wodurch die christliche Kirche des Ostens in ihre Existenzkrise gerät.

Trotz seiner Verurteilung auf der "endemischen Synode" 448 versteht es Eutyches, die Sache vorläufig für sich zu entscheiden: Aufgrund seines großen Einflusses auf Kaiser Theodosius II wird er auf der Synode von Ephesus 449 rehabilitiert. Das skandalöse Vorgehen der extremen Parteigänger Cyrills, der so genannten Monophysiten[130], auf dieser „Räubersynode" sucht seinesgleichen. Die Antiochener kommen ebenso wenig zu Wort wie die päpstlichen Legaten. Den Römern wird nicht einmal gestattet den Lehrbrief des Papstes Leo an den Bischof Flavian von Konstantinopel[131] (s.u.) zu verlesen. Der baldige Tod des Kaisers beendigt die Herrschaft des Monophysitismus.

10.6. Der Christus des Neuen Testamentes – Der Lehrbrief Leos

Im Jahr 451 kommt es auf Betreiben des Kaisers Marcian zum Konzil von Chalcedon unter Vorsitz der päpstlichen Legaten. Hier wird der Lehrbrief des Papstes Leo[132] – eine der wichtigsten Urkunden der gesamten Dogmengeschichte – endlich anerkannt.

Zur Auseinandersetzung im Osten nimmt Leo in ausgewogener Weise Stellung:[133] Er betont (gegen Eutyches) die Wirklichkeit und Unversehrtheit der menschlichen Natur Christi (§2), sowie die Unterscheidung der Naturen nach der Einigung zu einer einzigen Person (§3).

---

[127] Cyrill, An die Herrinnen, 10: „Wir bekennen, dass der Sohn nicht aus zwei Naturen besteht, einer die angebetet und einer die nicht angebetet werden soll, sondern aus der einen Natur des Fleisch gewordenen Wortes." Loofs, Leitfaden, 230f; deutsch: JK.
[128] Grillmeier I, 743.
[129] Vgl. Flavian an Leo (Brief 22); MPL 54, 724-728.
[130] *Monos* (griechisch) = allein, einzig; *Physis* (griechisch) = Natur.
[131] MPL 54, 755-781; Denzinger, Nr. 290-295; deutsch: Camelot, 251ff.
[132] Denzinger, Nr. 290ff.
[133] Zur traditionsgeschichtlichen Einordnung und Wertung des Lehrschreibens Leos vgl. Beyschlag II, 90-114.

Bei Leo wird die strenge Unterscheidung von Gott und Mensch, wie sie sich auch bei den Antiochenern findet, in einem spezifisch biblischen Sinn noch verschärft: Schöpfer und Geschöpf begegnen sich in Christus. Gelingt es allerdings den Antiochenern kaum, eine Einheit dieser beiden Naturen auf spekulativem Wege durch eine Beschreibung der „Verhältnisse" der Naturen in Christus zu begründen, so nähert sich Leo diesem Geheimnis der Personeinheit Jesu Christi durch eine Beschreibung des „Verhaltens" der Naturen: „Jede der beiden Naturen vollbringt in Gemeinschaft mit der anderen, was ihr eigentümlich ist" (§4).[134]

Leo betont im Unterschied zu den Auffassungen des Ostens nicht die Verklärung des Menschseins durch die Gottheit, sondern gerade umgekehrt die Erniedrigung bis zum Tod am Kreuz. Nicht die Gottheit in menschlicher Kenntlichkeit, sondern das Menschsein bis hin zur göttlichen Unkenntlichkeit kennzeichnet den Gottmenschen.

Das Heilswerk Christi, das durch die Frage nach Christus in den Mittelpunkt rückt,[135] wird an seiner Niedrigkeitsgestalt erkannt und bemessen. Das „kostbare vergossene Blut" ist der tiefste Punkt, an dem Christus ankommen konnte. Leo greift hier auf ein Bild zurück, das v.a. im ersten Petrusbrief zu finden ist und von Theologen des Westens in besonderer Weise festgehalten wurde[136]: Das kostbare vergossene Blut Christi (1Petr 1,2; 1,19; 2,24) mit Anspielung auf das Gottesknechtslied bei Jesaja 53 (2,24).

---

[134] Mit dieser Formulierung fällt Leo nicht unter Cyrills 4. Lehrverurteilung (Denzinger, Nr. 255) gegen Nestorius. Diese verurteilt lediglich eine Verteilung von Schriftaussagen über Christus auf zwei Personen oder Hypostasen. Mit dem Unionssymbol von 433 unterzeichnete Cyrill selbst die Annahme von drei verschiedenen Weisen der Zuschreibung von Schriftworten: vereinigend auf die eine Person (*Prosopon*), auf die göttliche Natur und schließlich auf die menschliche Natur Christi.[134] Mit Augustin (vgl. Ritter, 159) vertritt Leo die Lehre der Mitteilung der Eigenschaften unter Berufung auf Joh 3,13 und 1Kor 2,8 (§5).

[135] Tomus Leonis, Kap. 3; zitiert nach Denzinger, Nr. 293: „Die Eigentümlichkeit beider Naturen blieb also unversehrt und vereinigte sich in einer Person; und so wurde die Niedrigkeit von der Hoheit, die Schwäche von der Kraft, die Sterblichkeit von der Ewigkeit angenommen; und um die Schuld unserer Lage zu tilgen, einte sich die unverletzliche Natur mit der leidensfähigen Natur, damit, wie es unserer Heilung dienlich war, ein und derselbe ‚Mittler zwischen Gott und den Menschen, der Mensch Christus Jesus' [1Tim 2,5], aufgrund des einen sterben und aufgrund des anderen nicht sterben könne."

[136] Vgl. exemplarisch: 1Clem7. 16; Passahomilie des Melito von Sardes (vor 190); Tertullian, Über das Fleisch Christi 4. 12 (um 210/212); Über die Geduld (200-203); Cyprian, Über die Geduld 7 (256); durchgehend bei Augustin.

Hier wird eine deutliche Schwerpunktverschiebung gegenüber dem Osten, v.a. gegenüber der alexandrinischen Theologie deutlich: Statt der Menschwerdung (Inkarnation) betont Leo das Leiden (Passion), statt der in Christus schaubar gewordenen Gottheit betont Leo die äußerste Verhüllung der Gottheit in der Niedrigkeit, statt der gott/menschlichen Einheit betont Leo das Gegenüber von Schöpfer und Geschöpf.

11. Das Dogma von Chalcedon (451) – Doxologie und Paradoxie[137]

Ergebnis des Konzils ist das Bekenntnis von Chalcedon[138], kurz Chalcedonense genannt. Es besteht aus einem einzigen langen Satz. Der erste Teil, der sich auf das Unionssymbol von 433 stützt, bringt das „Dass", der zweite Teil das „Wie" des Gott/Menschseins Christi zum Ausdruck:[139]

(I) Christus ist die eine gottmenschliche Person in zwei Naturen.
(II) Abgelehnt wird die Irrlehre des Eutyches (mit der Formulierung „unvermischt, unverwandelt") ebenso wie die des Nestorius (mit der Formulierung „ungeschieden, ungetrennt").
Die biblischen Aussagen zur Einheit des Gottmenschen (betont von Cyrill und den Alexandrinern) und die Aussage der Unterscheidung von Schöpfer und Geschöpf (betont von den Antiochenern) werden mit gleichem Gewicht festgehalten und dabei keiner rationalen Zwangslösung zugeführt.
Seiner hervorragenden Bedeutung wegen wird das „Christologische Dogma" im Folgenden im Wortlaut zitiert:
„Den heiligen Vätern folgend, lehren wir alle übereinstimmend,

   (I) als einen und denselben Sohn unsern Herrn Jesus Christus zu bekennen,
denselben vollkommen in der Gottheit und denselben vollkommen in der Menschheit,
wahrhaft Gott und denselben wahrhaft Mensch, aus Vernunftseele und Leib, wesensgleich dem Vater nach der Gottheit und denselben

---

[137] Doxologie = Lobpreis; Paradoxie = Widerspruch.
[138] Denzinger, Nr. 301; Beyschlag II, 119f; deutsch: Karpp, 138ff; Camelot, 263; Grillmeier I, 754f, griechisch, lateinisch und deutsch im Catalogus testimoniorum des Konkordienbuchs, BSLK 1104f. Vgl. Anhang, 195.
[139] Beyschlag II, 118f.

uns wesensgleich nach der Menschheit, in allem uns gleich, ausgenommen die Sünde [vgl. Hebr 4,15],

vor den Äonen aus dem Vater geboren nach der Gottheit, aber in den letzten Tagen denselben um unsertwillen und um unsres Heiles willen [geboren] aus Maria, der Jungfrau, der Gottesmutter, nach der Menschheit,

einen und denselben Christus, Sohn, Herrn, Einziggeborenen,

(II) in zwei Naturen unvermischt, unverwandelt, ungetrennt, unzerteilt erkannt,

wobei keinesfalls die Verschiedenheit der Naturen wegen der Einigung aufgehoben ist, vielmehr die Eigentümlichkeit jeder Natur erhalten bleibt und zu Einer Person und Einer Hypostase vereinigt wird,

nicht in zwei Personen geteilt oder getrennt,

sondern einen und denselben einziggeborenen Sohn, Gott-Logos, Herrn Jesus Christus,

wie von alters her die Propheten von ihm und Jesus Christus selber uns gelehrt haben und das Bekenntnis der Väter uns überliefert hat."

Chalcedon ist das letzte der vier altkirchlichen Hauptkonzilien. Das hier formulierte Dogma wird von fast allen christlichen Kirchen anerkannt. Es findet sich auch im Konkordienbuch, der Bekenntnissammlung der lutherischen Kirchen von 1580. Das Bekenntnis von Chalcedon blickt vom biblischen Befund geleitet nur auf die Person Jesu Christi selbst, mit der die Frage nach unserem Heil steht und fällt. Die geschichtliche Deutung des Wortlauts wird in der Dogmengeschichtsschreibung noch diskutiert. Loofs urteilt, „dies Symbol (= Bekenntnis) war bis auf das ‚in zwei Naturen' cyrillisch" (237).[140]

Noch in der 5. Sitzung stimmte die Synode der Version „*aus* zwei Naturen" zu. D.h. die Anhänger Cyrills hatten sich bis dahin mit ihrer Anschauung durchgesetzt, dass aus zwei Naturen eine geworden sei – und zwar die eine, deren personbildendes Element der göttliche Logos ist. Die kaiserlichen Kommissare und die römischen Gesandten, die mit einer Kirchenspaltung drohen, erwirken schließlich das „in zwei Naturen".

---

[140] Beyschlag (II,115ff) vertritt hier eine andere Position. Er sieht dem eigentlichen Anliegen, zumindest des früheren Cyrill, die Spitze abgebrochen: Ungeklärt bleibe die Frage „nach der Identität von Gott-Person und Gott-Natur" (II, 121).

Es geht Cyrill und Leo darum auszusagen – zugegebenermaßen in unterschiedlichen, z.T. schwer verständlichen Wendungen –, dass der leidensunfähige Gott in die Gemeinschaft des Leidens kam.

12. Der Ausgang der altkirchlichen Christologie

Die Frage nach Jesus geht weiter, kehrt in immer neuen Wendungen wieder und bedarf immer wieder neu der Klärung – eben weil mit der Frage nach Jesus Christus die Frage nach dem Heil des Menschen mitgesetzt ist.

Für den Westen ist die Auseinandersetzung um die Person Jesu Christi mit dem Symbol von Chalcedon zunächst abgeschlossen. Ganz anders sieht es im Osten aus. Das Paradox der zwei Naturen in der einen Person lässt einen Spielraum zu verschiedenen Deutungen, weshalb die streitenden Parteien nicht zur Ruhe kommen. Bis es zur wirklichen Durchsetzung des Bekenntnisses kommt, versinkt der Osten immer wieder in bürgerkriegsähnlichen Zuständen.

Anders als das Nicaeno-Constantinopolitanum hat das Chalcedonense niemals Einzug in die gottesdienstliche Liturgie gehalten. Seinem Inhalt nach aber ist es Grundlage der Verkündigung der Kirchen in Ost und West.

Zwar ist Nestorius in Chalcedon verurteilt worden, doch sehen die Monophysiten in der Formulierung „in zwei Naturen" einen späten Sieg des Irrlehrers. Es ist für sie unannehmbar, dass zwei vollständige Naturen in einer Person zusammen sein sollen.

Der sog. Neuchalcedonismus präzisiert nun die Begriffe: *Natur* (*ousia*) sagt aus, was etwas zu dem macht, was es *ist*. *Person* (*hypostasis*) sagt aus, dass etwas *für sich selbst existiert*. In Bezug auf Christus heißt das: Personbildend ist der göttliche Logos. Die menschliche Natur (Leib, Seele) hat kein *selbständiges* Sein[141], sondern hat ihre Existenz in der göttlichen Person.[142] Das 5. ökumenische Konzil (553) von Konstantinopel bestätigt unter Kaiser Justinian diese Auffassungen.

Diese Sichtweise des Chalcedonense kommt den Monophysiten entgegen. Dennoch spalten sich im Osten mehrere monophysitische Nationalkirchen ab.[143]

---

[141] Anhypostasie = Dasein (der menschlichen Natur) ohne eigene Wesenheit.
[142] Enhypostasie = Existieren (der menschlichen Natur) in (der göttlichen Natur).
[143] Einen Überblick über den gegenwärtigen Stand der ökumenischen Gespräche mit den monophysitischen Kirchen („Syrische Orthodoxe Kirche", „Orthodoxe Syrische

Dem monophysitischen folgt nun der monotheletische Streit. Die Monotheleten nehmen für Christus nur *„einen* Willen" an, da Jesus Christus in der biblischen Darstellung eine einheitliche Psyche hat. Weil aber dieser Wille Jesu vom Logos ausgehend gedacht wird, sehen die Dyotheleten[144] in dieser Vorstellung die Verflüchtigung der Menschheit Jesu.

Maximus Confessor († 662) sucht beiden Anliegen gerecht zu werden, indem er lehrt, dass der göttliche Wille in Jesus Christus herrscht und durch den menschlichen Willen wirkt, so dass zwischen beiden Willen in Jesus Christus kein Auseinandertreten möglich ist. Dem „Bekenner" (= Confessor) wird für sein Bekenntnis, das er auch mutig gegenüber dem Kaiser vertritt, die Zunge abgeschnitten und die rechte Hand abgeschlagen. Das 6. ökumenische Konzil (680-681) von Konstantinopel (Trullanische Synode) schließt sich seiner Deutung an.

Johannes Damascenus († um 750) fasst das christologische Bekenntnis der alten Kirche in seiner „Quelle der Erkenntnis" zusammen: Um die Einheit der Person trotz der in ihr wohnenden zwei Naturen nicht zu verlieren, führt er den Begriff der „gegenseitigen Durchdringung" (*Perichorese*) ein. Dies ist allerdings nicht als ein Aufgehen der Naturen ineinander verstanden, vielmehr behält dabei jede ihre Eigenart und Verschiedenheit.

Die Lehre von der „ Mitteilung der Eigenschaften" der Naturen an den Gottmenschen wird später von der altlutherischen Orthodoxie in unübertroffener Klarheit präzisiert. Herausragende Bedeutung für die Frage nach der Person Jesu Christi hat hier das Werk des Theologen Martin Chemnitz „Über die beiden Naturen in Christus". Die Paradoxie des leidenden Gottes erklärt er so, „daß Leiden und Tod zwar nur der menschlichen Natur Christi widerfahre, daß aber deshalb die göttliche Natur dabei nicht untätig gedacht werden dürfe. Vielmehr sei diese kraft der Einheit der Person insofern dabei beteiligt, als sie das Leiden der menschlichen Natur wolle, nicht abwende, zulasse, sie dabei stärke und so erhalte, daß sie die ungeheure Last der Weltsünde

---

Malankara-Kirche" in Indien, „Apostolische Kirche Armeniens", „Koptische Orthodoxe Kirche" in Ägypten, „Äthiopische Orthodoxe Kirche") und mit der nestorianischen Kirche „Apostolische Kirche des Ostens" bzw. „Kirche der Assyrer" bietet Dorothea Wendebourg (Chalcedon in der Ökumenischen Diskussion, in: Die eine Christenheit auf Erden. Aufsätze zur Kirchen- und Ökumenegeschichte, Tübingen 2000, 116-146).

[144] Dyotheleten: Vertreter der Meinung, Christus habe zwei Willen (einen göttlichen und einen menschlichen).

und des ganzen Gotteszornes ertragen könne, und so, daß sie das Leiden vor Gott wertvoll und für die Welt heilbringend mache".[145]

13. „Jesus Christus – gestern und heute und derselbe auch in Ewigkeit"[146]

Das übergreifende Ziel der vorliegenden Darstellung ist es zu zeigen, dass es in den altkirchlichen Auseinandersetzungen um die Person Jesu Christi nicht um möglichst tiefsinnige Spekulationen geht, nicht darum, das Geheimnis Gottes zu enträtseln, sondern immer wieder neu darum, ein falsches, unbiblisches Denken über Jesus abzuwehren und aus dem Gottesdienst fernzuhalten. Die verschiedenen Querverbindungen von ähnlichen Christusdeutungen über die Jahrhunderte hinweg wurden nicht gezogen, um zur Ketzerjagd zu blasen, sondern sie sollen dazu dienen, die übergeschichtliche Bedeutung und bleibende Aktualität der altkirchlichen Bekenntnisse deutlich zu machen.
Die Frage nach der Person Jesu Christi können wir nicht außer Acht lassen. Denn – noch einmal sei es gesagt – die Frage nach unserem Heil ist mit der Frage nach Christus unlösbar verbunden. Diese oftmals heiß umstrittene Frage nach Christus, dem Grund unseres Heils, war vielen Generationen von Christen vor uns so wichtig, dass sie darüber nicht einfach zur Tagesordnung übergehen konnten (siehe einleitende Beispiele), um sich einem Scheinglauben zu überlassen, der bereits „im Gefühle selig" ist, ohne sich Rechenschaft zu geben über den Grund und Ursprung des Glaubens außerhalb seiner selbst.
Schließlich ist es Jesus Christus, der wiederkommende Herr, selbst, der seinen Jüngern die Frage stellt (Mk 8,29; Lk 9,20): *„Wer sagt ihr, dass ich sei?"* Es ist daher auch an uns, sie im Bekenntnis anhand der Schrift durch den Heiligen Geist in der Gemeinschaft der Christenheit zu beantworten.

---

[145] M. Chemnitz, De duabus naturis in Christo, 218, zitiert nach: Elert, Morphologie, Bd. 1, 201.
[146] Hebr 13,8.

Wer ist Jesus Christus für uns? – Historischer Jesus und gegenwärtiger Christus

von Dr. Eberhard Hahn

Wenn die Großen der Welt aufgezählt werden, so wird dabei in aller Regel auch Jesus genannt. Die Mehrheit ist sich einig: zu den prägenden Gestalten der Menschheitsgeschichte gehört ohne jede Frage auch der Mann aus Nazareth. In der Reihe der herausragenden Philosophen, Künstler, Politiker, Wissenschaftler, Religionsstifter ist er dabei. Er hat – wie kaum ein anderer – in unserer Welt seinen Eindruck hinterlassen.

Wo Jesus in diesem Sinne als „Großer der Menschheitsgeschichte" beschrieben wird, behandelt man ihn in derselben Weise, wie dies mit allen übrigen Vertretern dieser Gattung geschieht: Man fragt nach dem, was über sein Leben zu erfahren ist, versucht, eine Darstellung und Deutung seines Redens und Handelns zu geben, beleuchtet die Umstände seines Todes und untersucht die Wirkungen seiner Person und seiner Lehre auf die Nachwelt. Jesus wird insofern als historische Gestalt verstanden, als damit zum Ausdruck gebracht wird: Bei der Person Jesu handelt es sich um reale Geschichte. Er hat vor rund 2000 Jahren gelebt, ist mit etwa 30 Jahren gestorben und hat trotz der kurzen Schaffensdauer höchst nachhaltige Wirkungen erzielt.

Neben dieser Einschätzung des Mannes aus Nazareth, die vermutlich von der großen Mehrheit der Menschheit geteilt wird, findet sich jedoch noch eine völlig andere Überzeugung, die zwar nicht von einer Mehrheit, aber immerhin von vielen Millionen Menschen zum Ausdruck gebracht wird: Jesus ist nicht allein eine bedeutende Gestalt der Geschichte, sondern er ist zugleich und darüber hinaus unser lebendiger Herr und Gott. Dass er eine historische Gestalt ist, stellt nur *eine* Seite der Medaille dar. Vor allem und noch viel entscheidender ist die Tatsache, dass er der *Christus praesens,* der hier und heute gegenwärtig handelnde Herr seiner Gemeinde, wie auch der Retter und Richter der gesamten Welt ist.

Aus diesem Bekenntnis der Christen erwächst die fundamentale Frage unseres Themas: In welcher Weise kann einer historischen Gestalt gegenwärtige Bedeutung zukommen? Wie ist es zu deuten, wenn von einer Gestalt der Geschichte, von der uns ein Zeitraum von 2000 Jahren trennt, eine überwältigende Bedeutung für die Gegenwart ausgesagt wird? Handelt es sich dabei um eine anderen historischen Gestalten vergleichbare Wirkungsgeschichte? Oder stellt diese Verbindung zwischen dem historischen Jesus und dem gegenwärtigen Christus etwas schlechterdings Einmaliges und Unvergleichliches dar?

Zur Beantwortung dieser Fragen werden in einem ersten Teil Beobachtungen zur Wirksamkeit und Wirklichkeit von Jesus Christus heute zusammengetragen. Sodann werden die wesentlichen Probleme der Verbindung zwischen historischem Jesus und gegenwärtigem Christus anhand von kurzen theologiegeschichtlichen Skizzen vorgestellt. Welche Lösungsvorschläge für diese Fragen gesucht wurden und bis zum heutigen Tag angeboten werden, soll im dritten Teil angesprochen werden. Schließlich wird die Einzigartigkeit der Person Jesu Christi, die in dem „Zugleich" von historischer Gestalt und lebendig Gegenwärtigem besteht, dargestellt und in ihren Konsequenzen bedacht.

1. Jesus Christus heute: Beobachtungen

1.1. Christus außerhalb der christlichen Gemeinde

Bei näherem Nachdenken und vor allem Nachschauen findet sich in unserer Welt eine Fülle von Hinweisen auf Jesus Christus, die zunächst überhaupt nichts mit der christlichen Kirche zu tun haben. Aus dieser Fülle sollen lediglich einige wenige aufgezählt werden, die zu weiteren eigenen Entdeckungen anregen können:

Wer als Besucher nach Lateinamerika kommt, begegnet solchen Zeugnissen auf Schritt und Tritt. Ins Auge fallen dabei z.B. die Namen der (Millionen-)Städte, in denen sich die gesamte Geschichte Jesu Christi widerspiegelt: Zu nennen sind in Paraguay Encarnación (Menschwerdung), sodann in Brasilien Belém (Bethlehem), Natal (Weihnachten) oder auch die Hauptstadt Paraguays, Assunción (Himmelfahrt). In Rio de Janeiro breitet die riesige Christusstatue „Cristo Redentor" (Christus, der Retter) ihre Arme über die Millionenstadt. Auch in anderen Erdteilen hat das Zeugnis von Jesus Christus Spuren in Stein hinterlassen. So finden sich im näheren Umkreis des Moskauer Kremls rund 30 Kirchen, die mit ihren Kreuzen auch zur Zeit der atheistischen Herrschaft in unübersehbarer Weise auf Christus hingewiesen haben und dies immer noch tun. Auf wieder ganz andere Weise machte in Japan ein Buch von sich reden: In diesem Land mit weniger als 1% Christen wurde das „Leben Jesu" (1973) von Endo Shusaku zu einem Bestseller. Wer anfängt, in der Bildenden Kunst, Musik, Literatur oder im Film nach Spuren Jesu Christi zu suchen, wird dort eine überwältigende Fülle entdecken.

Es gilt demnach die Tatsache ins Auge zu fassen: Jesus Christus hinterlässt unübersehbare Spuren und Wirkungen außerhalb der christlichen Kirche und sogar unabhängig vom Reden und Handeln der Christen. Das Zeugnis von Christus geht weit über die unmittelbare Verkündigung der Christen hinaus! Gleichwohl hat es natürlich seinen besonderen Ort in der christlichen Gemeinde.

1.2. Christus innerhalb der christlichen Gemeinde

1.2.1. Das Bekenntnis der Gemeinde

Bemerkenswert ist, dass der Titel „Christ" den Nachfolgern des Christus zunächst von außen beigelegt wurde: *„In Antiochia wurden die Jünger zuerst Christen genannt"* (Apg 11,26). Er wird somit von Nicht-Christen angewandt, die genau an dieser Stelle den Unterschied erkennen, der sie von den Christen trennt.[1]

Diese von außen an die Gemeinde herangetragene Einschätzung spiegelt wider, was das Wesen der Gemeinde ausmacht: Das Bekenntnis, dass Jesus, der Nazarener, der Christus, der Messias und Herr, ist. Dabei hat dieses Bekenntnis nicht die Erinnerung an einen großen Toten zum Inhalt, der eine Religionsgemeinschaft gestiftet hätte. Vielmehr rühmt es den lebendigen Herrn, der in der Kraft des Heiligen Geistes in seiner Gemeinde gegenwärtig ist. Gemeinde Jesu Christi ist die Gruppe derjenigen, *„die den Namen unseres Herrn Jesus Christus anrufen an jedem Ort"* (1Kor 1,2); ihre Zusammenkunft wird dadurch charakterisiert, dass es sich um eine Versammlung *„in dem Namen unseres Herrn Jesus"* handelt (1Kor 5,4).

Was für die Gemeinde gilt, kennzeichnet auch den einzelnen Christen: Thomas hatte sich massiv geweigert, der Erzählung vom aufer-

---

[1] Christen nannten sich untereinander „Jünger", „Heilige", „Brüder" – vgl. Apg 6,1; 9,1.19; 1Kor 1,2.10; 3,1; 10,1.

standenen Jesus Glauben zu schenken. Als aber in der Begegnung mit dem lebendigen Jesus Christus sein Zweifel überwunden wird, schlägt sich dies in seinem Bekenntnis nieder: *"Mein Herr und mein Gott!"* (Joh 20,28). Er erkennt die Identität von Gekreuzigtem und Auferstandenem, d.h. ihm erschließt sich, dass der, der ihm als der Lebendige begegnet, kein anderer als der ist, der am Kreuz hingerichtet wurde.

Diese grundlegende Bedeutung des Bekenntnisses wird beispielhaft in der Gegenüberstellung von zwei Bekenntnissen in 1Kor 12,3 deutlich: Auf der Basis von 5Mo 21,23 (*"Ein Aufgehängter ist verflucht bei Gott"*) musste die jüdische Schriftdeutung zu dem Ergebnis kommen: *"Verflucht ist Jesus!"* Offenkundig war Jesus auf Grund seiner Gotteslästerung (vgl. Mt 26,65) für jeden erkennbar am Kreuz mit dem göttlichen Stempel „verflucht" versehen worden. Dieselbe Überzeugung hatte auch Paulus früher geteilt und daher folgerichtig die Anhänger des Nazareners verfolgt. Dieser Charakterisierung diametral entgegengesetzt ist das andere Bekenntnis in 1Kor 12,3: *"Herr (kyrios) ist Jesus!"* Ein derartiges Bekenntnis kann allein derjenige ablegen, dem der Heilige Geist Augen und Herz erschlossen hat. Der Geist macht offenbar, dass Jesus durch sein Bekenntnis „Ich bin Gottes Sohn" (vgl. Mt 26,63f) Gott nicht gelästert hat; dass er also nicht wegen irgend welchen eigenen Sünden verflucht wurde, sondern dass er vielmehr *"uns erlöst [hat] von dem Fluch des Gesetzes, da er zum Fluch wurde für uns"* (Gal 3,13).

Damit erweist sich das Bekenntnis zu Jesus als dem Christus als das grundlegende Kennzeichen der christlichen Gemeinde und ihrer Glieder. Dabei geht der Christ hinter Christus her und folgt ihm nach. In der Gemeinschaft mit Jesus Christus wird somit die gesamte menschliche Existenz in umfassender Weise bestimmt. Diese Form der Nachfolge wird charakterisiert durch Vertrauen und Gehorsam.

1.2.2. Die Verkündigung der Gemeinde

Von daher erklärt sich, dass die Verkündigung der Gemeinde darauf zielt, anderen Menschen das Evangelium zu verkündigen, um sie zum Glauben an Jesus Christus zu rufen. In diesem Sinne verweist Paulus in Röm 10,14ff auf eine logisch zwingende Argumentationskette: Um das Evangelium auszubreiten bedarf es berufener Prediger, denn nur durch sie vermögen Menschen die Gute Nachricht zu hören. Durch das Hören aber wird der Glaube geweckt, der sich wiederum darin

Wer ist Jesus Christus für uns?

Ausdruck verschafft, dass der Name des Herrn angerufen wird. Wer aber *"den Namen des Herrn anrufen wird, soll gerettet werden"* (Röm 10,15). Dem entspricht, wenn die Pfingstpredigt des Petrus in der Aufforderung gipfelt: *"Tut Buße, und jeder von euch lasse sich taufen auf den Namen Jesu Christi zur Vergebung eurer Sünden. So werdet ihr empfangen die Gabe des Heiligen Geistes"* (Apg 2,38; vgl. auch Lk 24,47).

Im Bekenntnis zu Jesus Christus kehrt sich der Glaubende ab vom Bekenntnis zu sich selbst und seinem eigenen Bemühen, vor Gott bestehen zu wollen, und erwartet Vergebung, Rettung und Heil ausschließlich von dem, dessen Namen er jetzt trägt.

1.2.3. Das Gebet im Namen Jesu

Der fundamentale Wandel der Gottesbeziehung äußert sich besonders augenfällig im Gebet. Während Gott in den Religionen vielfach als distanzierte Macht eingeschätzt wird, deren Wohlwollen man durch gute Taten zu gewinnen sucht und deren Unwillen über Bosheit man zu entgehen trachtet, verändert sich die durch Jesus Christus eröffnete Beziehung zu Gott in radikaler Weise: Jesus lehrt seine Nachfolger, Gott mit *"unser Vater"* (Mt 6,9) anzurufen.[2] Gal 4,4ff fasst das Geschehen zusammen: Gott hat seinen Sohn gesandt, damit aus Geknechteten Kinder Gottes würden. Zum Zeichen ihrer Kindschaft hat Gott ihnen *"den Geist seines Sohnes gesandt"* (Gal 4,6) und kraft dieses Geistes beten die Christen jetzt: *"Abba, lieber Vater!"* (vgl. auch Röm 8,15).

Weil diese unerhörte Beziehung zu Gott ausschließlich durch Jesus, den Sohn, erschlossen wird, darum ist christliches Gebet grundsätzlich und bleibend Gebet *"im Namen Jesu"* (vgl. Joh 14,13f; 16,24) wie auch Gebet zu Jesus (vgl. den Gebetsruf *"Maranata!"*, s.u. Abschnitt 4.6.).

---

[2] Im Unterschied zu den Heiden wird Israel dadurch charakterisiert, dass es von Gott zu seinem Volk erwählt wird und dadurch in einer hervorgehobenen Sonderbeziehung zu seinem Gott steht (vgl. 2Mo 19,5f). Gleichwohl erhält dieses Verhältnis für die Juden, die Jesus als ihren Messias erkennen und bekennen, eine völlig neue Qualität.

1.2.4. Die Gemeinschaft mit Christus in Taufe und Abendmahl

Im oben bereits genannten Zitat Apg 2,38 wird die christliche Taufe als Taufe *„auf den Namen Jesu Christi"* gekennzeichnet. Dieser Sachverhalt wird in Röm 6,3f näher beschrieben: *„Wisst ihr nicht, dass alle, die wir auf Christus Jesus getauft sind, die sind in seinen Tod getauft? So sind wir ja mit ihm begraben durch die Taufe in den Tod, damit, wie Christus auferweckt ist von den Toten durch die Herrlichkeit des Vaters, auch wir in einem neuen Leben wandeln."* Durch die Taufe wird der Glaubende demnach mit dem stellvertretenden Sterben Christi verbunden und gewinnt so an dem von ihm erworbenen Heil Anteil. Dabei erhält der damit verbundene Herrschaftswechsel augenfälligen Ausdruck: Der Getaufte wird der Gewalt der Sünde entrissen und in den Machtbereich Jesu Christi eingegliedert.[3] Gleichzeitig erfolgt damit die Eingliederung in die christliche Gemeinde als dem Leib Christi: *„Denn wir sind durch **einen** Geist alle zu **einem** Leib getauft, wir seien Juden oder Griechen, Sklaven oder Freie, und sind alle mit **einem** Geist getränkt."*

Diese durch Christus gestiftete Gemeinschaft wird darüber hinaus im Rahmen des Gottesdienstes insbesondere im Abendmahl erkennbar: *„Der gesegnete Kelch, den wir segnen, ist der nicht die Gemeinschaft des Blutes Christi? Das Brot, das wir brechen, ist das nicht die Gemeinschaft des Leibes Christi? Denn **ein** Brot ist's: So sind wir viele **ein** Leib, weil wir alle an **einem** Brot teilhaben"* (1Kor 10,16f).

Diese Hinweise machen den Gesamtzusammenhang christlichen Glaubens und Lebens deutlich: In der Taufe wird der Glaubende mit dem lebenschaffenden Tod Jesu verbunden. Gleichzeitig wird er zum Glied am Leib Christi, d.h. der christlichen Gemeinde. In dieser Gemeinschaft hat er wiederum Anteil an dem lebendig gegenwärtigen Leib und Blut Christi im Abendmahl.

---

[3] Die Glaubenden erhalten „Anteil an Tod und Leben des von Gott stellvertretend für sie in den Tod gegebenen und auferweckten Christus, damit ihr alter, der Sünde dienender Leib zunichte wird, und sie nicht mehr der Sünde, sondern der Gerechtigkeit dienen, die Gottes Wille ist." (P. Stuhlmacher, Biblische Theologie des Neuen Testaments I, Göttingen 1992, 353).

Wer ist Jesus Christus für uns?

1.2.5. Der Einsatz für Christus

Im Zusammenhang des oben zitierten Abschnitts aus Röm 6 macht Paulus darauf aufmerksam, dass die Existenz der Christen dadurch charakterisiert ist, dass sie von der Sünde getrennt („*mit Christus gestorben*") für Christus leben: „*Haltet dafür, dass ihr der Sünde gestorben seid und lebt Gott in Christus Jesus*" (Röm 6,11). Das neue Leben gewinnt seinen Maßstab von Christus her und kann daher auf den knappen Nenner gebracht werden: Lebt „*des Herrn würdig*"! (Kol 1,10)[4].

Auch die nach außen gerichtete Tätigkeit der Gemeinde hat ihren Grund und ihr Zentrum in Christus. Der erhöhte Herr gibt seinen Jüngern den Auftrag: „*Gehet hin und machet zu Jüngern alle Völker: Taufet sie auf den Namen des Vaters und des Sohnes und des heiligen Geistes und lehret sie halten alles, was ich euch befohlen habe.*" Dabei wird der Auftrag von der doppelten Verheißung getragen: „*Mir ist gegeben alle Gewalt im Himmel und auf Erden*" und: „*Ich bin bei euch alle Tage bis an der Welt Ende*" (Mt 28,18-20). In diesem Sinne kann Paulus seine Verkündigungstätigkeit in Korinth mit den Worten zusammenfassen: „*Ich hielt es für richtig, unter euch nichts zu wissen als allein Jesus Christus, den Gekreuzigten*" (1Kor 2,2).

1.3. Fazit

Der knappe Überblick über die wichtigsten Bereiche der christlichen Gemeinde hat gezeigt: Die Ausrichtung auf die Person des gekreuzigten, auferstandenen, erhöhten, gegenwärtigen und wiederkommenden Christus ist durchgängig von fundamentaler Bedeutung. Christliche Existenz ist ohne den umfassenden Bezug auf die Person des Christus schlechterdings nicht vorstellbar.

Dies heißt zugleich umgekehrt: Die Gegenwart Jesu Christi kann an den Christen erkannt werden. Dabei ist das entscheidende Element jedoch nicht das Verhalten der Christen, sondern vielmehr der Name Christi, der in den vielfältigen Vollzügen der christlichen Gemeinde laut wird: Dies geschieht im Bekenntnis, in der Verkündigung, im Gebet, in Taufe und Abendmahl, in Dienst und Mission, ja sogar in

---

[4] Vgl. die sachlich eng damit verwandten Aussagen: „*Wandelt nur würdig des Evangeliums Christi*" (Phil 1,27) bzw.: führt „*euer Leben würdig des Gottes ..., der euch berufen hat zu seinem Reich und zu seiner Herrlichkeit*" (1Thess 2,12).

der Verfolgung, die nach 1Petr 4,16 mit dem Namen „Christ" zusammenhängt. Der Christ soll daher Gott mit diesem Namen in umfassender Weise loben und verherrlichen.

2. Die Suche nach dem „Leben Jesu": Anfragen

Die Wirklichkeit des in der Kraft des Heiligen Geistes in seiner Gemeinde gegenwärtigen und von ihr im Bekenntnis angerufenen Christus wird nun allerdings in mehrfacher Weise bestritten. Den Hintergrund dafür bildet der einzigartige Anspruch, der im Neuen Testament bezeugt wird und der bereits dort zu vielfältigen Kontroversen geführt hat: dass in dem Jesus von Nazareth kein anderer als der Sohn Gottes, der Herr, in diese Welt eingetreten und bis zum heutigen Tage in ihr wirksam ist.

Indem auf die Rückfrage nach Jesus nun eine Antwort gesucht wird, die sich den Instrumenten der Geschichtswissenschaft verdankt, ergibt sich an dieser Stelle ein grundsätzliches Problem: Die historische Untersuchung bemüht sich darum, ihren Gegenstand in den jeweiligen Kontext einzuordnen und von analogen Phänomenen her zu deuten.[5] Da im Neuen Testament jedoch immer wieder die Einzigartigkeit des Jesus-Geschehens hervorgehoben wird, muss eine an Analogien orientierte Forschung genau an dieser Stelle fragwürdig werden. Denn dadurch wird die Person Jesu Christi in die zur Verfügung stehenden Kategorien historischer Forschung in der Weise einbezogen, dass seine Einzigartigkeit aufgehoben wird. Zwar findet sich dann der Nazarener in einer Reihe analoger Gestalten der Geschichte vor – der Bemühung um Einheitlichkeit wissenschaftlicher Forschung ist also Genüge getan; doch dies erfolgt um den Preis der Uminterpretation der biblischen Zeugnisse. Die Tatsache, dass die Frage „Was geschah in den Jahren 0 bis 30 wirklich?" trotz aller bisherigen Antwortbemühungen bis zum heutigen Tage nicht verstummt ist, lässt erkennen, dass an dieser Stelle keine vordergründigen Hypothesen, sondern verlässliche Erkenntnisse gefragt sind.

Im Folgenden sollen einige der bis heute populären Modelle vorgestellt werden.

---

[5] Vgl. unten Anm. 10.

2.1. G.E. Lessing: „Zu schade, dass wir damals nicht dabei waren!"

„Ich leugne also gar nicht, daß in Christo Weissagungen erfüllet worden; ich leugne gar nicht, daß Christus Wunder getan: sondern ich leugne, daß diese Wunder, seitdem ihre Wahrheit völlig aufgehöret hat, durch noch gegenwärtig gangbare Wunder erwiesen zu werden, seitdem sie nichts als *Nachrichten* von Wundern sind, ... mich zu dem geringsten Glauben an Christi anderweitige Lehren verbinden können und dürfen. ...

Man sagt freilich: aber eben der Christus, von dem du historisch mußt gelten lassen, daß er Tote erweckt, daß er selbst vom Tode erstanden, hat es selbst gesagt, daß Gott einen Sohn gleichen Wesens habe, und daß Er dieser Sohn sei. ...

Das wäre ganz gut! Wenn nur nicht, daß dieses Christus gesagt gleichfalls *nicht mehr als historisch* gewiß wäre. ...

Das, das ist der garstige breite Graben, über den ich nicht kommen kann, so oft und ernstlich ich auch den Sprung versucht habe. Kann mir jemand hinüber helfen, der tu es; ich bitte ihn, ich beschwöre ihn. Er verdienet ein Gotteslohn an mir ..."[6].

Gotthold Ephraim Lessing stellt somit nicht die Tatsächlichkeit des in den Jahren 0 bis 30 Geschehenen in Frage. Er zweifelt weder an Jesu Worten und Wundern noch sogar an seiner Auferstehung. Sein Problem ist: Alle diese Aussagen finden sich in einem Geschichtsbuch, dem Neuen Testament, und haben damit lediglich eine auf die damalige Geschichte bezogene Gültigkeit. Er empfindet einen „garstigen breiten Graben" zwischen dem Bericht über das damalige Geschehen und unserer gegenwärtigen Wirklichkeit, in der eben nicht Christus mit seinen Worten und Wundern gegenwärtig ist, sondern lediglich ein Geschichtsbuch. Er vermisst „den Beweis des Geistes und der Kraft", der auch in unserer eigenen Gegenwart Jesus als gegenwärtig Wirkenden erweisen könnte.

So bleibt das Neue Testament zwar als Geschichtsbuch anregend und informativ, kann aber bei dem gegenwärtigen Leser – leider! – nicht dieselbe überzeugende und Glauben schaffende Wirkung auslösen, wie es die Geschehnisse selbst bei den jeweiligen Zeitgenossen zu bewirken vermochten.

---

[6] G.E. Lessing, Über den Beweis des Geistes und der Kraft (1777), Werke Bd. 8, 12f.

Was Lessing allerdings völlig übersieht, ist die Wirklichkeit des Heiligen Geistes: Durch den Heiligen Geist wird zum einen das Evangelium von Jesus Christus im Hörer „vergegenwärtigt"; d.h. er wird als derjenige angesprochen, dem das Wort Jesu Christi persönlich gilt und an dem dieser Herr real handelt. Zum andern verkennt Lessing, dass der gegenwärtige Christus in der Kraft seines Geistes durch die Jahrhunderte hindurch handelt, auch in Form von Wundern. Diese gerade auch im Bereich der Missionsgeschichte markanten Ereignisse dürfen allerdings nicht den Blick dafür verstellen, dass das eigentliche Wunder stets darin besteht, dass Menschen zum Glauben an Jesus Christus kommen, sie also aus der Finsternis in Gottes wunderbares Licht berufen werden (1Petr 2,9; vgl. das Geschehen der Vergebung als das gegenüber der Heilung „Schwerere" in Mk 2,10f!).

2.2. D.F. Strauß: „Moderne Wissenschaft statt Kinderglauben!"

„Wir sehen heutzutage alle Dinge im Himmel und auf Erden anders an, als die neutestamentlichen Schriftsteller und die Begründer der christlichen Glaubenslehre. Was die Evangelisten uns erzählen, können wir so, wie sie es erzählen, nicht mehr für wahr, was die Apostel glaubten, können wir so, wie sie es glaubten, nicht mehr für notwendig zur Seligkeit halten. Unser Gott ist ein anderer, unsere Welt eine andere, auch Christus kann uns nicht mehr der sein, der er ihnen war. Dies zuzugestehen, ist Pflicht der Wahrhaftigkeit; es leugnen oder bemänteln zu wollen, führt zu nichts als Lügen, zur Schriftverdrehung und Glaubensheuchelei. ...

So lange man, wie dies während der ersten christlichen Jahrhunderte der Fall war, in Christus denjenigen sah, der, in den Himmel zur rechten Gottes aufgestiegen, demnächst von da wiederkommen werde, um die Toten zu erwecken, Gericht zu halten, und seine gläubigen Anhänger in einer erneuerten Welt auf ewig zu beseligen; oder, als diese Erwartung allmählich verblaßt war, so lange man ihn, wie noch die Reformatoren, als denjenigen ansah, der durch seinen Tod am Kreuze der göttlichen Gerechtigkeit genuggetan, als blutiges Sühnopfer für die Sünden der Welt sich hingegeben hatte: so lange kam natürlich Alles darauf an, daß dieser Christus kein bloßer Gedanke sei, sondern wirklich auf Erden gelebt habe und noch jetzt im Himmel lebe; denn nur ein solcher konnte jenes Opfer wirklich gebracht haben, nur ein

Wer ist Jesus Christus für uns?

solcher den erwarteten Umschwung aller Dinge wirklich herbeiführen."
Doch was damals für wahr gehalten wurde, stellt sich uns heute – so Strauß – in einem völlig anderen Licht dar: Früher meinten Menschen, von unmittelbar in den Weltablauf eingreifenden Göttern beeinflusst zu sein; heute verstehen wir alle Ereignisse im Rahmen eines innerweltlichen Gesamtgeschehens, das durch das Prinzip von Ursache und Wirkung bedingt ist. Deshalb ist es auch erforderlich, den Menschen Jesus von Nazareth von den religiösen („dogmatischen") Übermalungen zu befreien, die ihn fast bis zur Unkenntlichkeit entstellt haben. Dann wird sich zeigen: „Der ideale wie der dogmatische Christus auf der einen, und der geschichtliche Jesus von Nazareth auf der anderen Seite sind unwiederbringlich geschieden."[7]
David Friedrich Strauß ist sich durchaus bewusst, dass seine Forschungen weitreichende Konsequenzen für die christlichen Leser haben werden. Er fasst seine Untersuchung „Das Leben Jesu" mit den Worten zusammen: „Durch die Ergebnisse der bisherigen Untersuchung ist nun, wie es scheint, Alles, was der Christ von seinem Jesus glaubt, vernichtet, alle Ermunterungen, die er aus diesem Glauben schöpft, sind ihm entzogen, alle Tröstungen geraubt. Der unendliche Schatz von Wahrheit und Leben, an welchem seit achtzehn Jahrhunderten die Menschheit sich großgenährt, scheint hiemit verwüstet, das Erhabenste in den Staub gestürzt, Gott seine Gnade, dem Menschen seine Würde genommen, das Band zwischen Himmel und Erde zerrissen zu sein. Mit Abscheu wendet sich von so ungeheurem Frevel die Frömmigkeit ab, und aus der unendlichen Selbstgewißheit ihres Glaubens heraus thut sie den Machtspruch: eine freche Kritik möge versuchen, was sie wolle, dennoch bleibe Alles, was von Christo die Schrift aussage und die Kirche glaube, ewig wahr, und dürfe kein Jota davon fallen gelassen werden. So ergibt sich am Schlusse der Kritik von Jesu Lebensgeschichte die Aufgabe, das kritisch Vernichtete dogmatisch wiederherzustellen ..."[8].

---

[7] D.F. Strauß, Der Christus des Glaubens und der Jesus der Geschichte. Eine Kritik des Schleiermacher'schen Lebens Jesu (1865), hrsg. von H.-J. Geischer, Texte zur Kirchen- und Theologiegeschichte 14, Gütersloh 1971, 101. 105. 106.

[8] D.F. Strauß, Das Leben Jesu, kritisch bearbeitet, Bd. II, Tübingen 1836; Nachdruck Darmstadt 1969, 686.

Im Namen der Geschichtswissenschaft will sich Strauß von den Vorgaben des Kirchen- und Kinderglaubens lösen und damit die Person Jesu so darstellen, wie sie wirklich war, bevor sie von den Evangelisten, Aposteln und Theologen – wie er meint – zum Retter und Herrn der Welt hochstilisiert und damit letztlich verfälscht wurde. Er sieht, dass er mit seinen Forschungen einen Scherbenhaufen angerichtet hat, möchte jedoch nun die historischen Reste des Lebens Jesu mit neuem religiösen Inhalt füllen.[9]

Das Grundproblem solcher Forschung ist darin zu sehen, dass das angewandte Instrumentarium dem erforschten Gegenstand keineswegs gerecht wird. Im Bild gesprochen: Mit dem Vorschlaghammer lässt sich keine Taschenuhr reparieren. Wenn im Namen des modernen Menschen der Gegenwart (der sich heute, knapp 200 Jahre später, natürlich wieder auf eine völlig andere Weise als „modern" definiert!) von vornherein die Aussagen von Evangelisten und Aposteln als unglaubwürdig diskreditiert werden, wenn dagegen dekretiert wird, Gott, die Welt und Christus seien für uns andere als damals, dann muss diese Vorgehensweise mit Notwendigkeit in einem Trümmerfeld enden. Demgegenüber hat sich sachgemäße Forschung um den ihr vorgegebenen Gegenstand im Sinne einer „Hermeneutik des Einverständnisses" zu bemühen, hat ihm Vertrauen entgegen zu bringen und sich so seiner Besonderheit zu nähern.[10]

2.3. R. Bultmann: „Es war einmal ein Gottessohn in Nazareth"

„Erledigt sind damit die Geschichten von der Himmel- und Höllenfahrt Christi; erledigt ist die Erwartung des mit den Wolken des

---

[9] Dabei ist manchen Forschern schmerzlich bewusst, dass angesichts der Zerschlagung des Überkommenen keine tragfähigen Alternativen in Sicht sind. So lehnt W. Wrede eine Anfrage, über die dogmatische Bedeutung Jesu zu referieren, mit der Begründung ab: „Allein wenn ich überschlage, was ich zu sagen habe, so ist die Summe von allem Kritik und Negation. Ich habe wohl alte Fundamente verloren beziehungsweise als Scheinfundamente erkannt, aber eine neue, sicher fundierte Position ist für mich nicht sowohl eine Sache des Besitzes als des Suchens." (Brief an Martin Rade, in: H. Rollmann, W. Zager [Hrsg.], Unveröffentlichte Briefe William Wredes zur Problematisierung des messianischen Selbstverständnisses Jesu, Zeitschrift für Neuere Theologiegeschichte 8/2, Berlin 2001).

[10] Vgl. dazu etwa P. Stuhlmacher, „,Aus Glauben zu Glauben' – zur geistlichen Schriftauslegung", in: Ders., Biblische Theologie und Evangelium, Tübingen 2002, 215-232.

Wer ist Jesus Christus für uns?

Himmels kommenden ‚Menschensohnes' und des Entrafftwerdens der Gläubigen in die Luft, ihm entgegen (1Thes 4,15ff). Erledigt ist durch die Kenntnis der Kräfte und Gesetze der Natur der Geister- und Dämonenglaube. ... Krankheiten und ihre Heilungen haben ihre natürlichen Ursachen und beruhen nicht auf dem Wirken von Dämonen bzw. auf deren Bannung. Die Wunder des Neuen Testamentes sind damit als Wunder erledigt ..."[11].

Rudolf Bultmann teilt in seinen Bemühungen um das „Leben Jesu" die Kritik an den Evangelien und ordnet sämtliche „übernatürlichen" Aussagen dem Bereich des Mythos zu. Er sieht seine Aufgabe als Theologe darin, die biblischen Schriften von allen mythologischen Überkleidungen zu befreien („Entmythologisierung") und die verbleibenden Rest-Aussagen für den Zeitgenossen so mit neuem Sinn zu füllen, dass sie damit auf die Fundamente seiner Existenz zielen („existentiale Interpretation"). Indem er auf diese Weise das für den kritischen Verstand seiner Mitmenschen Anstößige in den entsprechenden Bibelpassagen entfernen will, muss er notgedrungen weite Teile des Neuen Testaments dem Bereich des Mythologischen zuordnen. Auch bei ihm bleibt von dem, was wir über Jesus wissen, nur noch sehr wenig übrig.

Dennoch soll daraus eine Botschaft erwachsen, die dem Hörer eine tragfähige Grundlage für sein Leben bietet. Bildlich gesprochen: Entgegen aller bisherigen Annahmen existiert ein von vielen für real gehaltener „Tisch" (d.h. die Faktizität des Jesusgeschehens) nicht wirklich, soll aber dennoch die darauf abgestellten „Gefäße" (d.h. die Existenz der Christen) zu tragen vermögen![12]

---

[11] R. Bultmann, „Neues Testament und Mythologie", in: Ders., Kerygma und Mythos I, Hamburg ²1951, 15-53; hier: 18.

[12] Am Beispiel der Auferstehung Jesu macht G. Lüdemann auf das seltsame Auseinanderklaffen zwischen der Rückfrage nach dem, was faktisch geschah, und der Behauptung seiner Bedeutsamkeit (unabhängig von jeder Faktizität!) aufmerksam. Für sich selbst kommt er dabei zu dem ernüchternden Ergebnis: „Wir können die Auferstehung Jesu nicht mehr im wörtlichen Sinne verstehen, denn, historisch gesehen, wissen wir nicht das geringste über das Grab (war es leer? war es überhaupt ein Einzelgrab?) und über das Schicksal des Leichnams Jesu: Ist er verwest? Ich halte diesen Schluß allerdings für unumgänglich." (Die Auferstehung Jesu. Historie – Erfahrung – Theologie, Göttingen 1994, 216). Gleichwohl räumt er im Blick auf seinen Glauben ein: „Wir dürfen aber glauben, daß er auch als der nun Lebende unter uns ist." (a.a.O., 220). Damit zeigt sich auch hier, dass selbst ein eindeutig negativer

2.4. Fazit

Im Zuge der kritischen Erforschung des Neuen Testaments und speziell im Bereich der „Leben-Jesu-Forschung" kommt es zu folgenden Grundanschauungen: Das „gläubige Bild" von Jesus (d.h. die Berichte von Jüngern, Evangelisten, Aposteln) ist nicht authentisch, sondern stellt eine mythologische oder dogmatische Übermalung des eigentlichen Menschen Jesus von Nazareth dar. Die historisch-kritische Methode[13] liefert ein Instrument, das diese Übermalungen abzuheben und den dahinterliegenden Menschen herauszupräparieren erlaubt. Indem der Theologe auf diese Weise zum Historiker wird, gelingt es ihm, sich von der „Bevormundung" durch die Lehre der Kirche (das Dogma) zu lösen und zu einem eigenständigen, d.h. kritischen Bild von Jesus zu kommen. Dabei ist jedoch zu beachten, dass dieses Bild je nach Forscher sehr unterschiedlich ausfallen kann: Während der eine den Jesus der Jahre 0 - 30 in den Evangelien bis zur Unkenntlichkeit verfälscht findet und daher kaum noch etwas über ihn auszusagen vermag, weist der andere auf eine erstaunliche historische Zuverlässigkeit der Evangelisten hin und zeichnet damit ein Jesusbild, das dem des Neuen Testaments recht nahe kommt.

Mit dem Versuch der historischen Rekonstruktion verbindet sich die Verpflichtung, nun auch etwas über die Bedeutung von Jesus für den christlichen Glauben auszusagen. Entsprechend der Vielfalt an rekonstruierten „Jesus-Bildern" finden sich naturgemäß auch sehr unterschiedliche „Jesus-Deutungen". Letztlich hat jede Generation dem von ihr herauspräparierten „Jesus-Bild" zugleich auch ihre eigene Deutung, d.h. ihre eigene Dogmatik, aufgeprägt, die wiederum von den jeweils vorherrschenden philosophischen Grundströmungen beeinflusst war.

Aus diesem Grund konstatierte Albert Schweitzer in seinem Überblick über die „Geschichte der Leben-Jesu-Forschung"[14], dass es sich dabei um die Geschichte ihres Scheiterns handle: „Es ist der Leben-Jesu-Forschung merkwürdig ergangen. Sie zog aus, um den histori-

---

Befund im Blick auf die historische Nachfrage die Suche nach einer Bedeutsamkeit dieses Befundes nicht unmöglich macht!

[13] Nach Ernst Troeltsch gewinnt diese Methode ihre kritischen Urteile auf der Basis von Analogie („nichts Neues unter der Sonne") und Korrelation (alle Ereignisse im Bereich der Geschichte haben eine beschreibbare Ursache und erkennbare Folgen).

[14] (1906) Tübingen ^{9}1984.

schen Jesus zu finden, und meinte, sie könnte ihn dann, wie er ist, als Lehrer und Heiland in unsere Zeit hineinstellen. Sie löste die Bande, mit denen er seit Jahrhunderten an den Felsen der Kirchenlehre gefesselt war, und freute sich, als wieder Leben und Bewegung in die Gestalt kam und sie den historischen Menschen Jesus auf sich zukommen sah. Aber er blieb nicht stehen, sondern ging an unserer Zeit vorüber und kehrte in die seinige zurück. Das eben erschreckte die Theologie der letzten Jahrzehnte, daß sie ihn mit allem Deuten und aller Gewalttat [!] in unserer Zeit nicht festhalten konnte, sondern ihn ziehen lassen mußte."[15]

Mit Recht macht Schweitzer auf den Sachverhalt aufmerksam, dass sich Jesus aller gewaltsamen Einordnung und Interpretation stets aufs Neue entzieht. Dessen ungeachtet mangelt es nicht an Vorschlägen, die Jesus Christus auch für die Gegenwart als bedeutsam erweisen wollen.

3. „Die Sache Jesu geht weiter": Lösungsbemühungen

Im Folgenden sollen einige dieser Versuche dargelegt werden, die trotz der vorgeblich spärlichen historischen Erkenntnisse über die Person Jesu die Bedeutung des Christus für den Glauben der Christen deutlich machen wollen. Es handelt sich somit um den von H. Conzelmann im Blick auf R. Bultmann dahingehend charakterisierten Versuch[16], dass hier „auf dem Acker der historischen Skepsis eine systematische Christrose" gezüchtet werde, d.h.: trotz des überwiegend negativen Befundes der historischen Nachfrage könne der „Sache Jesu" Bedeutung für Glaube und Leben abgewonnen werden. Allerdings dürfte der Begriff „züchten" bereits nahelegen, dass die so gewonnene Bedeutung einen eher künstlichen und damit gerade nicht tragfähigen Charakter hat.[17]

---

[15] „Schlussbetrachtung", a.a.O., Bd. 2, 620.
[16] H. Conzelmann, „Zur Methode der Leben-Jesu-Forschung", ZThK.B 1 (1959), 4.
[17] J. Roloff hat denn auch geurteilt, dass sich diese Rose als „künstliche Papierblume" erweise: Das Kerygma und der irdische Jesus, Göttingen ²1973, 24!

3.1. Jesus lebt durch sein Vorbild weiter

Diese Anschauung dürfte die gegenwärtig am weitesten verbreitete sein. Sie geht – wie auch die in den folgenden Punkten skizzierten Deutungen – davon aus, dass Jesus am Kreuz gestorben ist, beerdigt wurde und wie jeder andere Mensch im Grab verwest ist.

Dennoch wirkt er bis in unsere Zeit hinein fort. Der Grund dafür ist in der herausragenden Besonderheit seiner Lehre und seiner Person zu suchen: Bergpredigt, Nächstenliebe, Gottes Reich des Friedens, Botschaft der Befreiung und Rettung – all das hat Jesus nicht nur gelehrt, sondern bis zur letzten Konsequenz gelebt. Das Engagement im Sinne Jesu erweist sich darin, dass Menschen sich darum bemühen, **wie** Jesus zu denken, zu reden, zu handeln. Das Bestreben zielt darauf, die „Sache Jesu" in der jeweiligen Gegenwart fortzuführen und so das Kommen des Reiches Gottes in unserer Welt voranzutreiben. Dabei wird nicht übersehen, dass das Ziel einer Weltgemeinschaft friedlicher Menschen noch weit entfernt sein mag. Doch sollen kleine und beharrliche Schritte im Sinne Jesu in diese Richtung unternommen werden.

Wo das Weiterwirken Jesu allein in seinem Vorbild ausgemacht wird, dort tritt seine Person naturgemäß völlig hinter seiner Lehre zurück. Sein eigenes Leben stellt im Grunde lediglich die Veranschaulichung seiner Botschaft dar. Daher ist es letztlich unerheblich, wer der Autor dieser Lehre ist und wie sie in unserer Welt publik wurde. Ein Bezug zu einer heute gegenwärtigen Person Jesus Christus wird weder gesucht noch ist er erforderlich. Jeder Mensch, der dem Vorbild Jesu folgt und seine Lehre umzusetzen bereit ist, wird selbst zu einem kleineren oder größeren Christus. Dies gilt sogar für Menschen außerhalb des christlichen Bereichs. Diese „Christusse" bilden gewissermaßen die heute wahrnehmbaren Erweise der fortdauernden Wirksamkeit der Sache Jesu.[18]

---

[18] Der Aufruf zu einem Leben nach dem Vorbild Jesu findet etwa in folgendem populären Lied aus Brasilien anschaulichen Ausdruck: „Was ist nötig, um glücklich zu sein? – Lieben wie Jesus liebte; träumen wie Jesus träumte; denken wie Jesus dachte; leben wie Jesus lebte; fühlen wie Jesus fühlte; lächeln wie Jesus lächelte ..." (Padre Zezinho).

3.2. Jesus lebt kraft seiner Persönlichkeit weiter

„Wir haben das unmittelbare Empfinden, daß seine Persönlichkeit, trotz alles Fremdartigen und Rätselhaften, allen Zeiten, so lange die Welt steht, mögen sich Anschauungen und Erkenntnisse noch so sehr wandeln, etwas Großes zu sagen hat und darum eine weitreichende Bereicherung auch unserer Religion bedeutet. ...
Im letzten Grunde ist unser Verhältnis zu Jesus mystischer Art. Keine Persönlichkeit der Vergangenheit kann durch geschichtliche Betrachtung oder durch Erwägungen über ihre autoritative Bedeutung lebendig in die Gegenwart hineingestellt werden. Eine Beziehung zu ihr gewinnen wir erst, wenn wir in der Erkenntnis eines gemeinsamen Wollens mit ihr zusammengeführt werden, eine Klärung, Bereicherung und Belebung unseres Willens in dem ihrigen erfahren und uns selbst in ihr wiederfinden. In diesem Sinne ist überhaupt jedes tiefere Verhältnis zwischen Menschen mystischer Art. ... Nur so schafft Jesus auch Gemeinschaft unter uns. ... Sofern wir untereinander und mit ihm eines Willens sind, das Reich Gottes über alles zu stellen, um diesem Glauben und Hoffen zu dienen, ist Gemeinschaft zwischen ihm und uns und den Menschen aller Geschlechter, die in demselben Gedanken lebten und leben."
Albert Schweitzer schließt sein Werk mit den Sätzen: „Als ein Unbekannter und Namenloser kommt er zu uns, wie er am Gestade des Sees an jene Männer, die nicht wußten, wer er war, herantrat. Er sagt dasselbe Wort: Du aber folge mir nach! und stellt uns vor die Aufgaben, die er in unserer Zeit lösen muß. Er gebietet. Und denjenigen, welche ihm gehorchen, Weisen und Unweisen, wird er sich offenbaren in dem, was sie in seiner Gemeinschaft an Frieden, Wirken, Kämpfen und Leiden erleben dürfen, und als ein unaussprechliches Geheimnis werden sie erfahren, wer er ist ..."[19].
Die gegenwärtige Verbindung zu Christus erschließt sich nach Schweitzer durch den Eindruck, den seine Persönlichkeit bei Menschen hinterlässt. Im gemeinsamen Streben nach dem Reich Gottes werde eine mystische Beziehung zwischen Christus und seinen Nachfolgern hergestellt. Zutage tritt eine „Seelenverwandtschaft", die im

---

[19] A. Schweitzer, a.a.O., 622.629f.

Innern angelegt ist und den Einzelnen sowohl mit Christus als auch mit anderen Christen verbindet.[20]

3.3. Jesus lebt als verkündigtes Wort weiter

Diese Form der Gegenwart Jesu ist vor allem mit dem Namen Rudolf Bultmanns verbunden: „Jesus ist ins Kerygma auferstanden."[21] Dahinter verbirgt sich die Anschauung, dass in der Verkündigung des Evangeliums der heutige Hörer in dieselbe Situation versetzt wird, in der sich auch der Hörer des irdischen Jesus befand: er wird aufgerufen, alle Bindungen zu lösen, alles Hemmende zurückzulassen, um sich umfassend der Botschaft Christi anzuvertrauen, d.h. zu glauben. An das Kreuz Christi zu glauben heißt: Christi Kreuz als eigenes zu übernehmen, sich also mit Christus kreuzigen zu lassen. Bultmann lehnt ausdrücklich alle „Krücken" ab, auf die sich der Glaube fälschlicherweise meint stützen zu können. Dazu rechnet er insbesondere das Bestreben, in den Evangelien eine historisch zuverlässige Wiedergabe der Jesusgeschichte auffinden zu wollen.[22] Er führt dazu - gewissermaßen als Kronzeugen - die Aussage von Paulus in 2Kor 5,16 an: „*Darum kennen wir von nun an niemand mehr nach dem Fleisch; und auch wenn wir Christus* [früher] *gekannt haben nach dem Fleisch* [d.h. auf fleischliche Weise], *so kennen wir ihn doch jetzt so nicht mehr*" und zieht daraus den Schluss: „Der *Christos kata sarka* [Christus nach dem Fleisch] geht uns nichts an; wie es in Jesu Herzen ausgesehen hat, weiß ich nicht und will ich nicht wissen."[23] Dabei verkennt er allerdings, dass sich Paulus mit dieser Aussage nicht auf

---

[20] Vgl. dazu auch eine Aussage wie: „Denn tief in dir lebt der Gott und Herr der Welt!" (in dem Lied: „Siehe, ich habe dir geboten, daß du getrost und freudig seist").

[21] Vgl. dazu R. Bultmann, „Das Verhältnis der urchristlichen Christusbotschaft zum historischen Jesus", in: Sitzungsberichte der Heidelberger Akademie der Wissenschaften, Philosophisch-historische Klasse 4^2, 1960, Heidelberg 1962, 27. An dieser Stelle sei auf die oben Seite 37 von V. Gäckle berichtete Anekdote aus Marburg verwiesen: Während der gekreuzigte Jesus – natürlich! – im Grab verwest ist, findet seine „Sache" ihren Fortgang, d.h. ihre „Auferstehung"!

[22] Vgl. dazu oben den Beitrag von V. Gäckle, bes. die Zusammenfassung auf den Seiten 57f.

[23] R. Bultmann, „Zur Frage der Christologie" (1927), GuV I, Tübingen ^{8}1980, 101. Die Aussage beziehe sich auf „Christus in seiner weltlichen Vorfindlichkeit, vor Tod und Auferstehung" (R. Bultmann, Der 2. Brief an die Korinther [hrsg. E.Dinkler], KEK Sonderband, Göttingen ^{2}1987, 156).

das Wissen um den Jesus der Jahre 0 bis 30 bezieht, sondern auf eine Beurteilung Jesu, die nicht im Sinne von 1Kor 12,3 vom Heiligen Geist belehrt ist und ihn deshalb falsch beurteilt.[24] Indem Bultmann in dieser Weise den christlichen Glauben auf das „nackte" Wort der Verkündigung gründen will, meint er, das reformatorische *sola fide* [allein aus Glauben] für die gegenwärtige Situation zu aktualisieren.
So unverzichtbar das verkündigte Wort für den christlichen Glauben ist, so unverkennbar ist zugleich die Tatsache, dass dieses Wortgeschehen für die neutestamentlichen Zeugen nicht nur „Schall und Rauch" darstellt. Das Wort gewinnt seine Autorität nicht durch die Verkündigung an sich, sondern durch die Tatsache, dass es nicht weniger als Wort des erhöhten und gegenwärtigen Christus ist. So dankt Paulus angesichts der Gemeinde in Thessalonich dafür, *„dass ihr das Wort der göttlichen Predigt, das ihr von uns empfangen habt, nicht als Menschenwort aufgenommen habt, sondern als das, was es in Wahrheit ist, als Gottes Wort, das in euch wirkt, die ihr glaubt."* (1Thess 2,13). Dabei verwirklicht sich die Zusage Jesu an seine Jünger: *„Wer euch hört, der hört mich."* (Lk 10,16).

3.4. Jesus lebt als Geist-Christus weiter

„Ich glaube, dass das Universum eine Evolution ist. Ich glaube, dass die Evolution auf den Geist hingeht. Ich glaube, dass der Geist sich im Personalen vollendet. Ich glaube, dass das höchste Personale der Christus-Universalis ist."[25]
Teilhard de Chardin deutet das Werden des Kosmos als fortgesetzten Prozess der Evolution, der sich auf ein Ziel, den Punkt Omega, hinbewegt. Seiner Meinung nach ist dieser Prozess aber – in Wahrheit betrachtet – nichts anderes als die Offenbarung des Christus. Vom gestorbenen und auferstandenen Christus gilt, dass er alles erfüllt und in ihm alles seinen Bestand hat (vgl. Kol 1,17ff). Er ist somit der kosmische Christus, da in ihm alles besteht. Er ist der Omega-Christus, da alle Dinge auf ihn hinstreben. Er ist der „Evoluteur"-Christus, da er den Weltprozess belebt. Letztlich ist der Prozess der

---

[24] Vgl. oben 1.2.1.; zur Auseinandersetzung mit Bultmann vgl. den Beitrag von O. Betz, „Fleischliche und ‚geistliche' Christuserkenntnis nach 2.Kor 5,16", ThBeitr 14 (1983), 167-179.
[25] T. de Chardin, Comment je crois, 1934.

Weltentwicklung, die „Kosmogenese", nichts anderes als eine Durchdringung mit Christus, eine „Christogenese" bzw. „Christifikation".[26]
Der Grundgedanke, der hier vorgetragen wird, findet sich in vielfältiger Variation in den unterschiedlichsten Deutungen von Christus. Ausgangspunkt dabei ist nicht die Offenbarung Gottes in Jesus von Nazareth, sondern die Annahme eines „Geist-Christus", eines „Christus-Prinzips", d.h. einer Verbindung von Göttlichem und Menschlichem. Dieses Prinzip manifestiert sich zwar dann auch in der Person Jesu, weist aber zugleich weit über ihn hinaus. Es will letztlich alle Menschen und die ganze Welt durchwehen und eben so mit dem Göttlichen vereinen. Damit wird diese Vorstellung zu einem Motiv, das sich in sehr verschiedenartige Systeme einbringen lässt.[27]
Derartige Konzeptionen kommen aus naheliegenden Gründen prinzipiell ohne den Bezug zum irdischen Jesus aus. Daher erweisen sie sich gegenüber Anfragen, die aus den Evangelien an sie herangetragen werden, als unbeeindruckt. Letztlich haben hier „Jesus" und „Christus" nichts miteinander zu tun.

3.5. Fazit

Die Neu-Deutungen der Person Jesu haben durchweg ein gewissermaßen „missionarisches" Interesse. Durch sie soll versucht werden, dem „modernen Menschen der Gegenwart" einen Zugang zu Christus zu eröffnen.
Dabei wird einerseits angestrebt, über den historischen Gehalt der historischen Dokumente den Zugang zu dem Menschen Jesus zu erschließen. In der Beschäftigung mit diesen Zeugnissen mag sich dem Betrachter das „Mehr" dieses Menschen aufdrängen, so dass ihm dabei ein Eindruck von seiner Gottheit, seiner Vorbildlichkeit, seiner Bedeutung widerfährt.[28] Für die Moderne wird wichtig, dass keine fremde Autorität – insbesondere auch nicht die der Kirche – zwischen den gegenwärtigen Menschen und den historischen Jesus tritt, um ihn zu einer Glaubensüberzeugung zu bewegen. Als authentisch gilt allein

---

[26] Vgl. dazu: R. Gibellini, „Pierre Teilhard de Chardin", in: Handbuch der Theologie im 20. Jahrhundert, Regensburg 1995, 167ff.
[27] Vgl. zu der Rolle, die diese Vorstellung vor dem Hintergrund der Anthroposophie Rudolf Steiners für die „Christengemeinschaft" spielt: K. Hutten, Seher, Grübler, Enthusiasten, Stuttgart [15]1997, 678ff, bes. 698ff.
[28] Vgl. die Formulierung bei L. Boff: „So menschlich [wie Jesus] kann nur Gott selber sein!" (L. Boff, Jesus Christus, der Befreier, Freiburg 1986, 126).

die überwindende Kraft des „persönlichen Lebens" Jesu, die zum Grund des Glaubens wird. Die Besonderheit Jesu erweist sich somit darin, dass die Begegnung mit den historischen Zeugnissen einen wie auch immer gearteten Widerhall im Betrachter auslöst. Dieser mag unterschiedliche Formen annehmen und – wie festgestellt werden konnte – in letzter Konsequenz auf den Einbezug des historischen Jesus gänzlich verzichten.

Im Unterschied dazu wird der Brückenschlag zu Christus nicht über den historischen Jesus, sondern durch den Anschluss an die nachösterliche Verkündigung, das Kerygma, angestrebt. Dadurch wird zwar der Gehalt des Neuen Testaments für die christliche Gemeinde zugänglich; gleichzeitig aber verbietet sich die Rückfrage nach der Realität und dem eigentlichen Geschehen des Verkündigten. Damit aber wird ein grundlegender Anspruch des neutestamentlichen Zeugnisses bewusst abgeblendet: dass es sich bei dem hier Wiedergegebenen um das Wort von Augen- und Ohrenzeugen handelt, deren Zeugnis wahr und daher auch für die späteren Hörer glaubwürdig ist.

4. Wer ist und wer war Jesus Christus?

4.1. Die Grundfrage

Die historische Rückfrage nach Jesus hat die Absicht, ein Grundproblem zu lösen. Dieses findet seinen Ausdruck in der Frage: Wie lässt sich der Übergang vom Verkündiger Jesus zum verkündigten Jesus Christus erklären, d.h.: wie wurde aus dem, der die Gottesherrschaft ankündigt, derjenige, in dem sie sich verwirklicht?

Allerdings bezieht sich diese Grundfrage auf einen Sachverhalt, der nicht allein historisch zu klären ist. Denn zugleich verbindet sich damit die Grundfrage aller Verkündigung: Wie kann es *heute* von der Geschichte Jesu zum Glauben an Christus kommen?

Diese Fragen werden durch das Neue Testament in eindeutiger Weise beantwortet. So stellt sich dort „der Übergang vom Verkündiger zum Verkündigten durch die Auferstehung Jesu von den Toten als eine personale Kontinuität und Identität"[29] dar: Der Auferstandene wird an seinen Wundmalen als derselbe erkannt, der zuvor am Kreuz gestor-

---

[29] R. Slenczka, Geschichtlichkeit und Personsein Jesu Christi. Studien zur christologischen Problematik der historischen Jesusfrage, FSÖTh 18, Göttingen 1967, 327.

ben war. Der auferstandene und verkündigte Christus ist kein anderer als der gekreuzigte Jesus von Nazareth. Dabei ist der Zweifel an der Wirklichkeit dieses Geschehens kein neuzeitliches Phänomen, sondern richtet sich bereits gegen die ersten Boten des Auferstehungszeugnisses (vgl. Lk 24,11: *„Es erschienen ihnen diese Worte, als wär's Geschwätz, und sie glaubten ihnen nicht."*). Umgekehrt erweist sich die Begegnung mit dem Auferstandenen als Überwindung des Zweifels, Weckung des Glaubens (Joh 20,28f), Erfüllung der Verheißung (Lk 24, 26f) und Sendung zum Dienst (Joh 20,21ff).

Wo die Kontinuität der Person Jesu Christi abgelehnt wird, dort wird sie in letzter Konsequenz überflüssig: Die Aufmerksamkeit konzentriert sich dann entweder auf den „historischen Jesus", der in irgendeiner Weise für die Gegenwart bedeutsam zu machen ist (vgl. oben Abschnitt 3.1. und 3.2.), oder sie richtet sich auf das „Kerygma" bzw. die „Christus-Idee", die auch ohne die Person Jesu Christi Bedeutung zu gewinnen vermögen (vgl. oben Abschnitt 3.3. und 3.4.).

In diesem abschließenden Teil sollen einige Aspekte zusammengetragen werden, die demgegenüber die untrennbare Verbindung zwischen dem Irdischen und dem Erhöhten darlegen.

4.2. Die historisch analogielose Ausgangssituation

Wenn Nachwirkungen von Personen der Geschichte erörtert werden, so wird dabei von der selbstverständlichen Voraussetzung ausgegangen, dass die betreffende Person tot ist und jetzt durch ihre Lehre, durch ihr Vorbild oder durch die Kraft ihrer Persönlichkeit weiter wirkt. Dabei ist genauso selbstverständlich, dass die Person selbst nichts (mehr) mit ihrer Nachwirkung zu tun haben kann. D.h.: ihre Wirkungsgeschichte stellt eine von der Person unabhängige Größe dar, die durchaus auch eine (unerwartete) Eigendynamik entwickeln kann.

Nicht wenige Deutungen von Jesus – so ließ sich beobachten – behandeln ihn in diesem Sinne als einen Großen der Weltgeschichte, dessen Persönlichkeit, Lehre oder Ethik entsprechende Nachwirkungen ausgelöst hat.

Doch diese Deutungen werden wenigstens drei Sachverhalten nicht gerecht:

1. dem historischen Rätsel, wie die Verwandlung einer verängstigten Jüngergruppe an und nach Karfreitag (vgl. Mk 14,50; Joh 20,19.26)

Wer ist Jesus Christus für uns?

in eine unerschrockene Missionstruppe seit Pfingsten (vgl. Apg 4,13.20) erklärt werden kann, wenn Jesus im Grab geblieben sein soll.
2. dem Selbstanspruch der neutestamentlichen Autoren, die vielstimmig und doch in großer Einmütigkeit beanspruchen, Augenzeugen des auferstandenen Gekreuzigten zu sein (vgl. vor allem 1Kor 15,5ff).
3. dem Bekenntnis der weltweiten Christenheit in der Geschichte und in der Gegenwart, dass Jesus ihr lebendiger Herr sei, und dass zahllose Menschen zu diesem Bekenntnis bekehrt werden und an ihm festhalten, obwohl ihnen dies massiven Widerstand bis hin zu Verfolgung und Tod einbringt.

Werden diese Sachverhalte ernst genommen, so ergeben sich daraus Konsequenzen für die Rückfrage nach dem, was war. Gewiss stellt der christliche Glaube nicht das letzte Glied in einer Kette historischer Beweisführung dar, sondern beruht auf der Begegnung mit dem in der Kraft des Heiligen Geistes gegenwärtigen Christus durch Wort und Sakrament. Doch gäbe es keinen christlichen Glauben, wenn der Gekreuzigte nicht auferstanden und erhöht worden wäre und darum auch durch seinen Geist seine Gemeinde erhalten, stärken und mehren würde. Dieses Geschehen aber hat seine unverwechselbaren Spuren in der Geschichte der Welt hinterlassen; davon gibt das Neue Testament in zuverlässiger Weise Zeugnis.

Wird dies bedacht, so tritt neben die Frage nach dem, was war und ist, die andere nach dem, was wahr ist und bleibt.[30] Beides lässt sich nicht voneinander trennen, wenn der christliche Glaube nicht seiner geschichtlichen Basis beraubt werden und zum Mythos, zur Idee, zur Moralanleitung oder zum Prinzip verblassen will.

Vor diesem Hintergrund verbietet es sich, bei der Frage nach dem irdischen Jesus zwischen „historischem Kern" und „gläubiger Schale" unterscheiden zu wollen. Dieser Scheidungsversuch ist in doppelter Weise zum Scheitern verurteilt: Einerseits lässt sich mit dem angewandten Instrumentarium keine Einigung über den historischen Kern erzielen;[31] andererseits sind bei der Neugestaltung von „Glaubens-Schalen" der Vielfalt und Phantasie keine Grenzen gesetzt.

---

[30] Vgl. dazu R. Slenczka, Kirchliche Entscheidung in theologischer Verantwortung, Göttingen 1991, 91.94.
[31] Vgl. das oben genannte Urteil Schweitzers: Die Geschichte der Leben-Jesu-Forschung ist die Geschichte ihres Scheiterns.

Wenn sich jedoch nach dem biblischen Zeugnis Jesus als Sohn Gottes zu erkennen gab (vgl. Mt 16,16; 26,64), wenn er von seinen Jüngern als Herr und Gott bekannt wurde (Joh 20,28) und wenn die christliche Gemeinde durch die Zeiten hindurch ihn als Retter und Herrscher rühmt, dann gilt es, in einer diesem Anspruch entsprechenden Weise dieses Zeugnis nach-denkend anzueignen, auszulegen und auszubreiten.

Damit aber tritt erst die ganze Fülle der Person Jesu Christi ins Blickfeld. Abschließend soll dies in ebenfalls nur knapper Form skizziert werden.

4.3. Der Präexistente

Die Geschichte Jesu Christi beginnt nicht erst mit seinem Eintreten in unsere Welt. Darauf macht eine Aussage wie Joh 8,58: *„Ehe Abraham wurde, bin ich."* aufmerksam. Der Eingang des Johannesevangeliums formuliert diesen Zusammenhang mit den Worten: *„Im Anfang war das Wort, und das Wort war bei Gott, und Gott war das Wort. Dasselbe war im Anfang bei Gott. Alle Dinge sind durch dasselbe gemacht, und ohne dasselbe ist nichts gemacht, was gemacht ist. In ihm war das Leben, und das Leben war das Licht der Menschen. ... Und das Wort ward Fleisch und wohnte unter uns, und wir sahen seine Herrlichkeit, eine Herrlichkeit als des eingeborenen Sohnes vom Vater, voller Gnade und Wahrheit."* (Joh 1,1ff.14; vgl. Hebr 1,1ff). Dass Jesus Christus der Präexistente ist, der vor aller Schöpfung Sohn des Vaters ist, wird von M. Luther in seiner Auslegung des zweiten Glaubensartikels eigens thematisiert: „Ich glaube, dass Jesus Christus, *wahrhaftiger Gott vom Vater in Ewigkeit geboren* und auch wahrhaftiger Mensch von der Jungfrau Maria geboren, sei mein Herr, ...".

Entgegen allen Vorstellungen, die den Menschen Jesus erst mit der Taufe zum Sohn Gottes adoptiert sehen wollen, bringt das Zeugnis der Heiligen Schrift unüberhörbar zum Ausdruck: Jesus Christus ist in Ewigkeit beim Vater.

4.4. Der in die Welt Gesandte

In gleicher Weise unüberhörbar ist die Aussage des Neuen Testaments, dass Gottes Sohn in unsere Welt eintritt: *„Als aber die Zeit erfüllt war, sandte Gott seinen Sohn, geboren von einer Frau und unter das Gesetz getan, damit er die, die unter dem Gesetz waren, erlös-*

Wer ist Jesus Christus für uns?

te, damit wir die Kindschaft empfingen" (Gal 4,4f). Damit sind sowohl seine Identität wie auch seine Aufgabe klar beschrieben: Als Sohn Gottes soll er die Welt retten (vgl. unter vielen anderen: Mt 1,21; Mk 10,45; Phil 2,6ff). Dabei erweist er sich umfassend als wahrer Mensch, indem er Hunger hat, schläft, weint, leidet, stirbt. Er wandelt daher nicht als „verkleideter Gott" über die Erde, der von der Last menschlichen Lebens letztlich nicht berührt werden würde. Vielmehr hat er vollen Anteil daran, ohne deshalb aufzuhören, wahrer Gott zu sein.[32]

4.5. Der Erstgeborene von den Toten

In der Auferweckung handelt Gott an dem Gekreuzigten, indem er ihn und sein Werk der Versöhnung beglaubigt. Durch diesen endzeitlichen Machterweis wird offenbar: Jesus ist nicht der um eigener Gotteslästerung willen Verfluchte; vielmehr wurde er **für uns** zum Fluch, um uns vom Fluch des göttlichen Zorngerichts zu erlösen (vgl. Gal 3,13). Dieses Ereignis ist allerdings nicht ein isoliertes Geschehen, sondern die Eröffnung der allgemeinen Totenauferweckung: Christus ist als *„Erstling"* unter den Verstorbenen auferstanden. Daraus ergibt sich, dass alle Menschen auferweckt werden und der Begegnung mit Gott entgegen gehen: *„Wenn sie in Adam alle sterben, so werden sie in Christus alle lebendig gemacht werden"* (1Kor 15,21).[33]

Paulus macht in diesem Zusammenhang darauf aufmerksam, dass christlicher Glaube im letzten Sinne leer ist, wenn er nicht durch die

---

[32] In der Kirche werden die biblischen Aussagen dahingehend zusammengefasst, dass Jesus während seines Erdenlebens auf die Wahrnehmung der Kennzeichen seiner Göttlichkeit verzichtete. Damit wird an Phil 2,7 angeknüpft: Jesus *"entäußerte sich selbst"*. Vgl. dazu die Konkordienformel: Christus hat seine Majestät „allezeit gehabt und sich doch derselben im Stande seiner Erniedrigung entäußert und so wahrhaftig an Alter, Weisheit und Gnade bei Gott und den Menschen zugenommen; deshalb hat er solche Majestät nicht allezeit, sondern dann, wann es ihm gefiel, erwiesen, bis er die Knechtsgestalt, und nicht die (menschliche) Natur, nach seiner Auferstehung ganz und gar abgelegt hat und in den völligen Gebrauch, Offenbarung und Erweisung der göttlichen Majestät gesetzt wurde und also in seine Herrlichkeit eingegangen ist, so daß er jetzt nicht allein als Gott, sondern auch als Mensch alles weiß, alles vermag, allen Kreaturen gegenwärtig ist und alles, was im Himmel, auf Erden und unter der Erden ist, unter seinen Füßen und in seinen Händen hat." (FC Epit. VIII. Von der Person Christi, BSLK 807,34ff; sprachlich geglättet).

[33] Vgl. im Einzelnen: E. Hahn, „Hoffnung mit Tiefgang. Christliche Zukunftserwartung angesichts von menschlicher Illusion, Resignation und Skepsis", in: R. Hille (Hrsg.); Worauf können wir hoffen?, Wuppertal 1999, 185ff.

Wirklichkeit der Auferstehung Jesu Christi sein tragendes Fundament erhält. Mit Jesu Auferstehung steht und fällt Glaube, Vergebung, Hoffnung, Verkündigung (vgl. 1Kor 15,12ff).[34]

4.6. Der Gegenwärtige und der Kommende

Als Auferstandener und Erhöhter ist Jesus Christus seiner Gemeinde dennoch nicht entzogen. Angesichts des Missionsauftrags spricht er ihr seine bleibende Gegenwart zu: *„Siehe, ich bin bei euch alle Tage bis an der Welt Ende"* (Mt 28,20). Diese Gegenwart vollzieht sich durch den Heiligen Geist, der in enger Bezogenheit auf Christus am Werk ist: *„Der Herr ist der Geist; wo aber der Geist des Herrn ist, da ist Freiheit"* (2Kor 3,17). In Röm 8,9 wird in **einem** Vers vom Geist Christi und vom Geist Gottes, der in den Glaubenden wohnt, in paralleler Weise gesprochen. Diese Gegenwart wird dadurch angesagt, dass die christliche Gemeinde im Namen Jesu Christi zusammenkommt, lebt und dient (vgl. oben Abschnitt 1.2.).

Gleichzeitig ist Jesus Christus der Erwartete, der zu Gericht und Vollendung kommen wird. Diese Erwartung zieht sich durch das gesamte Neue Testament und findet ihren prägnantesten Ausdruck im Ruf *„Maranata"* (1Kor 16,22; Offb 22,20), der sich mit „Unser Herr, komm!" bzw. „Unser Herr kommt!" übersetzen lässt.

Das Kommen Jesu Christi ist zugleich sein Kommen zum Gericht über alle Menschen: *„Wir müssen alle offenbar werden vor dem Richterstuhl Christi, damit jeder seinen Lohn empfange für das, was er getan hat bei Lebzeiten, es sei gut oder böse"* (2Kor 5,10). Aus dieser Perspektive wird die Qualität der Zeit zwischen Himmelfahrt und Wiederkunft Christi in umfassender Klarheit erkennbar: Es handelt sich dabei um die Zeit des aufgeschobenen, wenn auch nicht aufge-

---

[34] Vor diesem Hintergrund wird das in Abschnitt 4.1. und 4.2. Bedachte nochmals illustriert: Wenn die Auferweckung Christi als grundsätzlich analogieloses Ereignis einem auf innerweltliche Analogien ausgerichteten Instrumentarium unterworfen wird, so ist nicht zu erwarten, dass das Ergebnis dem Sachverhalt gerecht wird. Wenn aber aufgrund einer so gearteten „historischen Rückfrage" die Auferweckung Christi aus dem Bereich tatsächlichen Geschehens verbannt wird, so hat dies die von Paulus genannten nachhaltigsten Auswirkungen auf das Ganze des christlichen Glaubens: Er wird grundlos. – Paulus stellt der von Einigen vorgebrachten Ablehnung der Totenauferstehung die Wirklichkeit des Geschehens entgegen: *„Nun aber ist Christus auferstanden von den Toten als Erstling unter denen, die entschlafen sind"* (1Kor 15,20). Daher muss jedes Forschungs-Instrumentarium von diesem Datum her auf seine Sachgemäßheit hin überprüft werden.

hobenen Gerichts, d.h. um die Zeit der Gnade (vgl. 2Kor 6,2: *„Siehe, jetzt ist die Zeit der Gnade, siehe, jetzt ist der Tag des Heils!"*). Entgegen der jüdischen Messiaserwartung verband sich mit dem ersten Kommen Jesu Christi nicht das Gericht, sondern das Heil. Das Gericht traf nicht – wie gemeinhin angenommen – die Sünder und Ungerechten, sondern ausschließlich den einen Sündlosen und Gerechten. Sein stellvertretender Sühnetod erschloss das Heil für alle, die an ihn glauben. Das ist das Evangelium, das aller Welt anzusagen ist. Doch diese Zeit des Heils findet ihre Begrenzung durch das zweite Kommen Christi. Deshalb gilt es, die gegenwärtig gegebenen Möglichkeiten entschlossen zu nutzen. Vor diesem Hintergrund hat Paulus seine gesamte Missionstätigkeit verstanden (vgl. Röm 11,25; 15,23f; 16,25f); deshalb fährt er im Anschluss an den bereits zitierten Vers 2Kor 5,10 fort: *„Weil wir nun wissen, dass der Herr zu fürchten ist, suchen wir Menschen zu gewinnen."* So wird die christliche Mission, wie auch alle anderen Äußerungen christlichen Glaubens und Lebens, in umfassender Weise von Person und Werk Jesu Christi bestimmt: Handelt es sich doch dabei um die Botschaft von dem in Christi Kreuz und Auferstehung erworbenen Heil, das – im Vertrauen auf seine in der Kraft des Heiligen Geistes gegebene Gegenwart und in der Erwartung der Vollendung bei seiner Wiederkunft – allen Menschen angesagt wird.

Schluss: Jesus Christus erkennen

„Aber er blieb nicht stehen, sondern ging an unserer Zeit vorüber und kehrte in die seinige zurück. Das eben erschreckte die Theologie der letzten Jahrzehnte, daß sie ihn mit allem Deuteln und aller Gewalttat in unserer Zeit nicht festhalten konnte, sondern ihn ziehen lassen mußte."[35]

Was A. Schweitzer als Zusammenfassung der Bemühungen im Rahmen der „Leben-Jesu-Forschung" notiert, gilt es in seiner prinzipiellen Bedeutung zu würdigen: Die Person Jesu Christi entzieht sich dem gewaltsamen Versuch, sie zuerst auf historisch einsichtige Fragmente zu reduzieren, um sie sodann für die jeweilige Gegenwart zu modernisieren. Derartiges „Deuteln" ist zum Scheitern verurteilt.

---

[35] Schweitzer, a.a.O., Bd. 2, 620.

Der Zugang muss demgegenüber auf umgekehrte Weise gesucht werden: Im Hören auf das Zeugnis Jesu Christi und im Glauben an ihn (vgl. Joh 6,40; 7,38 u.a.). Dabei blendet solches Hören die Frage nach dem, was in den Jahren 0 bis 30 geschah, keineswegs aus. Vielmehr erschließt sich der von Vertrauen in die Zeugnisse getragenen Rückfrage gerade die Tatsächlichkeit des damaligen Geschehens.[36] Es zeigt sich, dass die Evangelien keineswegs ein „gläubig übermaltes" Bild Jesu bieten, sondern eine Darstellung aufweisen, die durch den Unterricht Jesu und das eigene Erleben des Jüngerkreises bestimmt ist.[37] Auf diese Weise lassen sich Person und Werk Jesu Christi als Ganzes, wie auch viele überlieferte Einzelheiten, einsichtig machen. Damit aber wird die Aussage in 2Petr 1,16ff eindrucksvoll illustriert, wo Petrus darauf hinweist: *„Wir sind nicht ausgeklügelten Fabeln* [wörtl.: Mythen[38]] *gefolgt, als wir euch kundgetan haben die Kraft und das Kommen unseres Herrn Jesus Christus; sondern wir haben seine Herrlichkeit selber gesehen. Denn er empfing von Gott, dem Vater, Ehre und Preis durch eine Stimme, die zu ihm kam von der großen Herrlichkeit: Dies ist mein lieber Sohn, an dem ich Wohlgefallen habe. Und diese Stimme haben wir gehört vom Himmel kommen, als wir mit ihm waren auf dem heiligen Berge."* Der Glaube an Jesus Christus bezieht sich auf ein reales Geschehen der Jahre 0 bis 30.

---

[36] Zu verweisen ist hier etwa auf die Forschungen von P. Stuhlmacher, die in seine „Biblische Theologie des Neuen Testaments" eingeflossen sind.

[37] „Begegnet man der Evangelientradition nicht mit einem letztlich unkritischen pauschalen Zweifel, sondern mit der ihr gebührenden ‚kritischen Sympathie' (W.G. Kümmel), ist methodisch nicht von ihrer geschichtlichen Unglaubwürdigkeit, sondern von ihrer Glaubwürdigkeit auszugehen." (Stuhlmacher, a.a.O., 45).

[38] Im Neuen Testament wird ein sehr klarer Unterschied zwischen der Realität der göttlichen Offenbarung und den Darlegungen menschlicher Vorstellung, die „leer" sind, gemacht. Dieser bezieht sich auch auf den Bereich christlicher Verkündigung und hier besonders auf das Geschehen der Auferstehung Jesu: „Spekulation bleibt Spekulation, auch wenn sie fromme Spekulation ist. ... Selbst für die Auferweckung Jesu würde das gleiche gelten, falls sie Ergebnis menschlich-religiöser Vorstellungen und nicht glaubwürdig bezeugtes, geschichtliches Ereignis wäre. ... Es darf ... nicht vergessen werden, daß auch die Gemeinde durchaus von dem gleichen Urteil *mátaios* [leer] getroffen wird, sobald sie aufhört, sich ausschließlich an Gottes Offenbarung zu binden. Und sie muß sich das mit aller Eindringlichkeit sagen lassen. Ihre *pistis* [Glaube] wird *mátaia* [leer], sobald sie Gott eine Tat zuspricht, die er in Wahrheit nicht getan hat." (O. Bauernfeind, Art. *mátaios*, ThWNT 4, 528).

Wer ist Jesus Christus für uns?

Gleichwohl entsteht der Glaube an Jesus Christus nicht aus dem Aufweis der Faktizität von bezeugten Ereignissen. Die Fülle der Zeitzeugen, die Jesu Wirksamkeit miterlebt haben, bis hin zu seinen eigenen Jüngern, die von der bereits zuvor angekündigten Auferweckung des Gekreuzigten Kunde erhalten, glauben nicht. Der Glaube entsteht vielmehr dadurch, dass der Auferstandene durch seine Gegenwart die Zweifelnden überwindet (vgl. beispielhaft die Geschichte von Thomas Joh 20,24ff). Nach Jesu Himmelfahrt ereignet sich sachlich dasselbe, wenn in der Verkündigung des Evangeliums die Hörer kraft des Heiligen Geistes zum Glauben an Jesus Christus bekehrt werden, wenn sich also ihnen dadurch die Wirklichkeit Jesu Christi erschließt, indem ihr Herz „erleuchtet" wird.

Was sich hier vollzieht, wird von Paulus in 2Kor 4,6 mit wenigen Worten in seiner umfassenden Bedeutung beschrieben: Es handelt sich dabei um ein Ereignis, das nur mit der Erschaffung des Lichts bei der Schöpfung verglichen werden kann. In der Verkündigung des Evangeliums von Jesus Christus geschieht nicht weniger, als dass dieser Gott in den Herzen der Glaubenden „aufleuchtet" (vgl. Eph 1,18). Dabei ereignet sich das Wunder, dass der Mensch im gekreuzigten Jesus den Sohn Gottes und Retter erkennt. Diese Erleuchtung führt unmittelbar zur missionarischen Aktivität (*„dass durch uns entstünde die Erleuchtung"*). Sie zielt darauf, dass auch andere Menschen Gottes Herrlichkeit im Angesicht des Gekreuzigten erkennen.

So sehr dieses Geschehen real ist und eine fundamentale Veränderung im Glaubenden bewirkt (vgl. Eph 5,8: *„Ihr wart früher Finsternis; nun aber seid ihr Licht in dem Herrn"*; 1Petr 2,9 u.a.), so wenig kann es – als Geschehen des Glaubens – empirisch aufgewiesen werden. Zwar zeigen sich im Leben der Glaubenden Folgen („Früchte", „gute Werke" etc.); doch bleiben auch diese grundsätzlich mehrdeutig und sperren sich gegenüber der Kategorie des Beweises.

Damit setzt sich in der Zeit der Kirche fort, was für die Zeit des irdischen Jesus charakteristisch war: Verkündigung und Taten Jesu zielten darauf, den Hörern Vertrauen abzugewinnen, sie zum Glauben zu bringen. Nachfolge Jesu war weder irrational noch unlogisch. Als Bindung der gesamten Existenz an Jesus Christus ging sie jedoch weit über den Bereich des bloß Rationalen hinaus.

In entsprechender Weise hat die christliche Kirche durch die Zeiten hindurch ihr Zentrum „im Namen Jesu Christi" (vgl. oben Teil 1.2.).

Christus ist in seiner Gemeinde real gegenwärtig, wo diese auf seine Stimme hört (vgl. Joh 10,27) und sich zu ihm bekennt. Auch wenn diese Gegenwart somit eine im Zeichen des Kreuzes, „unter dem Gegenteil" *(sub contrario)*, verborgene ist, wird sie damit keineswegs unwirklich. Dadurch unterscheidet sich die Präsenz des Christus von allen anderen Heilsbringern als Ausprägungen des „Anti-Christus" (vgl. 1Joh 2,18ff; 4,1ff), die bereits hier und jetzt Gottes Reich – in welcher Form auch immer – sichtbar zu verwirklichen versprechen. Die Gemeinde des Christus lässt sich demgegenüber ihre gegenwärtige Situation durch das Wort des Apostels erhellen: *„Wir wandeln im Glauben und nicht im Schauen"* (2Kor 5,7) und erwartet die abschließende sichtbare Veränderung von Mensch, Kirche und Welt mit der Wiederkunft ihres Herrn. In dieser Erwartung wird sie erhalten durch die Kraft des Gekommenen, Gegenwärtigen und Zukünftigen und vermag hierbei ihre Existenz mit den Worten Martin Luthers zusammenzufassen: „Es ist eine große Sache, ein Christ zu sein und sein Leben verborgen zu haben, nicht an einem bestimmten Ort wie ein Einsiedler, noch auch in seinem Herzen, das ein Abgrund ist, sondern: in dem unsichtbaren Gott selbst; d.h.: inmitten der Dinge der Welt zu leben und sich von dem zu nähren, was nirgends in Erscheinung tritt außer in dem dürftigen Zeichen des Wortes und allein im Hören."[39]

---

[39] Scholie zu Hebr 9,23: WA 57,215,1.

Der rätselhafte Nazarener –
Spuren Jesu in den Religionen und die Frage nach seiner Einzigartigkeit
von Dr. Rolf Hille

1. Zum Christuszeugnis herausgefordert

Was soll die verwirrende Spurensuche nach Jesus in den außerchristlichen Religionen? Dort kann man Jesus wohl kaum finden, denn um zu der Aussage zu kommen: *„Du bist Christus, der Sohn des lebendigen Gottes."* (Mt 16,16) bedarf es nach dem Zeugnis Jesu der Offenbarung durch den Vater im Himmel.

In einem Buch wie dem vorliegenden klingt das Thema dieses Beitrags deshalb reichlich fremdartig, ja geradezu unpassend. Denn wer Jesus Christus ist und war, das können wir schließlich nur aus der Bibel erfahren. Dass Jesus, als der Sohn Gottes, der Herr und Erlöser der Welt ist, das wird in den anderen Artikeln dieses Buches vor allem durch die Auslegung des Neuen Testamentes klar entfaltet. Auch die Zusammenfassung der Heilsgeschichte in den Bekenntnissen der Alten Kirche sowie das reformatorische Christuszeugnis sind ganz eindeutig.

Im Blick auf die Lehre der Christenheit gehen wir von dieser Bekenntnisgrundlage aus. Aber nun wissen im einst vom Christentum geprägten Abendland viele Menschen kaum noch etwas über Jesus. Was sie zu wissen meinen ist vielfach überdeckt von den unterschiedlichsten und widersprüchlichsten religiösen Vorstellungen über Jesus, nicht aber bestimmt von der neutestamentlichen Christusbotschaft. Wenn wir mit unseren pluralistisch verunsicherten Zeitgenossen über Jesus reden, dann gilt es, diese weltanschaulichen Hintergründe zu kennen und zu verstehen.

Hinzu kommt noch eine andere gewichtige Tatsache. Die altkirchlichen Bekenntnisse, die wir aus dem gottesdienstlichen Gebrauch kennen, waren zwischen dem 4. und dem 18. Jahrhundert die gemeinsame Glaubensgrundlage aller großen christlichen Konfessionen. Auf diesem Fundament hat die Christusbotschaft über die Jahrhunderte ihre tiefen Spuren in der Geschichte der Völker Europas und ihrer Kulturen hinterlassen. In der Moderne erfuhr jedoch gerade das zentrale

Bekenntnis zu Christus in Theologie und Kirche kritische Infragestellungen. Die damit verbundene Verunsicherung wird verstärkt durch die Pluralität der Religionen in der globalisierten Welt des 21. Jahrhunderts. Warum ist Jesus einzigartig? Die christliche Antwort auf diese grundlegendste aller theologischen Fragen bezeugt Jesus von Nazareth als Sohn Gottes, Herrn der Welt und Erlöser aller Menschen. Aber diese Bekenntnisaussage steht in mehr oder weniger scharfem Kontrast zu dem, was sich an Jesusbildern in den Religionen findet. Dabei haben sich Konzepte der Christologie, wie sie in modernen Theologieentwürfen entwickelt wurden, mit den säkularen und religiösen Christusbildern vielfältig überlagert und auch wechselseitig durchdrungen. Wir begegnen deshalb solchen andersartigen Christologien nicht nur außerhalb der Kirchenmauern, sondern auch in Theologie und Kirche selbst.

Wenn wir uns hier mit nichtchristlichen Religionen beschäftigen, so geschieht dies aus zwei Erwägungen: einer diakritischen und einer apologetischen. Es geht um die Unterscheidung der Geister (Diakrisis) nach innen und gleichzeitig um die missionarische Gesprächsfähigkeit nach außen (Apologetik).

Die Jesusvorstellungen in den heute lebendigen Weltanschauungen sind wichtige Anknüpfungspunkte für die Verkündigung der biblischen Botschaft, denn die christliche Mission kann und muss gerade solche Vorverständnisse über Jesus wahrnehmen und an ihnen anknüpfen. So hat z.B. die Studentenmission in Deutschland (SMD) nach der politischen Wende von 1989/90 an Hochschulen in den neuen Bundesländern die Erfahrung gemacht, dass die Gestalt Jesu lebhaftes Interesse findet. Wer war dieser Jesus wirklich? Was kann man authentisch über ihn und seine Lehre aus den neutestamentlichen Quellen erfahren? Derartige Fragen stießen auf erstaunliche Offenheit bei Studierenden. Sie hatten nur vage Kenntnisse über Jesus aus ihrem säkularen Hintergrund und provozierten die christlichen Veranstalter mit diffusen Vorstellungen über Jesus.

Diese Herausforderung anzunehmen ist in einer missionarisch zugespitzten Situation wichtig, und das Verständnis für die Spuren Jesu außerhalb der Kirchenmauern zu wecken ist deshalb Aufgabe des hier vorliegenden Artikels im Gesamtzusammenhang unseres Buches über die Christologie, d.h. die Lehre von Jesus Christus.

Dabei sollten wir noch eine überraschende exegetische Beobachtung gleich zu Beginn etwas genauer in den Blick nehmen. Im Neuen Testament stoßen wir nämlich auf Äußerungen von Menschen, die Jesus sehr skeptisch, ja prinzipiell ablehnend gegenübertreten. Das Neue Testament gibt damit selbst Hinweise, wie Jesus von seinen Zeitgenossen kritisch betrachtet und grundlegend missverstanden wurde. Diese Zusammenhänge können uns in der heutigen Situation helfen, mit Kritik und Missverständnissen Jesus gegenüber angemessen umzugehen. Dazu im Folgenden drei typische Szenen aus dem Neuen Testament.

1.1. Eine folgenreiche Umfrage

Die Diskussion um Jesus von Nazareth spitzte sich schon zur Zeit Jesu unter den Juden zu. Wer ist dieser Wanderprediger, von dem alle reden? Wer ist der Mann, der so unglaubliche Wunder tut, dessen Verkündigung Hunderte anlockt und dem so heftig von den religiösen und politischen Führern des Volkes widersprochen wird? Jesus nimmt in Caesarea Philippi diese Frage auf, deren Beantwortung wirklich zu einer Weichenstellung im Kreis seiner Jünger führte: *„Wer sagen die Leute, dass der Menschensohn sei?"* (Mt 16,13). Angesichts der Gerüchte und Spekulationen, die über ihn im Umlauf sind, führt Jesus diese Befragung unter seinen Anhängern durch. Rasch zeigt sich: insgesamt sind die Umfrageergebnisse erfreulich positiv. Jesus wird mit den großen Propheten Israels in eine Reihe gestellt. Er ruft zur kompromisslosen Entscheidung für Gott wie Elia; er ist der einfühlsame Prophet wie Jeremia und der unerschrockene Mahner wie Johannes der Täufer. Aber mit diesen Ehrenprädikaten gibt sich Jesus nicht zufrieden, sondern wird gegenüber seinen Schülern und Freunden ganz persönlich: *„Wer sagt denn ihr, dass ich sei?"* (Mt 16,15). Damit provoziert Jesus, der sich nicht scheut, zunächst sehr allgemein nach der Meinung des Mannes auf der Straße zu fragen, das grundlegende Bekenntnis der Kirche durch die Jahrhunderte. Petrus spricht es hier stellvertretend aus: *„Du bist Christus, der Sohn des lebendigen Gottes!"* (Mt 16,16). Der Weg zum Christusbekenntnisses kann bei Umfrageergebnissen seinen Ausgang nehmen, aber er darf nicht dabei stehen bleiben. Am Ende geht es nie um menschliche Meinungen, sondern um göttliche Klarheit. Das gilt es im Blick auf unser Thema zu beachten.

1.2. Eine wirkungsvolle Geschichte

Seit der frühen apostolischen Zeit hat Jesus eine unglaubliche Wirkungsgeschichte entfaltet; nicht zuletzt durch den Widerstand, den das Evangelium von seiner Kreuzigung und seiner Auferstehung bei Juden und Griechen hervorrief. Binnen weniger Jahrzehnte hat das Wort von Christus, das in Jerusalem seinen Ausgang nahm, die Metropole des Imperium Romanum erreicht. Dort kommt Paulus an und befragt die jüdische Diasporagemeinde über die in Rom umlaufenden Gerüchte in Sachen Christentum. Die Antwort erfolgt prompt und heftig: *„Denn von dieser Sekte ist uns bekannt, dass ihr an allen Enden widersprochen wird."* (Apg 28,22). Gerade darin erweist sich offenbar die Macht des Auferstandenen, dass man ihm gegenüber nicht neutral bleiben kann. Entweder werden Menschen zur Akzeptanz Jesu als dem Christus geführt, oder aber sie widersprechen ihm kräftig. Auch in dem anderen Zentrum der antiken Welt, im Athen der Dichter und Denker, ist der Apostel auf höchst zwiespältige Reaktionen gestoßen, weil er Jesus als Schöpfer und Richter der Welt verkündigt (Apg 17,23ff). Besonders die Rede über die Auferstehung wirkt ungemein polarisierend auf das Athener Bildungsbürgertum: Einige beginnen zu spotten, andere vertagen die Diskussion auf später und nur wenige finden zum Glauben an Jesus. Die Botschaft von Christus zu verkünden bedeutet demnach, auf alle denkbaren Vorurteile, Vorverständnisse und Widerstände bei den Hörern zu stoßen. Aber nur wer sich diesem Spruch und Widerspruch von außen aussetzt, kann missionarisch für den biblischen Christus wirken.

1.3. Eine neu aufbrechende Verunsicherung

Die Unterscheidung zwischen bloß menschlichen Meinungen über Christus und dem Bekenntnis zur Gottessohnschaft Jesu ist fundamental. Dennoch kann dieses Bekenntnis in existentiellen Krisen des Glaubens auch brüchig und verunsichert werden. Der außerordentlich mutige Täufer, der öffentlich auf Jesus hingewiesen hatte: *„Siehe, das ist Gottes Lamm, das der Welt Sünde trägt."* (Joh 1,29), hat damit als erster Mensch überhaupt den unbedingten Zusammenhang zwischen der Person Jesu Christi und dem Heil, das Gott schenkt, bekannt. Doch angesichts seines vergeblichen Wartens auf den Anbruch des Gottesreiches im Kerker des Herodes, wo er täglich mit seiner Hinrichtung rechnen musste, kamen ihm massive Zweifel: *„Bist du es, der* *da kommen soll, oder sollen wir auf einen anderen warten?"* (Mt 11,3). Die messianische Frage war für ihn wieder neu offen. Das Fortbestehen der Gewalt menschlicher Herrschaft durch die römischen Machthaber ließ sich, trotz aller messianischen Verheißungen, für Johannes nicht mehr in eine stimmige Christologie integrieren. Die ursprüngliche „Innensicht" des Täufers, die er auf Grund göttlicher Einsicht gewonnen hatte, wurde angesichts der Anfechtung nochmals zur „Außensicht" auf die Person und Geschichte Jesu. Ist er wirklich der Christus? – so fragte er und berührte damit die schlechthin sensible Seite der Diskussion um den Nazarener. Wie kann die Person und das Werk des Mannes aus Nazareth mit der Person und dem Handeln Gottes identifiziert werden? Am Ursprung vieler dogmatischen Formulierungen liegen somit apologetische Fragen, die aus der Kritik der Ungläubigen oder aber dem Zweifel der Gläubigen herrühren. In der Begegnung mit den vielfältigen Jesusbildern und Jesusvorstellungen muss also die Dimension der Anfechtung immer mitbedacht werden. Ohne sie bliebe vor allem die Geschichte der neuzeitlichen Christologie mit ihren Widersprüchen gegenüber dem Neuen Testament und dem kirchlichen Bekenntnis unverständlich.

1.4. Ein endgültiger Triumph

Ungeachtet der drei oben skizzierten beispielhaften Auseinandersetzungen von Menschen mit Jesus ist das Neue Testament in seinem umfassenden und endgültigen Christusbekenntnis ganz eindeutig. Aber bis zum Ende dieser Weltzeit stehen sich Christusbekenntnis und Christusverweigerung unversöhnt gegenüber. In den Vorurteilen über Christus leuchtet zwar manche Wahrheit über Jesus auf. Andererseits wird das Bekenntnis der Kirche zu Christus durch Anfechtung immer wieder verdunkelt. Aber dieses Schwanken zwischen den gegensätzlichen Überzeugungen findet mit der Wiederkunft Christi sein definitives Ende. Gott bekennt sich zu seinem Sohn und damit wird erwiesen, was am Ende gilt: *„Darum hat ihn auch Gott erhöht und hat ihm den Namen gegeben, der über alle Namen ist, dass in dem Namen Jesu sich beugen sollen aller derer Knie, die im Himmel und auf Erden und unter der Erde sind, und alle Zungen bekennen sollen, dass Jesus Christus der Herr ist, zur Ehre Gottes, des Vaters"* (Phil 2,9-11).

Mit der endzeitlichen Offenbarung von Jesus Christus als Weltherrscher und Weltrichter findet die menschliche Geschichte mit all ihren umkämpften, irrigen und verunsicherten Christologien ihr Ende. Das

Knie jedes Juden und Moslems, jedes Atheisten und Agnostikers beugt sich vor ihm und die Zunge jedes Hindu und Buddhisten sowie jedes Kommunisten und Freigeistes wird ihn als Gott und Herrn bekennen müssen.

Gerade dieser Horizont der Hoffnung gibt dem Streit um Jesus bei allem Ernst doch auch die Gelassenheit des Glaubens. Nicht die Kirche, sondern Gott der Vater, wird am Ende Jesus als den ewigen Sohn erweisen. Deshalb können wir im Folgenden unbefangen hören, was Menschen über Jesus sagen, und können bei ihren widersprüchlichen, ja mitunter verqueren Meinungen über ihn anknüpfen, um den biblischen Christus zu verkündigen.

2. Jesus und die Welt der Religionen

Unsere Welt ist zum globalen Dorf geworden. Waren in früheren Jahrhunderten durch politische Konstellationen religiöse Kulturen auf klar begrenzbare geographische Räume beschränkt, so hat die wirtschaftlich bzw. politisch bedingte Migration sowie die moderne Kommunikationstechnologie und Mobilität zu einer ungemein starken gegenseitigen Begegnung der verschiedenen Religionen und Weltanschauungen geführt. Angesichts der unmittelbaren Konfrontation mit den Wahrheitsansprüchen anderer Religionen bedarf der christliche Glaube in ganz neuer Weise der Klärung und Begründung seiner Voraussetzungen. Die Frage „Warum Jesus?" gewinnt erst in diesem Horizont ihre Tiefe und Brisanz. Sie wird angesichts der multikulturellen Gesellschaft besonders in den sich rasch vermehrenden und ausdehnenden Städten (Urbanisierung) zu der zentralen Herausforderung der Theologie im 21. Jahrhundert.

Wenn wir die Spurensuche nach Jesus in den nichtchristlichen Religionen aufnehmen, dann sind von vornherein unterschiedliche Perspektiven zu bedenken, unter denen die Religionen auf Jesus schauen. Zum einen geht es um all diejenigen Religionen, die gänzlich ohne Kenntnis der neutestamentlichen Überlieferung entstanden sind und ihre eigene Sicht von Gott und der Welt unabhängig von christlichen Einflüssen ausgebildet haben. Dazu gehören nicht zuletzt die ostasiatischen Hochreligionen des Hinduismus und des Buddhismus. Sie haben sich erst durch die spätere Begegnung mit dem Christentum von ihrer bereits klar umrissenen Lehre und Spiritualität aus mit Jesus auseinandergesetzt. Signifikant anders verhält es sich mit dem Islam als

der bedeutendsten nachchristlichen Weltreligion. Der Koran nimmt in intensiver Weise auf Jesus Bezug und zwar mit eindeutiger Kenntnis neutestamentlicher Traditionen, die allerdings im Sinne des Propheten Mohammed interpretiert werden.
Und schließlich hat das Judentum seine ganz eigene und auch eigenwillige Weise, sich auf den Juden Jesus zu beziehen. Die jüdische Eigenart des Umgangs mit Jesus ist vor allem durch die Tatsache bestimmt, dass es ohne die Verheißungen des Messias im Alten Testament nicht zur Lehre von Christus gekommen wäre, wie sie von der Kirche aufgrund des neutestamentlichen Zeugnisses verkündigt wird. Aber das Judentum zur Zeit Jesu, das seine hebräische Bibel mit den Christen teilt, hat sich gerade im Blick auf Jesus von der entstehenden Kirche getrennt und ist von da an bewusst als nachchristliche Religion seinen Weg in Auseinandersetzung mit der „Sekte des Nazareners" gegangen. Beginnen wir also mit der religionsgeschichtlich schwierigsten und komplexesten Beziehung zur Gestalt Jesu, nämlich der des Judentums.

3. Jesus im Horizont jüdischer Messiaserwartung und -enttäuschung

Für die christliche Gemeinde zentriert sich die gesamte biblische Botschaft in der Person Jesu als des Christus. So konzipiert Matthäus sein Evangelium als Erweis der Erfüllung alttestamentlicher Messiasverheißungen in der Geschichte Jesu. Dessen Weg ist bis in Einzelheiten bei Mose und den Propheten vorgezeichnet und wird durch die vorangegangene Weissagung im Detail beglaubigt und bestätigt. Ganz anders ist die Sicht des Judentums vom kommenden Messias. Der Begriff Judentum muss allerdings im Kontext unserer Analyse noch präziser bestimmt werden. Unter Judentum ist in unserem Zusammenhang jene Epoche der Geschichte Israels zu verstehen, die mit der Zeit des Neuen Testaments beginnt und die bis zur Gegenwart reicht. In dieser Jahrhunderte überspannenden Ära wird der Messianismus in deutlicher Abgrenzung von Jesus neu interpretiert und auf eine offene Zukunft hin auch neu entworfen, ohne in seiner biblischen Grundsubstanz aufgegeben zu werden. Dieses jüdische Konzept soll im Folgenden kurz skizziert werden.

3.1. Die Erwartung des Messias und ihre Krise

Die Geschichte Israels ist zu verstehen als eine zielgerichtete Bewegung in der Zeit auf ein endgültiges die Zeit übergreifendes und die Welt transzendierendes, d.h. vollendendes, Ziel hin. Die innere Bewegung der geschichtlichen Existenz Israels ist ganz wesentlich durch die Messiaserwartung bestimmt, weil der Messias das Reich Israels als wahres Gottesreich heraufführen wird. Als innere Motivation eines gläubigen Juden weist die Erwartung des Messias sogar über den Tod hinaus. So verfügt z.B. Rabbi Jirmeja letztwillig: „Bestattet mich in weißen, mit Taschen versehenen Gewändern und in einem Mantel mit Kragenkappe, bekleidet meine Füße mit Schuhen, gebt mir einen Stab in die Hand und legt mich auf die Seite, damit ich bei der Ankunft des Messias gerüstet sei [ihm zu folgen]."[1] Und voll flehendlicher Sehnsucht formuliert das Kaddisch-Gebet (Totengebet): „Groß und heilig erweise sich sein großer Name in der Welt, die er geschaffen hat, seinem Willen gemäß, und er lasse sein Königreich erstehen, seine Erlösung sprossen und seinen Gesalbten herannahen bei euren Lebzeiten und in euren Tagen und bei Lebzeiten des gesamten Hauses Jißrael, in Bälde und in naher Zeit."[2]

Doch bis der Messias kommen kann, durchschreitet Israel in der Zerstreuung den dornenreichen Weg immer wieder enttäuschter Messiashoffnungen. So schildert Martin Buber in „Die Erzählungen der Chassidim"[3] wie Gott befürchtet, sein Volk könnte über die Jahrhunderte in einen dumpfen Schlaf fallen und die Messiashoffnung aufgeben. Deshalb habe der Allmächtige beschlossen, durch das Auftreten falscher Messiasse Israel von Stunde zu Stunde aus dem Schlummer zu wecken, bis dann im Morgengrauen der wahre Messias erscheint. In der Tat findet sich auf dem Weg Israels durch die Völkergeschichte immer wieder die Versuchung, den Glauben an das Kommen des Messias aus Resignation ganz aufzugeben. Einmal weil gesagt wird, der Messias sei – allerdings von Israel unerkannt – bereits erschienen. So z.B. bei Rabbi Hillel: „Es gibt für Israel keinen Messias mehr, denn sie haben ihn schon in den Tagen Hiskias geschmeckt."[4]

Zum anderen stellt sich die resignative Argumentation noch tiefsinniger bei Rabbi Jochanan dar, der das Erscheinen des Messias an Bedin-

---

[1] Talmud Jeruschalmi Kil'ajim IX, 32a.
[2] Ebd.
[3] Zürich, 1949, 364.
[4] Sanhedrin 99a.

Der rätselhafte Nazarener

gungen knüpft, die so in der Realität nicht existieren: „Der Sohn Davids kommt nur in einem Zeitalter, das ganz würdig oder ganz schuldig ist"[5]. Weil kein Zeitalter des Judentums je vollkommen würdig oder völlig schuldig sein wird, muss die Erwartung des Messias demzufolge aufgegeben werden.
Andererseits finden sich bei den Rabbinen auch umfangreiche Diskussionen darüber, ob es möglich sei, die Ankunft des Messias aus den Zeitangaben der biblischen Chronologien zu berechnen: „Elijjahu sprach einst zu Raw Jehuda, dem Bruder des Raw Sfalla des Frommen: Das Weltall wird nicht weniger als fünfundachtzig Jubiläen (85x50=4250 Jahre) bestehen, im letzten Jubiläum aber wird der Davidsspross erscheinen. Da fragte ihn Raw Jehuda: Im Anfang oder gegen Ende der Jubelperiode? Der Prophet antwortete: Ich weiß es nicht. Wird jener Zeitraum zu Ende gehen oder nicht? forschte Raw Jehuda weiter. Und Elijjahu wiederholte: Ich weiß es nicht. Raw Asche meinte, der Prophet wollte ihm bedeuten: Bis dahin kannst du gar nicht auf ihn hoffen; von jenem Zeitpunkt ab magst du ihn erwarten."[6]
Daneben werden apokalyptische Szenarien geschildert, die der Zeit des Messias entweder vorangehen oder sie begleiten. Die Beschreibungen[7] reden von der Verwüstung des Landes, dem moralischen Verfall des Volkes und chaotischen zwischenmenschlichen Beziehungen. Es kommt zum endzeitlichen Kampf zwischen dem Messias und seinen Widersachern. Aber wichtig in diesen Bedrohungen bleibt die Tatsache, dass gerade die massiven endzeitlichen Trübsale und Verwirrungen die unmittelbar messianische Ära ankündigen.

3.2. Die schroffe Ablehnung Jesu im Judentum und die neue Wertschätzung des „Bruders Jesus"[8]

Zwei Grundlinien alttestamentlicher Messiasprophetien fließen im Blick auf den Erwartungshorizont des Judentums zusammen. Zum einen die Hoffnung auf einen Gesalbten der Dynastie Davids, der das politische Königtum Davids, des Eroberers Jerusalems und Gründers des Großreiches Israel, von neuem erstehen lässt. So sagt z.B. Rabbi Jehuda im Talmud zu Jesaja 30,9: „Einst wird der Allerheilige Israel

---

[5] Sanhedrin 98a.
[6] Ebd.
[7] Z.B. Mischna Sfota IX,15.
[8] So z.B. in der Jesusdarstellung bei Pinchas Lapide.

einen zweiten David erstehen lassen, denn es heißt (Jer 30,9): ‚Und sie werden dem Herrn, ihrem Gotte, dienen und David, ihrem Könige, den ich ihnen erstehen lasse.' Es heißt nicht: ‚erstehen ließe', sondern ‚erstehen lasse'."[9]
Durch den Rückbezug auf David bekommt der Messianismus seine unabdingbar politische Ausrichtung, die nicht zuletzt im Anspruch und Scheitern zahlreicher Messiasanwärter, die als Befreiungskämpfer wirkten, deutlich wird. So beschreibt der jüdische Historiker Josephus die Gründung der zelotischen Partei neben den bereits bestehenden Sadduzäern, Essenern und Pharisäern.[10]
Im einzelnen berichtet Josephus beispielhaft die Geschichte eines Mannes, der in der Zeit des Prokurators Felix zwischen 52 und 60 n.Chr. von Ägypten nach Jerusalem zog, sich als Messias ausgab und sich mit einer großen Zahl kampfbereiter Juden auf dem Ölberg sammelte, um die Römer zu schlagen. Josephus beendet den Kriegsbericht mit der Bemerkung, dass nach der Niederlage der Juden der besagte Ägypter entkam und „da geschah's – er wurde unsichtbar"[11]. Dass das Judentum zur Zeit Jesu unter diesen Voraussetzungen für den Bergprediger und leidenden Gottesknecht nicht gerade offen war, versteht sich. Gespeist von messianischen Visionen hat sich im Judentum die Bereitschaft zum revolutionären Kampf bis in die Neuzeit durchgehalten. So erklärt der französische Staatsanwalt Cahier-de-Gerville am 30. Januar 1790 im Blick auf das Engagement der Juden in der französischen Revolution: „Unter allen Bezirken der Pariser Gemeinde ist es der Karmeliterbezirk, der die größte Zahl von Juden aufweist. Mehr als jeder andere Bezirk hatte daher dieser seit Beginn der Revolution

---

[9] Babylonischer Talmud zur Stelle.
[10] „Außer diesen drei Parteien gründete der Galiläer Judas eine vierte, deren Anhänger in allen anderen Stücken mit den Pharisäern übereinstimmen, dabei aber mit großer Zähigkeit an der Freiheit hängen und Gott allein als ihren Herrn und König anerkennen. Sie unterziehen sich auch jeder möglichen Todesart und machen sich selbst nichts aus dem Mord ihrer Verwandten und Freunde, wenn sie nur keinen Menschen als ihren Herrn anzuerkennen brauchen. Da ihre Hartnäckigkeit allgemein durch Augenschein bekannt ist, glaube ich, von weiteren Bemerkungen über sie absehen zu können. Ich brauche ja nicht zu fürchten, meine Worte könnten keinen Glauben finden. Viel eher müßte ich mich besorgen, daß mir nicht genug Worte zur Verfügung stehen, um solchen Heldenmut und solche Standhaftigkeit zu schildern. Diese Tollkühnheit war es auch, die das Volk in Aufruhr brachte, als der Prokurator Gessius Florus durch den Mißbrauch seiner Amtsgewalt dasselbe so zur Verzweiflung trieb, daß es von den Römern abfiel." Josephus, Jüdische Altertümer 18,1,6.
[11] Jüdische Altertümer 20,8,6.

die Möglichkeit, die Haltung der jüdischen Einwohner zu beobachten ... Keine Bürgerkategorie hat einen größeren Eifer bei der Erkämpfung der Freiheit an den Tag gelegt als die Juden; niemand lechzte so sehr nach dem Waffenrock der Nationalgarde wie sie ... Noch sind die in Paris lebenden Juden nicht in den Rang von Franzosen erhoben; doch können wir euch versichern, dass sie dieses Namens durchaus würdig sind. Ich wage sogar zu erklären, dass sie in unserer Mitte schon jetzt als Franzosen gelten."[12]

Verstärkt wird die politische Erwartung – dies ist die zweite Grundströmung, die in den jüdischen Messianismus eingegangen ist, – durch chiliastische, d.h. später von der Kirche auf das sogenannte „Tausendjährige Reich Christi" bezogene prophetische Aussagen des Alten Testaments; so z.B. Jes 11,1-12.[13]

Die Kreuzigung Jesu konnte angesichts dieses Erwartungshintergrunds nur als Scheitern jeglichen messianischen Anspruchs Jesu gewertet werden. So findet sich in dem für das Judentum so zentralen Achtzehnbittengebet aus der Frühzeit des Streites zwischen Kirche

---

[12] Zitiert nach J. Höxter, Quellenbuch zur jüdischen Geschichte und Literatur, 5.Teil, Frankfurt 1930, 8f. Die offizielle Proklamation der Gleichberechtigung aller Juden erfolgte am 28. September 1791 durch die französische Nationalversammlung.

[13] *„Und es wird ein Reis aufgehen aus dem Stamm Isais und ein Zweig aus seiner Wurzel Frucht bringen. Auf ihm wird ruhen der Geist des HERRN, der Geist der Weisheit und des Verstandes, der Geist des Rates und der Stärke, der Geist der Erkenntnis und der Furcht des HERRN. Und Wohlgefallen wird er haben an der Furcht des HERRN. Er wird nicht richten, nach dem, was seine Augen sehen, noch Urteil sprechen, nach dem, was seine Ohren hören, sondern wird mit Gerechtigkeit richten die Armen und rechtes Urteil sprechen den Elenden im Lande und er wird mit dem Stabe seines Mundes den Gewalttätigen schlagen und mit dem Odem seiner Lippen den Gottlosen töten. Gerechtigkeit wird der Gurt seiner Lenden sein und die Treue der Gurt seiner Hüften. Die Wölfe werden bei den Lämmern wohnen und die Panther bei den Böcken lagern. Ein kleiner Knabe wird Kälber und junge Löwen und Mastvieh miteinander treiben. Kühe und Bären werden zusammen weiden, dass ihre Jungen beieinander liegen, und Löwen werden Stroh fressen wie die Rinder. Und ein Säugling wird spielen am Loch der Otter, und ein entwöhntes Kind wird seine Hand stecken in die Höhle der Natter. Man wird nirgends Sünde tun noch freveln auf meinem ganzen heiligen Berge; denn das Land wird voll Erkenntnis des HERRN sein, wie Wasser das Meer bedeckt. Und es wird geschehen zu der Zeit, dass das Reise aus der Wurzel Isais, dasteht als Zeichen für die Völker. Nach ihm werden die Heiden fragen, und die Stätte, da er wohnt, wird herrlich sein. Und der HERR wird zu der Zeit zum zweitenmal seine Hand ausstrecken, dass er den Rest seines Volks loskaufe, der übriggeblieben ist in Assur, Ägypten, Patros, Kusch, Elam, Schinar, Hamat und auf den Inseln des Meeres. Und er wird ein Zeichen aufrichten unter den Völkern und zusammenbringen die Verjagten Israels und die Zerstreuten Judas sammeln von den vier Enden der Erde."*

und Judentum die Verfluchung der Nozrim, also der Nazarener bzw. der Christen: „Den Abtrünnigen sei keine Hoffnung, die freche Herrschaft nimm schnell hinweg in unseren Tagen. Die NOZRIM und die Ketzer mögen in einem Augenblick verschwinden. Sie sollen aus dem Buche des Lebens gelöscht und nicht mitsamt den Bewährten aufgeschrieben werden. Gesegnet du, Herr, der die Frechen beugt."[14]

Diese harsche Haltung wurde später z.T. aufgegeben. Aber selbst bei einem moderaten jüdischen Denker wie Moses Maimonides (1135-1204) findet sich noch die dezidiert kritische Auseinandersetzung mit der Person und Geschichte Jesu. Typisch dabei ist allerdings die nur indirekte Bezugnahme auf Jesus. „Laß es Dir nicht in den Sinn kommen, daß der König Messias Zeichen und Wunder vollbringen, Neues in der Welt schaffen, die Toten erwecken oder Ähnliches tun wird. Solches wird nicht gelten ... Wenn ein König aus dem Hause Davids ersteht, der in der Tora forscht und nach den Geboten handelt wie sein Vorfahr David, entsprechend der schriftlichen und mündlichen Tora, wenn er ganz Israel verpflichtet, in ihr(en Wegen) zu gehen, ... und wenn er Kriege des Herrn kämpft, dann ist dieser sicher der Messias. Wenn er (alles) tat und Erfolg hatte und das Heiligtum an seinem Ort erbaute und die Zerstreuten Israels sammelte – dann ist er der wahre Messias."[15]

Martin Buber (1878-1965) ist einer der bedeutenden Repräsentanten des Judentums, der sich im Sinne der Dialogphilosophie um eine neue Würdigung der Person Jesu bemühte. Aber auch er nahm ungeachtet aller Wertschätzung des jüdischen Rabbi Jesus das christologische Bekenntnis der Kirche nur mit kritischem Befremden zur Kenntnis. Buber bemerkt: „Gewisser als je ist es mir, daß ihm ein großer Platz in der Glaubensgeschichte Israels zukommt und daß dieser Platz durch keine der üblichen Kategorien umschrieben werden kann. Unter Glaubensgeschichte verstehe ich die Geschichte des uns bekannten menschlichen Anteils daran, was zwischen Gott und Mensch geschehen ist. Thomas aber glaubt und tut seinen Glauben kund: Jesus, den er als Auferstanden anerkennt, ist sein Gott. Wir erfahren nicht, was ihn veranlaßt hat, das zu glauben, und erhalten keine Andeutung dar-

---

[14] Aus dem Achtzehnbittengebet nach der ältesten erhaltenen Handschrift aus der Kairoer Genisa (zitiert nach K.G. Kuhn, Achtzehngebet und Vaterunser, Tübingen 1950, 24).

[15] Maimonides, Mischne Tora (Jad Chasaka), Buch Schoftim, Abschnitt Melachim (Könige).

über. Es bleibt nichts übrig als uns erneut zu vergegenwärtigen, daß die Auferstehung eines einzelnen Menschen nicht zum Vorstellungskreis jüdischer Glaubenswelt gehört. Da kein Mensch einzeln auferstehen kann, ist dieser da kein Mensch, sondern ein Gott; und da er für ihn der Mensch, sein Mensch gewesen war, ist er nun sein Gott. Aber damit bricht für den Thomas der Erzählung die jüdische Glaubenswelt, die keinen Gott außer Gott kennt, mit einem Mal zusammen. Unter allen Jüngern Jesu ist er der erste Christ im Sinn des christlichen Dogmas."[16]

Pinchas Lapide steht als jüdischer Autor für eine neue Ebene des Dialogs zwischen Judentum und Christentum in der Gegenwart. Schon der Buchtitel „Der Jude Jesus"[17] macht die neue Sichtweise deutlich. Jesus wird als „Bruder Jesus" in die jüdische Familie heimgeholt. In der Zusammenfassung seiner Darstellung geht Lapide zunächst unter Berufung auf die historisch-kritische Jesus-Forschung davon aus, dass Jesus sich selbst nicht als Messias verstanden habe und deshalb auch von Israel nicht habe verworfen werden können. Aber Lapide anerkennt aus jüdischer Sicht Jesus als Lehrer Israels und als Täter des Gotteswillens. Seine besondere Bedeutung besteht jedoch darin, dass er die Heidenvölker zum Glauben an den Gott Abrahams, Isaaks und Jakobs rief. Lapide verweist auf den Kirchenhymnus „Nun komm, der Heiden Heiland" und stellt fest: „Ich glaube, sowohl Ambrosius als auch Luther haben recht. Jesus von Nazareth ist in den unerforschlichen Wegen Gottes zum Weltheiland geworden."[18] Der gemeinsame Glaube an den allein wahren Gott und Schöpfer sowie die Hoffnung auf sein Heil bestärken Lapide in der Gewissheit, dass die tiefgehenden noch strittigen Glaubensfragen zwischen Juden und Christen zu einem echten Dialog nötigen, „der morgen beginnen wird"[19].

Im Blick auf die jüdische Auseinandersetzung mit Jesus von Nazareth und seiner Rezeption im Judentum ist festzuhalten: Die Geschichte Israels ist je länger je mehr mit der Messiasfrage in komplexer Weise verwoben. Grundlegend ist der Gedanke des Davidsohns, der im Auftrag Gottes die Königsherrschaft ausübt. Aus politischer Unterdrückung und jahrhundertelanger Deportation erwächst im Judentum zunehmend die Hoffnung auf Befreiung durch den Messias. Demgegen-

---

[16] M. Buber, Zwei Glaubensweisen, Heidelberg 1986, 93.
[17] Zürich ⁴1986, 47ff.
[18] A.a.O., 121.
[19] A.a.O., 123.

über richtet Jesus seinen Wahrheitsanspruch konzentriert auf die Schuldfrage, die Versöhnung mit Gott und die Vergebung der Sünde. Die Zeichen und Wunder, die er tut, sind Hinweise auf den Anbruch des nahenden Gottesreiches. Aber es ist eben nicht die politisch-militärische Machtentfaltung des Messias, sondern der „leidende Gottesknecht" des Propheten Jesaja, der in der Person und dem Heilswerk Jesu sichtbar wird. Insofern bricht angesichts höchst unterschiedlicher Messiaserwartungen zwischen Israel und Jesus eine Kluft auf, die durch die Leidensgeschichte der Juden unter den Völkern des sogenannten christlichen Abendlandes noch vertieft wird.

Ein guter Ansatz zum Gespräch über Jesus bildet der jüdisch-christliche Dialog und die positive Heimholung Jesu als Sohn Israels ins Judentum. In diesem Gespräch können und müssen Christen anhand des Alten Testaments deutlich machen, dass die Christologie zwar auf die messianische Verheißung Bezug nimmt, sich aber nicht in ihr erschöpft, sondern über sie im Sinne der Sühne durch das Kreuz und die bessere Gerechtigkeit, die Jesus gebracht hat, hinausweist. Die uneingeschränkte königliche Herrschaft des Messias Jesu steht für Juden und Christen in Erwartung der Wiederkunft Christi noch aus. Das Zeugnis von Christen gegenüber den Juden besteht in diesem Zusammenhang darin, dass die Juden in dem erwarteten Messias, den bereits gekommenen erkennen werden.

4. Jesus aus islamischer Sicht – ein demütiger Prophet Allahs

In einer deutschen Großstadt soll ein Theaterstück aufgeführt werden, in dem Jesus als Homosexueller mitsamt seinem Jüngerkreis dem Spott des Publikums preisgegeben wird. Vor dem städtischen Theater protestieren neben konservativen Katholiken und einigen evangelikalen Gruppen auch muslimische Türken, die in großer Zahl in dieser Industriestadt leben. Als Christ würde man zunächst gewiss nicht mit einer derartigen muslimischen Solidarität rechnen, aber Jesus genießt im Koran durchaus einen hohen Stellenwert und wird als einer der Propheten Allahs verehrt. Und die Muslime wehren sich gegen jede Verunglimpfung dieses im Koran ausdrücklich respektierten Propheten. Denn in Sure 2,254 heißt es: „Sprecht: Wir glauben an Allah und was er zu uns niedersandte, und was er niedersandte zu Abraham und Ismael und Isaak und Jakob und den Stämmen, und was gegeben ward

Moses und Jesus, und was gegeben ward den Propheten von ihrem Herrn. Keinen Unterschied machen wir zwischen einem von ihnen; und wahrlich, wir sind Muslime."
Jesus wird damit eingereiht in eine beachtliche Zahl von Gottesboten, die wir vor allem aus dem Alten und dem Neuen Testament kennen. In Sure 19,19-33 wird, wenn auch in etwas vagen Formulierungen, die besondere Geburt Jesu erzählt. Seine Mutter, Miriam[20], von Mohammed irrtümlich mit Miriam, der Schwester des Mose und Aaron, verwechselt, ist die einzige Frau, die im Koran namentlich herausgestellt wird. Die Sendung Jesu als Prophet bedeutet vorrangig, dass er Offenbarungsempfänger ist. Mose wurde mit der Tora zu den Juden gesandt. Jesu spezielle prophetische Kunde ist das Evangelium und Mohammed schließlich sollte als „Siegel der Propheten"[21] den Abschluss der Heilsgeschichte mit der Verkündigung des Korans – zunächst an die Beduinenstämme der arabischen Halbinsel – bringen. Über die Wortverkündigung hinaus beschreibt der Koran Jesus auch als großen Wundertäter, während von Mohammed keine Wunder berichtet werden. Dabei geht Mohammed sogar über das Neue Testament hinaus und erzählt aus der Kindheitsgeschichte Jesu Wunder, die sich nur in dem späteren und apokryphen Thomasevangelium finden.[22]

4.1. Die Ablehnung der Gottessohnschaft Jesu und der Trinität

So sehr Jesus im Koran als Prophet verehrt wird, so strikt und scharf ist andererseits die Zurückweisung des christlichen Bekenntnisses zur Gottessohnschaft Jesu. Die schwerste Sünde im Islam besteht darin, Gott eine zweite göttliche Person „beizugesellen". Eben dieser „Beigesellung" machen sich die Christen schuldig. Deshalb werden die Christen im Koran von Jesus selbst des Götzendienstes und Unglau-

---

[20] Der latinisierte Name Maria wird im Koran zwar korrekt mit Miriam wiedergegeben. Wegen der Namensidentität mit Miriam, der Schwester des Mose und Aaron, wird sie aber mit ihr gleichgesetzt.
[21] Sure 33,40.
[22] Und als ich dich lehrte die Schrift und die Weisheit und die Tora und das Evangelium, und als du aus Ton mit meiner Erlaubnis die Gestalt eines Vogels erschufst und in sie hineinhauchtest und sie ein Vogel ward mit meiner Erlaubnis, und als du die Blinden und die Aussätzigen mit meiner Erlaubnis heiltest und die Toten herauskommen ließest mit meiner Erlaubnis; und als ich die Kinder Israel von dir zurückhielt, als du ihnen die deutlichen Zeichen brachtest. Und da sprachen die Ungläubigen unter ihnen: Dies ist nichts als offenkundige Zauberei. (Sure 5,110).

bens bezichtigt und es wird ihnen von Jesus wegen der Aussage, er sei Gottes Sohn, die Höllenstrafe angekündigt. „Wahrlich, ungläubig sind, welche sprechen: ‚Siehe, Allah, das ist der Messias, der Sohn der Maria.' Und es sprach doch der Messias: ‚Oh ihr Kinder Israel, dient Allah, meinem Herrn und eurem Herrn.' Siehe, wer Allah Götter an die Seite stellt, dem hat Allah das Paradies verwehrt, und seine Behausung ist das Feuer; und die Ungerechten finden keine Helfer."[23]

Der Messiastitel wird im Koran also inhaltlich nicht gefüllt, sondern sein neutestamentlicher Sinn wird explizit verworfen. Ein radikalerer Gegensatz in der Christusfrage, wie er zwischen dem Koran und z.B. dem Johannesevangelium besteht, ist nicht denkbar. Im Evangelium hängt das Heil daran, dass Menschen durch den Glauben an den Sohn Gottes Vergebung und neues Leben finden, während der Jesus, der im Koran geschildert wird, diejenigen mit dem Verlust des ewigen Lebens bedroht, die ihn als Sohn Gottes anrufen. Wer als Muslim glaubt, Jesus sei Gottes Sohn, muss darüber Buße tun: „Wahrlich, ungläubig sind, welche sprechen: ‚Siehe, Allah ist ein dritter von drei.' Aber es gibt keinen Gott denn einen einigen Gott. Und so sie nicht ablassen von ihren Worten, wahrlich, so wird den Ungläubigen unter ihnen schmerzliche Strafe. Wollen sie nicht umkehren zu Allah und ihn um Verzeihung bitten? Und Allah ist verzeihend und barmherzig."[24]

Hinter der Position des Koran steht zunächst die Überzeugung, dass Jesus Mensch ist und nichts als Mensch. Er gehört nicht auf die Seite des Schöpfers, sondern der Geschöpfe. „Siehe, Jesus ist vor Allah gleich Adam; er erschuf ihn aus Erde, alsdann sprach er zu ihm: ‚Sei', und er war."[25] Nur als Geschöpf wird Jesus gewürdigt einer der Gesandten Allahs zu sein, der mit einem begrenzten Auftrag die in der Sache immer gleiche moralische Botschaft Allahs zu einer bestimmten Zeit einer speziellen Menschengruppe bringt. „Und in ihren Spuren ließen wir folgen Jesus, den Sohn der Maria, zu bestätigen die Tora, die von ihm war, und wir gaben ihm das Evangelium, darinnen eine Leitung und ein Licht, bestätigend die Tora, die vor ihm war, eine Leitung und Ermahnung für die Gottesfürchtigen."[26]

Zum anderen missversteht Mohammed die Trinitätslehre als eine Drei-Götter-Lehre, die dem einen und einzigen Gott die Ehre raubt.

---

[23] Sure 5,76.
[24] Sure 5,77f.
[25] Sure 3,52.
[26] Sure 5,50.

Hinzu kommt ein weiterer fataler Irrtum. Mohammed interpretiert Dreieinigkeit als Gemeinschaft zwischen Gott dem Vater, Maria der Mutter und Jesus dem Sohn; letzterer sei aus der sexuellen Beziehung Gottes mit Maria gewissermaßen wie ein griechischer Halbgott hervorgegangen.[27] Aus alledem wird ersichtlich, dass Mohammed seine Kenntnisse der Bibel offensichtlich nur aus sehr fehlerhaften mündlichen Erzählungen und Traditionen gewonnen hat. Es gibt inzwischen hinreichend gesicherte Nachweise, dass wichtige Teile des heutigen Korantextes aus Überlieferungen der syrischen Kirche stammen, die als bloß mündliche Überlieferungen dann sehr fragmentarisch dem Koran integriert wurden.

4.2. Die Leugnung der Kreuzigung Jesu

Hier rühren wir an eine der schwerwiegendsten Differenzen zwischen dem koranischen und dem biblischen Verständnis Jesu. Während die besondere Geburt Jesu und seine Wunder, die zum Teil in der neuzeitlich historisch-kritischen Theologie christlicher Exegeten in Frage gestellt wurden, vom Koran positiv bestätigt werden, bestreitet Mohammed ausgerechnet die Kreuzigung als historische Tatsache. Im Grund sind sich selbst äußerst kritische Historiker darin einig, dass Jesus unter Pontius Pilatus am römischen Galgen hingerichtet wurde. Aber genau dieses geschichtliche Faktum leugnet der Islam mit der Begründung, die Augenzeugen der Kreuzigung hätten sich getäuscht und Jesus mit einem anderen verwechselt. „Und weil sie sprachen: ‚Siehe, wir haben den Messias, den Sohn der Maria, den Gesandten Allahs, ermordet' – doch ermordeten sie ihn nicht und kreuzigten ihn nicht, sondern einen ihm ähnlichen – ... darum verfluchen wir sie. Und siehe, diejenigen, die über ihn uneins sind, sind wahrlich im Zweifel in Betreff seiner. Sie wissen nicht von ihm, sondern folgen nur Meinun-

---

[27] „Und wenn Allah sprechen wird: ‚Oh Jesus, Sohn der Maria, hast du zu den Menschen gesprochen: Nehmet mich und meine Mutter als zwei Götter neben Allah an?' Dann wird er sprechen: ‚Preis sei dir! Es steht mir nicht zu, etwas zu sprechen, was nicht wahr ist. Hätte ich es gesprochen, dann wüsstest du es. Du weißt, was in meiner Seele ist, ich aber weiß nicht, was in deiner Seele ist. Siehe, du bist der Wisser der Geheimnisse. Nichts anderes sprach ich zu ihnen, als was du mich heißest nämlich: ‚Dienet Allah, meinem Herrn und eurem Herrn. Und ich war Zeuge wider sie, solange ich unter ihnen weilte. Seitdem du mich aber zu dir nahmst, bist du ihr Wächter, und du bist aller Dinge Zeuge. Wenn du sie strafst, siehe, so sind sie deine Diener, und wenn du ihnen verzeihst, so bist du der Mächtige, der Weise." (Sure 5,116-118).

gen; und nicht töteten sie ihn in Wirklichkeit, sondern es erhöhte ihn Allah zu sich; und Allah ist mächtig und weise."[28]

Die Motivation für diese eigenartige Behauptung liegt im prophetischen Selbstverständnis des Islam begründet. Ein Prophet Allahs ist im Grunde immer erfolgreich und steht am Ende als Sieger da. Dies gilt für Mohammed, der mit seinen Truppen die arabische Halbinsel für die neue Religion des Islam eroberte. Er starb schließlich in den Armen seiner Lieblingsfrau von seinen Anhängern hoch verehrt. Allah würde es nach koranischer Überzeugung nie zulassen, dass ein erwählter Prophet wie Jesus am Kreuz verblutet und schändlich zu Grunde geht. Deshalb seien die neutestamentlichen Passionsberichte Fälschungen. Dass damit auch die gesamte Versöhnungsbotschaft von der geschenkten Gnade Gottes hinfällig wird, ist Mohammed offensichtlich nicht bewusst. Aus der Tatsache des nicht vorhandenen Heilswerkes Christi ergibt sich mit innerer Konsequenz eine bleibende Heilsungewissheit im Islam angesichts des Jüngsten Gerichtes. Rettung oder Verderben hängt an der Gesetzeserfüllung und an Allahs endzeitlichen Urteil über einen Menschen. Dieses Gerichtswort über den Sünder bleibt dem Einzelnen ewig verborgen. Er hat es in Unterwerfung (das ist die Bedeutung von Islam) unter die willkürliche Herrschaft als sein Schicksal (Kismet) anzunehmen.[29]

4.3. Die missionstheologische Problematik der islamischen Jesulogie

Der Islam ist eine dezidiert nachchristliche Religion mit bewusst antichristlichem Charakter. Der Begriff antichristlich wird hier nicht polemisch, sondern schlicht sachgemäß im Blick auf das dargestellte muslimische Selbstverständnis angewandt. Denn Johannes füllt den Begriff „Antichrist" präzise inhaltlich und trifft damit das zentrale Anliegen der islamischen Kritik an der Christologie. *„Wer ist ein Lügner, wenn nicht der, der leugnet, dass Jesus der Christus ist? Das ist der*

---

[28] Sure 4,156.
[29] Sure 69,18-37; 84,7-15. Eine zentrale Bedeutung in der Gerichtsmetaphorik hat die Vorstellung von einer Art Präzisionswaage, mit der gute und böse Taten gegeneinander aufgewogen werden (Suren 7,8f.; 23,102f.; 101,6-9). Aufschlussreich ist die außerkoranische Überlieferung der Hadit, die auf Mohammeds Lehrtätigkeit zurückgeführt wird. Sie berichtet von einer äußerst schmalen Brücke, die über den Höllenschlund führt und von jedem Toten überquert werden muss, bevor er ins Paradies einkehren darf. Wen Allah am Ende kurz vor dem ewigen Ziel noch in die Hölle abstürzen lässt, kann niemand vorhersagen.

Antichrist, der den Vater und den Sohn leugnet. Wer den Sohn leugnet, der hat auch den Vater nicht; wer den Sohn bekennt, der hat auch den Vater." (1Joh 2,22f). Genau diese Leugnung des Sohnes ist – wie wir gesehen haben – ein unverzichtbarer Inhalt der koranischen Jesusbotschaft.

Der nachchristliche Aspekt des Islam bewirkt, dass die Botschaft Mohammeds direkt auf den historischen Jesus Bezug nimmt und gleichzeitig das neutestamentliche Christuszeugnis verwirft. Erklärt wird dieser Widerspruch zwischen Neuem Testament und Koran von muslimischer Seite mit dem Hinweis, die Christen hätten die ursprüngliche Offenbarungsbotschaft Jesu ins Gegenteil verkehrt. „O Volk der Schrift, überschreitet nicht euren Glauben und sprecht von Allah nur die Wahrheit. Der Messias Jesus, der Sohn der Maria, ist der Gesandte Allahs und sein Wort, das er in Maria legte, und Geist von ihm. So glaubet an Allah und an seinen Gesandten und sprechet nicht: ‚Drei'. Stehet ab davon, gut ist's euch. Allah ist nur ein einiger Gott; sein ist, was in den Himmeln und was auf Erden, und Allah genügt als Beschützer. Nimmer ist der Messias zu stolz, ein Diener Allahs zu sein, und nicht auch die nahestehenden Engel."[30]

Dies hat zur Folge, dass immer dann, wenn Christen Muslimen das Evangelium verkündigen, diese gegen Christus, den Gottessohn, bereits immunisiert sind. Sie gehen von der Überzeugung aus, dass sie den wahren Jesus schon besser kennen und die Christen nur ein verfälschtes Evangelium haben, das sie als Muslime um ihrer eigenen Seligkeit willen strikt ablehnen müssen. Nicht zuletzt aus diesem inhaltlichen Grund erweist sich die christliche Mission im islamischen Bereich als so unendlich schwer, weil dort alle Widerstände gegen den Christus bereits geweckt worden sind, ehe der Missionar überhaupt zu predigen anfängt.

5. Jesusvorstellungen in den ostasiatischen Hochreligionen Hinduismus und Buddhismus

Der Hinduismus und seine grundlegende Reform in Gestalt des Buddhismus sind historisch lange vor Christus entstanden. Sie haben sich über Jahrhunderte ohne direkte Beeinflussung der sogenannten mono-

---

[30] Sure 4,169f.

theistischen Religionen Judentum, Christentum und Islam entwickelt. Es gibt zwar vom frühen Christentum in Indien historische Spuren missionarischer Tätigkeit, deren Auswirkungen aber recht marginal geblieben sind. Entscheidend war seit dem 10. Jahrhundert allerdings der weithin gewaltsame Zusammenstoß des Hinduismus und Buddhismus mit den islamischen Eroberern seit dem 10. Jahrhundert. Der Islam stieß damals in den indischen und fernöstlichen Kulturraum vor und bestimmte durch seine militärische Überlegenheit nachhaltig den Subkontinent sowie Malaysia und die indonesische Inselwelt.
Aus diesen religionsgeschichtlichen und geographischen Tatsachen ist die relativ spärliche Bezugnahme in der ostasiatischen Tradition auf Jesus zu verstehen. Im Folgenden kann es nur darum gehen, einige elementare Hinweise im Blick auf die Jesusbilder im Hinduismus und Buddhismus darzustellen.

5.1. Die Person Jesu in hinduistischer Perspektive

Mahatma Gandhi bringt wesentliche Anliegen des Reformhinduismus gegenüber dem Christentum in seinem Beitrag „Freiheit ohne Gewalt" auf den Punkt. „Es ist wahr, daß jeder von uns dem Wort ‚Gott' eine eigene Deutung aufsetzt. Wir müssen es notwendigerweise tun, denn Gott umfaßt nicht nur diesen unseren kleinen Globus, sondern Millionen und Billionen von solchen Globen und Welten über Welten. Wie können wir, kleine kriechende Kreaturen – wenn überhaupt möglich – seine Größe, seine unbegrenzte Liebe und sein unendliches Mit-Leiden messen? Seine unendliche Liebe und Barmherzigkeit sind so groß, daß er dem Menschen erlaubt, ihn anmaßend zu leugnen, über ihn zu streiten und selbst seinem Mitmenschen den Hals abzuschneiden. Ich bitte Sie, ein wenig Raum für ehrlichen Zweifel zu belassen. Laßt uns unser eigenes Leben leben. Und wenn unser Leben das richtige ist, welchen Grund gibt es für Eile? Es wird aus sich selbst reagieren. Auf alle Fälle trinken Sie aus der Tiefe der Brunnen, die Ihnen in der Bergpredigt gegeben sind, aber dann werden Sie auch Bußgewand und Asche auf sich nehmen müssen, und zwar in Hinblick darauf, beim Handeln gemäß der Predigt Christi zu versagen."[31]
Zunächst zeigt sich hier der gewaltige kosmologische Hintergrund von dem her der Hinduismus denkt. Die Erde gilt als winziges, unbedeutendes Staubkorn und auf diesem bewegt sich der Mensch in seiner

---

[31] Köln, 1968, 116.

Nichtigkeit. Die gewalttätigen Auseinandersetzungen zwischen den Anhängern unterschiedlicher Religionen sind angesichts der universalen Liebe Gottes absurd. Die Wahrheitsfrage kann im Blick auf die zahllosen Reinkarnationen mit großer Gelassenheit offengehalten werden. Es gibt, wie Gandhi sagt, keinen Grund zur Eile. Der Mensch kann im Zuge der Reinkarnationen auch in unterschiedlichen Religionsformen existieren. Es gilt ein tolerantes „leben und leben lassen" der Fremdreligionen. Die Heilsfrage wird nicht wie in der Bibel an die irdische Lebenszeit als Zeit der Gnade gebunden. Die auf das Eschaton, d.h. das Weltgericht bezogene Dringlichkeit besteht nicht in dem Sinne, wie wir sie z.B. im Hebräerbrief formuliert finden: *„Es ist dem Menschen gesetzt zu sterben, danach aber das Gericht"* (Hebr 9,27). Statt dessen legt ein aufgeklärter Reformhindu wie Mahatma Gandhi alles Gewicht auf die praktische Ethik. Die Botschaft ist klar: Die Christen sollen zuerst die Bergpredigt halten, womit sie mehr als genug zu tun haben, bevor sie anfangen, Angehörige anderer Religionen wie z.B. Hindus zu missionieren.

Die Tragik der Aussage Gandhis liegt allerdings in der Tatsache, dass er selbst von einem Hindufanatiker ermordet wurde. Dieses Problem begegnet auch im großen Zusammenhang der Religionspolitik. So zeigt die Geschichte des militärischen Konflikts zwischen indischen Hindus und muslimischen Pakistanis oder zwischen hinduistischen Tamilen und buddhistischen Singhalesen auf Sri Lanka, dass die Praxis des Hinduismus und Buddhismus in der politischen Realität häufig der scheinbaren Toleranz dieser Weltreligionen widerspricht.[32]

Ungeachtet eines gewaltbereiten Hinduismus im modernen Indien gab es jedoch nach der Unabhängigkeit des Landes 1947 einige herausragende hinduistische Denker, die spirituell und existentiell von der Person Jesu Christi angesprochen waren: z.B. Ram Mohan, der von der Unvergleichlichkeit Jesu bewegt war; Kesab Chandra Sen wird zum Christus-Bahakta; Mozuomdar mit dem Ehrentitel Mahatma (Gandhi) ist durch seine grundlegende Christuserfahrung zeitlebens geprägt; Entsprechendes gilt für die Christusrezeption bei Akhilananda. Die

---

[32] Leider gab und gibt es beschämend viele gewaltsam ausgetragene Konflikte in der Geschichte des sogenannten „christlichen Abendlandes". Das Problem, um das es in unserm Zusammenhang geht, besteht jedoch darin, dass heute vielen Europäern der Hinduismus und Buddhismus wegen ihrer Toleranz und Gewaltfreiheit als Beispiele vor Augen gestellt werden, obwohl diese Religionen sich in der geschichtlichen Realität oft überhaupt nicht gewaltlos verhalten haben. So gesehen wird hier bewusst ein pazifistisch-tolerantes Klischee von diesen Religionen gepflegt.

genannten Hindugelehrten versuchen die klassische Avatara-Konzeption, d.h. „Herabsteigung" eines Gottes in verschiedenen Gestalten – wie sie besonders im Vishnu-Glauben gelehrt wird – mit der Christologie zu verknüpfen. Wir stehen damit vor einer Spannung, die sich für den interreligiösen Dialog geradezu als typisch erweist. Einerseits begegnen wir in den großen Religionen einer Minderheit von aufgeklärten und toleranten Repräsentanten, denen andererseits eine große Zahl von wenig informierten und häufig auch fanatisierten Anhängern gegenübersteht. Dabei wird deutlich, dass der konstruktive Bezug auf Jesus Christus eben nur bei der aufgeklärten Minderheit zu finden ist, während sich die große Mehrheit weithin radikal verschließt, es sei denn, das missionarische Wort dringt bis in die Tiefe durch und verändert das Leben dieser Menschen; dann kommt es im neutestamentlichen Sinn zur Umkehr, die im interreligiösen Dialog leider nur sehr selten am Ende des Gesprächsprozesses steht. Wenn wir uns hier dennoch auf eben diese „interreligiösen" Gesprächspartner beziehen, dann deshalb, weil sie sich in reflektierter Weise um Anknüpfungspunkte zwischen ihren jeweiligen Religionen und dem christlichen Glauben bemühen. Die Ergebnisse eines solchen Dialogs können später der christlichen Mission wichtige Hinweise nicht nur zum Verständnis beispielsweise des Hinduismus und Buddhismus geben, sondern auch die Themen aufzeigen, durch die die Missionspredigt am besten das Evangelium der breiten Bevölkerung nahe bringen kann.

Deshalb möchte ich nochmals interpretierend auf das oben bereits angesprochene Zitat Mahatma Gandhis zurückkommen. Gandhi macht den geistigen Horizont deutlich, in dem Reformhindus versuchen, christliche Inhalte mit dem Hinduismus zu akkomodieren, d.h. hinduistischer Vorstellungen christlichen anzunähern. Dabei ergeben sich die folgenden drei grundlegenden Themenbereiche:

1. Der Hinduismus geht kosmologisch von der Vorstellung unendlicher Welten aus, die in unzähligen Zyklen vergehen und wieder erstehen. Unser Planet Erde mit seinem Sonnensystem ist angesichts des kosmischen Geschehens nur ein vorübergehendes Staubkorn. Gefragt wird deshalb nach dem universalen Christus, der in den Zyklus der Weltwerdung hineinverwoben ist und der damit eine der vielen Verkörperungen des unfassbar Göttlichen darstellt. Der Hinduismus erweist sich in diesem Zusammenhang als eine ungemein aufnahmefähige Religion, die ihre Kraft, andere Weltanschauungen in sich aufzu-

nehmen, bereits über Jahrhunderte zuvor gegenüber dem Islam erwiesen hat.
Diese interreligiöse Anpassungsfähigkeit lässt sich z.B. sehr eindrücklich an der Religion der Sikhs aufzeigen. Diese Religionsform stellt eine typisch indische Verbindung von hinduistischen und islamischen Lehren und Riten dar. Die Mentalität der Menschen auf dem Subkontinent, die seit Jahrhunderten in einer multikulturellen Umwelt groß wurden, hat viele Formen des Synkretismus (der Religionsvermischung) hervorgebracht.
Die von der Exklusivität des Heils in Christus ausgehende christliche Mission erscheint den Hindus demgegenüber als zu rigoristisch und „dogmatisch"; sie wird deshalb als unangemessener Wahrheitsanspruch abgelehnt. Damit ist bereits der Grundkonflikt zwischen Christentum und Hinduismus deutlich markiert. Die Herausforderung für eine kontextuelle christliche Missionstheologie gegenüber dem Hinduismus besteht darin, die universale Bedeutung des von Ewigkeit zu Ewigkeit in der Trinität Gottes lebenden Christus in seiner Einheit mit dem inkarnierten Christus zusammenzudenken. Denn an den Mensch gewordenen Christus hat Gott nach christlicher Überzeugung exklusiv seine Offenbarung gebunden. Nur in Christus findet Gottes Vermittlung sowohl der Schöpfung wie auch der Erlösung statt.
2. Der wichtigste Zugang des Hindu zum christlichen Glauben besteht zunächst weniger in der reflektierenden Durchdringung des christologischen Dogmas, als vielmehr in der spirituellen Erfahrung. Denn die „bhakti", d.h. die Gottesliebe und Gotteserhebung, gilt neben dem Weg des Handelns – und noch vor aller Erkenntnis – nach hinduistischem Verständnis als der wichtigste Weg zur Erlösung. Askese, Meditation und geistliche Übung spielen eine hervorragende Rolle. Die hinduistische Seelenführung durch Gurus fragt weniger nach theologischen Einsichten als mehr nach psychologischer Einfühlung. Akhilananda sagt in seinem Beitrag „The Hindu View of Christ": „Die Inder haben Jahrhunderte hindurch die Technik der religiösen Übung gepflegt und eine umfassende Psychologie höchster Ordnung entwickelt, gegründet auf alle Funktionen des menschlichen Geistes, seien sie unbewusst, bewusst oder überbewusst."[33] Bezeichnender Weise zeigt sich heute gerade im rationalen und durchrationalisierten Westen eine neue Sehnsucht nach spiritueller Erfahrung, die viele Menschen für

---

[33] New York 1949, 278.

ostasiatische Religiosität öffnet. Deshalb gilt es vom Neuen Testament her ganz neu zu entdecken und zu entfalten, was das „Sein in Christus" bedeutet, das in den Briefen des Paulus eine so zentrale Rolle spielt. Ohne überzeugende Tiefendimension der Christusbeziehung und die gelebte Praxis des Glaubens wird Hindus das Christentum immer als kalt, oberflächlich und leer erscheinen.

3. Die Vorhaltung Gandhis in der eingangs zitierten Aussage zeigt, welch entscheidende Bedeutung einer alternativen Ethik des Christen im Blick auf die Akzeptanz des Christentums durch Hindus zukommt. Fragt man nach christlichen Persönlichkeiten, die auf Hindus einen besonders anziehenden und überzeugenden Einfluss ausgeübt haben, so stößt man auf Sadhu Sundar Singh, den Asketen und Wanderprediger, und auf den Missionar und Theologieprofessor Charles Freer Andrews, der sich als „Bruder Gandhis" und „Freund des Landes" einen Namen gemacht hat sowie auf den amerikanischen Missionar Stanley Jones. Ihnen allen ist die unverwechselbar konsequente Christusnachfolge gemeinsam. Sie waren als „Brief Christi" auf Christus hin transparent und unterschieden sich in ihrem ethischen Verhalten von der nur bürgerlichen Existenz anderer Repräsentanten des Westens.

Von Stanley Jones (1884-1973) wird eine Geschichte erzählt, die in hervorragender Weise die christologische Differenz in der Begegnung zwischen Christen und Hindus unterstreicht. Nach einer seiner missionarischen Predigten in einer indischen Kleinstadt kam ein Hindugelehrter auf Stanley Jones zu und erklärte ihm: „Was uns die weißen Missionare sagen können, ist wirklich nichts Neues. Denn wir Hindus haben eine jahrtausende alte Kultur. Alles steht bereits in unseren ehrwürdigen Sanskritschriften. Deshalb bitte ich Sie, mir nach Ihrer nächsten Ansprache die Gelegenheit zu geben, diesen Sachverhalt den Zuhörern aufzudecken." Stanley Jones stimmte dem Vorschlag zu. Er verkündigte wie immer das Evangelium, indem er den Menschen Jesus als den Gekreuzigten vor Augen stellte. Dann wurde der Hindugelehrte nach vorne gebeten, um seine Kritik vorzutragen. Er wirkte unsicher und etwas ratlos, bis er schließlich nur den einen Satz hervorbrachte: „We don't have such a person!" (Wir haben keine solche Person [im Hinduismus]). Dann trat er rasch wieder ab. Diese Aussage bestätigt das Eingeständnis, dass in den hinduistischen Schriften des Sanskrit zwar tiefe menschliche Weisheit steckt. Aber dass diese Wahrheit eben nicht die einzigartige Gestalt des einen unverwechselbaren Mannes aus Nazareth umfasst, der sich am Kreuz als der von Gott gesandte Erlöser aller Menschen geoffenbart hat.

5.2. Erleuchtung oder Erlösung – die Spannung zwischen Buddhologie und Christologie

Daisetz T. Suzuki artikuliert in seinem Beitrag „Der westliche und östliche Weg"[34] sowohl die unübersehbaren Gegensätze zwischen Buddhismus und Christentum als auch die gegenwärtige Bereitschaft zum interreligiösen Dialog. Er bemüht sich dabei geradezu einen dialektischen Erkentnisprozess darzustellen, in dem sich die Widersprüche von These und Antithese in einer notwendigen Synthese aufheben. Suzuki arbeitet zunächst die unterschiedlichen Überzeugungen zwischen dem buddhistischen und christologischen Konzept der Erlösung heraus:

„Immer wenn ich ein Bild des gekreuzigten Christus sehe, muß ich an die tiefe Kluft denken, die zwischen Christentum und Buddhismus liegt. Die Kluft ist symbolisch für den psychologischen Unterschied zwischen Ost und West. Das persönliche Ich wird im Westen stark betont. Im Osten gibt es kein Ich. Das Ich ist nicht-existent, und daher gibt es kein Ich, das man kreuzigen könnte. Die Kreuzigung hat in der Tat einen doppelten Sinn: einen individualistischen und einen allgemein menschlichen Sinn. Einmal symbolisiert sie die Zerstörung des individuellen Ichs, zum anderen vertritt sie die Lehre vom stellvertretenden Opfer, nach der alle unsere Sünden gesühnt sind, indem Christus starb. In beiden Fällen muss der Tote wiedererweckt werden. Ohne die Wiederauferstehung hätte die Zerstörung keinerlei Sinn. In Adam sterben, in Christus leben wir. Das muss in dem oben angedeuteten doppelten Sinn verstanden werden. Im Buddhismus wird nur die Erleuchtung gebraucht, keine Kreuzigung, keine Auferstehung. Wohl ist Auferstehung etwas Dramatisches und Menschliches, aber es ist auch das Odium des Leibes darin. In der Erleuchtung finden wir Glückseligkeit und echte Transzendenz. Die irdischen Dinge erfahren ihre Erneuerung, eine Verwandlung, die sie wieder unverbraucht macht."

Suzuki erfasst in dieser Beobachtung einen zentralen Unterschied zwischen ostasiatischer und abendländischer Weltanschauung sehr präzise. Im Buddhismus wird das individuelle Ich als bloße Illusion, als Täuschung (Maya) aufgefasst. Ihm kommt deshalb keinerlei Bedeu-

---

[34] Berlin 1980.

tung zu. Im Gegenteil, das Ich muss durch Meditation und Askese überwunden und negiert werden. Nur so kann das Individuum aus dem Kreislauf der Wiedergeburten befreit werden. Und genau darin besteht nach buddhistischer Vorstellung der Weg zur Erlösung. Auferstehung erscheint dem Buddhismus als Intensivierung der Person und damit geradezu als kontraproduktiv zur Erlösung. Die Leiblichkeit und Geschichtlichkeit der Person Jesu und seines Weges zum Kreuz stellt für buddhistische Denker deshalb ein eklatantes Ärgernis dar, weil hier auf die konkrete Einzelperson abgehoben wird. Die Erleuchtung ist aber ein rein geistiger Vorgang, der vom Materiellen unberührt bleibt. Da Schuld an das Individuum gebunden ist, löst sich die Schuldfrage mit dem Eingang des Menschen ins „Nirwana". Ein individueller Mensch mit seiner irdischen Lebensgeschichte kann nicht stellvertretend für einen anderen den Weg zum „Nirwana" gehen. Buddha zeigt den Weg zur Erlösung, aber er ist nicht als Person dieser Weg.

Ausgehend von dieser elementaren Unterscheidung zwischen östlichem und westlichem Denken konkretisiert Suzuki die Problematik auf das Verhältnis von Christologie und Buddhologie. Er gebraucht dabei eine visuelle Veranschaulichung mit einem Kruzifix und einer Plastik, die den liegenden Buddha darstellt. Die für die beiden Religionen jeweils typischen Symbole repräsentieren in ihrem geometrischen Ausdruck als Vertikale bzw. Horizontale unterschiedliche geistige Mentalitäten. Die Vertikale, in der Jesus dem Menschen gegenübertritt, steht für Suzuki für „Aktion, Bewegung und Drang nach oben".[35] Vom liegenden Buddha, also der Horizontalen, geht das Gefühl des Friedens und der Erfülltheit aus. Auch der häufig dargestellte sitzende Buddha vermittelt den Eindruck „von Zuverlässigkeit, fester Überzeugung und Unerschütterlichkeit."[36]

Die Konsequenzen, die Suzuki aus dem beschriebenen Unterschied zwischen vertikaler und horizontaler Haltung ableitet, sind für den integrativen Denkansatz ostasiatischer Spiritualität im Horizont des religiösen Dialogs charakteristisch. Die geometrischen Differenzen beschreiben keineswegs einen kontradiktorischen Widerspruch, sondern sind polar aufeinander zu beziehen, d.h. sie bedingen sich in ihrer Existenz gegenseitig und notwendig wie die These und Antithese in der Hegel'schen Philosophie.

---

[35] A.a.O, 125.
[36] Ebd.

„Ich schlage dies vor: Wenn etwas immer in der Horizontalen bleibt, ist Tod die Folge. Wenn die Vertikale sich auf sich versteift, bricht sie zusammen. In Wirklichkeit ist die Horizontale nur Horizontale, wenn man sich vorstellt, daß sie die Neigung enthält, sich zu erheben und etwas anderes zu werden, eine Linie mit dem Drang zur Dreidimensionalität. Ebenso verhält es sich mit der Vertikalen. Solange sie unbeweglich in ihrer senkrechten Haltung verharrt, hört sie auf, sie selbst zu sein. Sie muß biegsam werden, muß Elastizität erwerben, muß sich selbst mit Beweglichkeit im Gleichgewicht halten."[37]

Bei Suzuki ist demnach in charakteristischer Weise die heilsgeschichtlich-soteriologische Bedeutung durch eine metaphysisch-symbolische ersetzt. Christus symbolisiert in der Struktur der Wirklichkeit nur die andere Seite des polaren Seins, aber er ist darin seinerseits eben nur Chiffre für Aktion und Bewegung. Diese Aktion und Bewegung ist jedoch wie der liegende Buddha ebenfalls nur Ausdruck der zeit- und geschichtslosen Realität des Kosmos. Das Kreuz bringt in die Seinsstruktur des Kosmos kein einmaliges Heilsereignis hinein, sondern drückt gerade durch seine Polarität nur das schon immer ontologisch vorfindliche Heil symbolisch aus. Denn Suzuki interpretiert die Differenz zwischen dem gekreuzigten Christus und dem liegenden Buddha als Ausdruck eines Geheimnisses, das allem Sein bereits zugrundeliegt. Die kosmische Wirklichkeit ruht in sich und besteht in dieser Polarität zeitunabhängig jenseits der konkreten Geschichte. Nur ist mit dieser Dialektik zumindest im Blick auf den christlichen Glauben, der entscheidende Punkt, auf den es im Gespräch zwischen Christentum und Buddhismus ankommt, noch gar nicht berührt. Denn in der Auseinandersetzung zwischen Buddhismus und christlicher Theologie müsste im Blick auf das Kreuz deutlich werden, dass sich die einmalige individuelle Geschichte Jesu gerade nicht dialektisch mit einer kosmischen Seinslehre vermitteln lässt, die die Einzigartigkeit der Person Jesu aufhebt. So sehr Suzuki am Anfang seiner Darstellung in dem zitierten Text die Gegensätze profiliert herausgearbeitet hat, so sehr relativiert er sie in der Fortsetzung seiner Ausführung unter dem Vorzeichen hinduistisch-buddhistischer Kosmologie. An dieser Argumentation wird ein Grundproblem jeden interreligiösen Dialogs sichtbar. Die vorgetragenen Lösungen sind jeweils so sehr von der eigenen Sichtweise bestimmt, dass die Gefahr besteht, dass der Ge-

---

[37] A.a.O., 129.

sprächspartner am Ende doch vereinnahmt wird. Für den christlichen Glauben kann es aber nicht um Vereinnahmung gehen, sondern um Überzeugung durch das evangelistisch verkündige Wort. Diese missionarische Bemühung schließt das notwendige gegenseitige Verständnis in der Sache und den Respekt vor der Würde des anderen gerade nicht aus, sondern ein.

6. Die heilsnotwendige Begegnung mit Jesus, dem Christus

Schauen wir zurück auf die verwirrenden Mosaiksteinchen, die die fragmentarischen Jesusbilder in den Religionen uns vor Augen stellen, so zeigt sich trotz aller Widersprüchlichkeit zumindest ein recht durchgängiges Motiv: Der Nazarener fasziniert selbst dort, wo er belächelt oder sogar abgelehnt wird. Man kommt nicht an ihm vorbei – und man will es offensichtlich auch nicht. Etwas von dem „desideratus gentibus" (dem Ersehnten der Völker) rührt als Verlangen nach dem messianischen Heil die Herzen für Jesus. Seine Andersartigkeit und vor allem sein Protest gegen angemaßte religiöse Autoritäten provoziert. Selbst wenn man seinen Anspruch auf Gehorsam des Glaubens weit von sich weist, bleibt doch die Bewunderung für die radikale Konsequenz seines Handelns sowie für seine unbedingte Gottes- und Menschenliebe. Man könnte auch schlicht von Respekt vor seinem ethisch vorbildlichen Handeln reden.

Aus christlich-biblischer Sicht sind die in diesem Beitrag skizzierten religiösen Jesusbilder höchst defizitär, ja im Kern falsch, weil sie allesamt zu kurz greifen. Jesus ist Gottes Selbstoffenbarung in Menschengestalt. Als wahrer Mensch ist er wahrer Gott, und nur als der Gottessohn baut er die Brücke über den Abgrund der Sünde zwischen Gott und den Menschen. Nur als wahrer Gott kann Jesus den Menschen, der seine Bestimmung verfehlt hat, dorthin führen, wo er die vollendete Gottebenbildlichkeit und Gotteskindschaft findet. Es handelt sich um eine Gotteskindschaft, die erst im Angesicht Jesu Christi Gestalt gewinnt. Diese geistgewirkte Glaubenserkenntnis soll durch die Verkündigung des Evangeliums in die Menschen eingepflanzt werden. Dies ist und bleibt das Ziel des missionarischen Dialogs mit den Menschen außerhalb der Kirchen.

Aber um solche Verkündigung vorzubereiten, lässt sich ungeachtet aller hier bereits aufgezeigten Mängel an den verschiedenen Religionen anknüpfen. Die in den Religionen begegnenden Jesusvorstellungen weisen auf die vorhandenen Sehnsüchte der Menschen zurück und sie enthalten bei allem Fragmentarischen, Defizitären und auch Falschem doch jenes Körnchen Wahrheit, an dem die Verkündigung des Evangeliums anknüpfen kann.

Denn Jesus ist sehr wohl nach neutestamentlicher Erkenntnis auch Prophet Gottes, Lehrer der besseren Gerechtigkeit und ethisches Vorbild, dem wir nachfolgen sollen. Diese Dimension der Person und des Wirkens Jesu vermag der natürliche Mensch durchaus zu vernehmen. Ja, unsere Zeitgenossen werden vom Geheimnis Jesu angezogen, selbst wenn sie ihm nur in verzerrter Gestalt begegnen. Auch der heutige Mensch kann mit Pontius Pilatus beim Anblick des so vielfach geschundenen und verunstalteten Jesus ausrufen: „Ecce homo!" (Seht, welch ein Mensch!) In der Person Jesu Christi wird jeder einzelne Mensch in seiner Schuld und seinem Schicksal dem Menschenbild, das Gott selbst als der Schöpfer hat, gegenübergestellt. In der Begegnung mit Jesus reift die Erkenntnis: So sollte ich ursprünglich sein und wie dieser Mensch soll ich endgültig werden. Mit dieser vertieften Einsicht in das Wesen des Menschen Jesus leuchtet bereits die christologische Wahrheit auf.

Die für viele Nichtchristen beeindruckende Menschlichkeit Jesu ist jedoch nicht nur ein Anknüpfungspunkt für das missionarische Gespräch nach außen. Es ist zugleich auch eine schmerzhafte Herausforderung an Christen, die es sich innerhalb der Kirchenmauern oft so bequem mit der Nachfolge Jesu machen. Denn gerade im Blick auf die Unvergleichbarkeit Jesu Christi wenden sich mitunter kritische Menschen, die sehr wohl einen ersten positiven Zugang zu dem Mann aus Nazareth gefunden haben, dennoch von der Kirche Jesu Christi ab, weil sie vom ethischen Verhalten vieler Christen enttäuscht sind. Besonders in der postmodernen Gesellschaft, in der die Skepsis gegenüber dogmatischen Doktrinen[38] tief verwurzelt ist, gilt die Feststellung des Apostels: *„Ihr seid unser Brief, in unser Herz geschrieben, erkannt und gelesen von allen Menschen. Ist doch offenbar geworden,*

---

[38] Selbstverständlich sind die dogmatischen Erkenntnisse und Formulierungen bezüglich des Christusgeheimnisses auch und gerade in der postmodernen Gesellschaft keinesfalls überflüssig. Aber hier geht es zunächst um einen ersten missionarischen Zugang. Wenn dieser sich als positive Offenheit einstellt, erwächst im Verlauf des weiteren Gesprächs aus der Missionssituation die katechetische Unterweisung, die den zum Glauben Hingeführten in die biblische Lehre von Christus einweist.

dass ihr ein Brief Christi seid, durch unseren Dienst zubereitet, geschrieben nicht mit Tinte, sondern mit dem Geist des lebendigen Gottes, nicht auf steinerne Tafeln, sondern auf fleischerne Tafeln, nämlich eure Herzen" (2Kor 3,2f). Die Botschaft des Evangeliums wird von den kritischen Zeitgenossen vernommen durch die gelebte Nachfolge, aber nur wenn die Gemeinde wirklich eine Kontrastgesellschaft in der säkularen Welt darstellt.

Die Jesusbilder in den Religionen tragen also wenig aus für die rechte Christuserkenntnis, sie sagen aber sehr wohl Entscheidendes über die Christussehnsucht der Menschen, die nach der ganz anderen, schlechthin alternativen Gotteserfahrung „in Christus" Ausschau halten. Darin sind die Weltreligionen eine notwendige Provokation für die Kirche, gerade weil sich ein wesentlicher Aspekt der Sendung Jesu hinter diesen Sehnsüchten nach dem neuen Menschen und der neuen Welt verbirgt.

Anhang: Grundtexte zur Christologie

Das Nicänische Glaubensbekenntnis[1]

Wir glauben an den einen Gott,
den Vater, den Allmächtigen,
der alles geschaffen hat, Himmel und Erde,
die sichtbare und die unsichtbare Welt.

Und an den einen Herrn Jesus Christus,
Gottes eingeborenen Sohn, aus dem Vater geboren vor aller Zeit:
Gott von Gott, Licht vom Licht, wahrer Gott vom wahren Gott,
gezeugt, nicht geschaffen, eines Wesens mit dem Vater;
durch ihn ist alles geschaffen.
Für uns Menschen und zu unserm Heil ist er vom Himmel gekommen,
hat Fleisch angenommen durch den Heiligen Geist
von der Jungfrau Maria und ist Mensch geworden.
Er wurde für uns gekreuzigt unter Pontius Pilatus,
hat gelitten und ist begraben worden,
ist am dritten Tag auferstanden nach der Schrift
und aufgefahren in den Himmel.
Er sitzt zur Rechten des Vaters
und wird wiederkommen in Herrlichkeit,
zu richten die Lebenden und die Toten;
seiner Herrschaft wird kein Ende sein.

Wir glauben an den Heiligen Geist, der Herr ist und lebendig macht,
der aus dem Vater und dem Sohn hervorgeht,
der mit dem Vater und dem Sohn angebetet und verherrlicht wird,
der gesprochen hat durch die Propheten,
und die eine, heilige, allgemeine und apostolische Kirche.
Wir bekennen die eine Taufe zur Vergebung der Sünden.
Wir erwarten die Auferstehung der Toten
und das Leben der kommenden Welt. Amen.

---

[1] Das Nicänische Glaubensbekenntnis, genauer „Nicaeno-Constantinopolitanum", wurde auf dem Konzil von Nicäa 325 und – im dritten Artikel vom Heiligen Geist erweitert – auf dem Konzil von Konstantinopel 381 erneut verabschiedet. Zitiert nach EG Nr. 687, 1244f. Vgl. Die Bekenntnisschriften der evangelisch-lutherischen Kirche (BSLK), 26f.

Das Chalcedonense[2]

Den heiligen Vätern folgend, lehren wir alle übereinstimmend,
als einen und denselben Sohn unsern Herrn Jesus Christus zu bekennen,
denselben vollkommen in der Gottheit und denselben vollkommen in der Menschheit,
wahrhaft Gott und denselben wahrhaft Mensch, aus Vernunftseele und Leib, wesensgleich dem Vater nach der Gottheit und denselben uns wesensgleich nach der Menschheit, in allem uns gleich, ausgenommen die Sünde [vgl. Hebr 4,15],
vor den Äonen aus dem Vater geboren nach der Gottheit, aber in den letzten Tagen denselben um unsertwillen und um unsres Heiles willen [geboren] aus Maria, der Jungfrau, der Gottesmutter, nach der Menschheit,
einen und denselben Christus, Sohn, Herrn, Einziggeborenen,
in zwei Naturen unvermischt, unverwandelt, ungetrennt, unzerteilt erkannt,
wobei keinesfalls die Verschiedenheit der Naturen wegen der Einigung aufgehoben ist, vielmehr die Eigentümlichkeit jeder Natur erhalten bleibt und zu Einer Person und Einer Hypostase vereinigt wird,
nicht in zwei Personen geteilt oder getrennt,
sondern einen und denselben einziggeborenen Sohn, Gott-Logos, Herrn Jesus Christus,
wie von alters her die Propheten von ihm und Jesus Christus selber uns gelehrt haben und das Bekenntnis der Väter uns überliefert hat.

---

[2] Nach dem Konzil von Konstantinopel konzentrierte sich das theologische Ringen um die Frage nach dem Verhältnis von göttlicher und menschlicher Natur Jesu Christi. Das Ergebnis wurde auf dem Konzil von Chalcedon 451 in einem christologischen Bekenntnis, dem sog. Chalcedonense, fixiert. Zitiert nach H. Karpp, Textbuch zur altkirchlichen Christologie, Neukirchen 1972, 138f. Vgl. BSLK, 1105.

M. Luthers Erklärung zum zweiten Artikel im Kleinen Katechismus[3]

Ich glaube,
dass Jesus Christus,
wahrhaftiger Gott
vom Vater in Ewigkeit geboren
und auch wahrhaftiger Mensch
von der Jungfrau Maria geboren,
sei mein Herr,

der mich verlornen und verdammten Menschen erlöset hat,
erworben, gewonnen von allen Sünden,
vom Tode und von der Gewalt des Teufels;
nicht mir Gold oder Silber,
sondern mit seinem heiligen, teuren Blut
und mit seinem unschuldigen Leiden und Sterben;

damit ich sein eigen sei und in seinem Reich unter ihm lebe
und ihm diene in ewiger Gerechtigkeit, Unschuld und Seligkeit,
gleichwie er ist auferstanden vom Tode,
lebet und regieret in Ewigkeit.
Das ist gewisslich wahr.

---

[3] Der Kleine Katechismus M. Luthers von 1529 enthält Erklärungen zu den Hauptstücken des christlichen Glaubens (vgl. BSLK, 501-527). Die Erklärung zum zweiten Artikel des Apostolischen Glaubensbekenntnisses ist zitiert nach EG Nr. 834, 1487.

Volker Gäckle (Hrsg.)

Warum das Kreuz?

Die Frage nach der Bedeutung des Todes Jesu
Beiträge aus dem Albrecht-Bengel-Haus, Tübingen

224 Seiten, Paperback, TVG Orientierung, Bestell-Nr. 229 080

Kaum ein Thema hat die theologische Diskussion in den vergangenen Jahren so sehr bewegt wie die Frage nach der Bedeutung des Todes Christi. Was bedeutet es, wenn das Neue Testament vom Tod Jesu als einem stellvertretenden Sühneopfer spricht?

Die Autoren fragen nach der Bedeutung der Sühne im Alten Testament und nach dem Gebrauch der Sühneterminologie in den Evangelien und den paulinischen Schriften. Auch wird aufgezeigt, wie das Kreuz im Verlauf der zweitausendjährigen Kirchengeschichte bis heute gedeutet wurde. Abschließend wird die Frage erörtert, wie man dem Menschen des ausgehenden zwanzigsten Jahrhunderts diese ihm fremde Begrifflichkeit nahe bringen kann.

R. BROCKHAUS VERLAG WUPPERTAL

Traugott Messner (Hrsg.)

Wie viel Macht haben die Mächte?
Die Herausforderung durch Okkultismus und neue Religiosität
Beiträge aus dem Albrecht-Bengel-Haus, Tübingen

144 Seiten, Paperback, TVG Orientierung, Bestell-Nr. 229 089

„Gibt es einen Teufel?" Und wenn ja: „Wie viel Macht hat er?"
In unserer Zeit wird der christliche Glaube durch die unterschiedliche Beantwortung dieser Fragen besonders herausgefordert.
Dabei sind drei ganz unterschiedliche Positionen zu erkennen:

- In der wissenschaftlich theologischen Diskussion wird diese Frage kaum noch gestellt, weil sie längst überholt und für einen aufgeklärten Theologen nicht mehr relevant erscheint.
- Die moderne Gesellschaft hingegen zeigt auffallend großes Interesse an Teufel, Götzen und Dämonen. Er zieht die Menschen in seinen Bann und lässt sie Unheimliches erleben.
- In bestimmten christlichen Kreisen wiederum konzentriert sich geistliches Leben auf den Kampf gegen diese Mächte, denen dabei nahezu ebenso viel Macht wie Gott selbst zugesprochen wird.

Was sagt die Bibel zur Existenz des Bösen? Wie ist Jesus mit den bösen Mächten umgegangen? Und wie können wir heute als Christen diese Mächte einordnen und ihnen begegnen? Darauf gibt dieses Buch Antwort und liefert fundierte Orientierungshilfen.

R. BROCKHAUS VERLAG WUPPERTAL

Hartmut Schmid (Hrsg.)

Was will der Pietismus?

Historische Beobachtungen und aktuelle Herausforderungen
Beiträge aus dem Albrecht-Bengel-Haus, Tübingen

224 Seiten, Paperback, TVG Orientierung, Bestell-Nr. 229 095

Pietismus – Was ist das eigentlich? Wo liegen seine Wurzeln? Was waren und sind Anliegen dieser Bewegung? Was wollten Philipp Jakob Spener, Johann Albrecht Bengel und andere Vertreter? Vor welchen Herausforderungen stand die Erweckungsbewegung angesichts von Rationalismus und Religionskritik? Welchen Herausforderungen muss sich der Pietismus heute stellen?

Auf diese und andere Fragen gibt dieses Buch Antwort, beobachtet Historisches und Aktuelles und will zum Nachdenken über eine dynamische Bewegung anregen.

R. BROCKHAUS VERLAG WUPPERTAL